Alpine Guide
ヤマケイ アルペンガイド

中央アルプス・
御嶽山・白山

木曽駒ヶ岳・空木岳・南駒ヶ岳・恵那山
剣ヶ峰・継子岳・御前峰・大汝峰・別山

中央アルプス・御嶽山・白山全体図

越前大野駅
大野市
荒島岳
1523
九頭竜湖駅
北濃駅
高鷲IC
鷲ヶ岳
1672
飛騨小坂駅
秋神温泉
長峰峠
奈良井駅
辰野駅
福井県
九頭竜湖
美濃白鳥駅
白鳥IC
長良川鉄道
濁河温泉
湯屋温泉
飛騨萩原駅
3067
御嶽山
開田高原
木曽温泉
藪原駅
経ヶ岳
2296
箕輪町
伊北IC
伊那松島駅
伊那IC
伊那北駅
伊那市駅
伊那市
平家岳
1442
ぎふ大和IC
郡上市
下呂市
下呂駅
小秀山
1982
王滝村
木曽町
木曽福島駅
木曽駒ヶ岳
2956
2931
宝剣岳
上松駅
上松町
宮田村
1617
能郷白山
郡上八幡IC
郡上八幡駅
P168-169
駒ヶ根IC
駒ヶ根駅
駒ヶ根市
2864
空木岳
岐阜県
157
257
256
41
418
363
419
19
153
151
152
361
奥三界岳
1811
中央本線
美並IC
東海北陸自動車道
飛騨金山駅
高山本線
大桑駅
安平路山
2363
飯島駅
飯島町
樽見駅
根尾谷断層
樽見鉄道
南木曽町
南木曽岳
南木曽駅
1677
松川IC
伊那大島駅
美濃市
白川町
白川口駅
兀岳
1637
市田駅
山県IC
美濃関JCT
美濃市駅
美濃加茂IC
笠置山
1128
飯田市
山県市
美濃IC
関市
中津川駅
恵那山トンネル
飯田IC
飯田駅
本巣市
美濃太田駅
恵那IC
中津川市
中津川IC
米原・新大阪方面
関ヶ原駅
大垣市
大垣駅
岐阜市
美濃加茂市
可児市
土岐JCT
中央自動車道
恵那駅
2191
恵那市
恵那山
園原IC
阿智村
天竜峡駅
岐阜駅
各務原市
瑞穂市
犬山市
瑞浪市
P164-165
東海道新幹線
名神高速道路
羽島市
江南市
一宮市
小牧JCT
土岐市
明知鉄道
多治見市
阿南町
温田駅
明智駅
大垣IC
養老IC
一宮JCT
岩倉市
小牧市
多治見駅
東海環状自動車道
平岡駅
海津市
稲沢市
茶臼山
1416
新野峠
猿投山
629
瀬戸市
静岡県
名古屋市
名古屋駅
名古屋IC
水窪駅
愛知県
豊田市
中部天竜駅

Alpine Guide
ヤマケイ アルペンガイド

中央アルプス・御嶽山・白山

Contents

白山

コラム

インフォメーション

本書の利用法

本書は、中央アルプス・御嶽山・白山の一般的な登山コースを対象とした登山ガイドブックです。収録したコースの解説は、各山域に精通した著者による綿密な実踏取材にもとづいています。本書のコースガイドページは、左記のように構成しています。

コースガイド

❸コースガイド本文

コースの特徴をはじめ、出発地から到着地まで、コースの経路を説明しています。主な経由地は、強調文字で表しています。本文中の山名・地名とその読みは、国土地理院発行の地形図に準拠しています。ただし一部の山名・地名は、登山での名称・呼称を用いています。

❹コース断面図・日程グラフ

縦軸を標高、横軸を地図上の水平距離としたコース断面図です。断面図の傾斜角度は、実際の登山道の勾配とは異なります。日程グラフは、ガイド本文で紹介している標準日程と、コースによって下段に宿泊地の異なる応用日程を示し、日程ごとの休憩を含まないコースタイムの合計を併記しています。

❺コースタイム

30〜50歳の登山者が山小屋利用1泊2日程度の装備を携行して歩く場合を想定した標準的な所要時間です。休憩や食事に要する時間は含みません。なおコースタイムは、もとより個人差があり、登山道の状況や天候などに左右されます。本書に記載のコースタイムはあくまで目安とし、各自の経験や体力に応じた余裕のある計画と行動を心がけてください。

❶山名・行程

コースは目的地となる山名・登山コース名などを標題とし、行程と1日ごとの合計コースタイムを併記しています。日程（泊数）はコース中の山小屋を宿泊地とした標準的なプランです。

❷コース概念図

行程と主な経由地、目的地を表したコース概念図です。丸囲みの数字とアルファベットは、別冊登山地図帳の地図面とグリッド（升目）を示しています。

サブコース

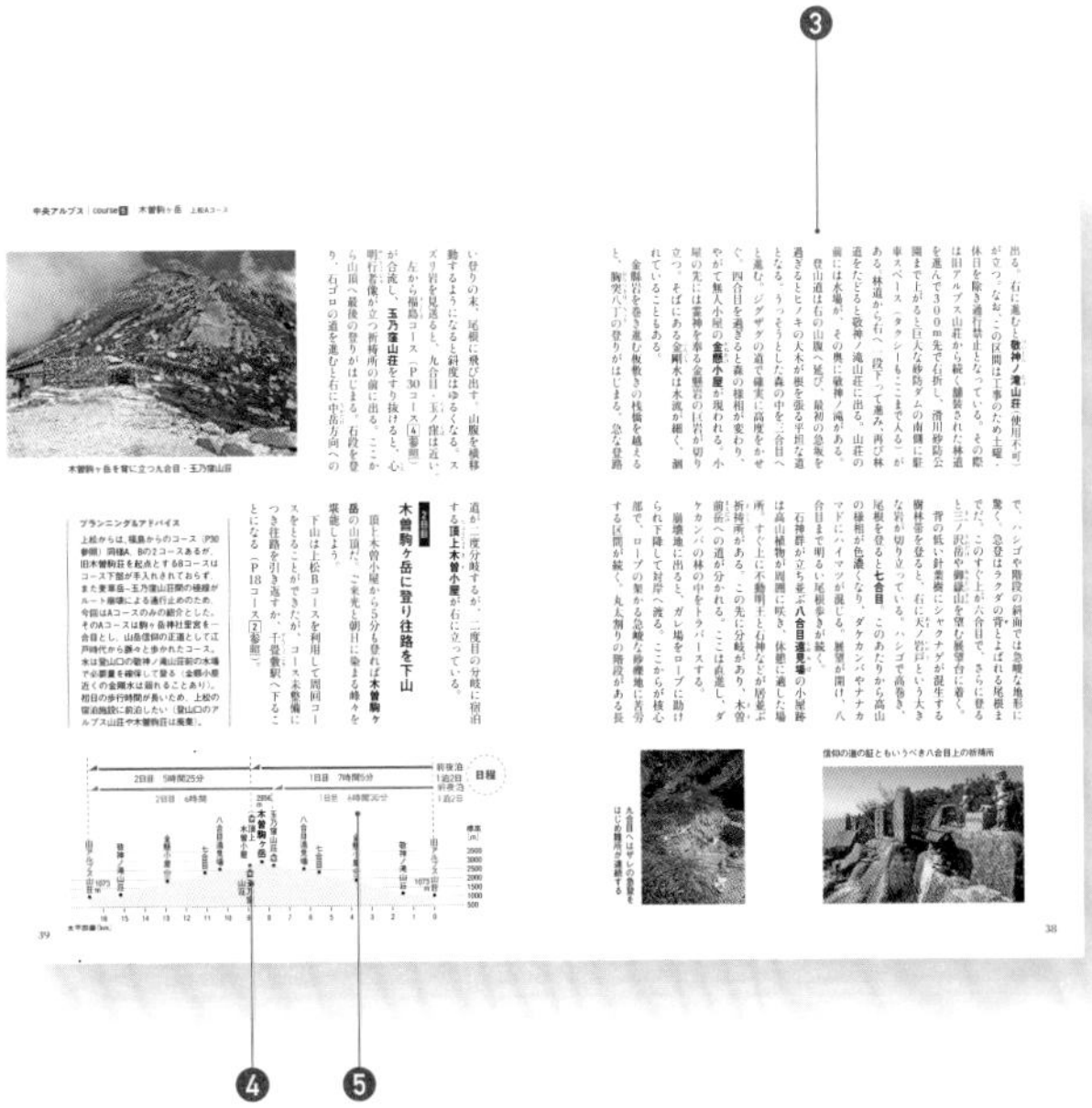

❻コースグレード

中央アルプス・御嶽山・白山の無雪期におけるコースの難易度を初級・中級・上級に区分し、さらに技術度、体力度をそれぞれ5段階で表示しています。

初級 標高2000ｍ前後の登山コースおよび宿泊の伴う登山の経験がある人に向くコースです。

中級 おおむね行程の長いコースで、注意を要する岩場や急登の続くコースおよび2泊以上の宿泊を伴う登山の経験がある人に向きます。本書は中級コースが中心ですが､体力度・技術度は幅があります。

上級 急峻な岩場や深いササにおおわれた迷いやすい地形に対処でき、読図や的確な天候判断が求められるコースで、本書か同等の山域の中級以上のコースを充分に経験している人に向きます。

技術度

1＝よく整備された散策路・遊歩道
2＝とくに難所がなく道標が整っている
3＝ガレ場や雪渓、小規模な岩場がある
4＝注意を要する岩場、踏み跡が薄く迷いやすい箇所がある
5＝きわめて注意を要する地形や規模の大きな岩場がある

これらを基準に、天候急変時などに退避路となるエスケープルートや、コース中の山小屋・避難小屋の有無などを加味して判定しています。

体力度

1＝休憩を含まない1日のコースタイムが3時間未満
2＝同3〜6時間程度　3＝同6〜8時間程度
4＝同8〜10時間程度　5＝同10時間以上

これらを基準に、コースの起伏や標高差、日程などを加味して判定しています。なおコースグレードは、登山時期と天候、および荒天後の登山道の状況によって大きく変わる場合があり、あくまで目安となるものです。

別冊登山地図帳

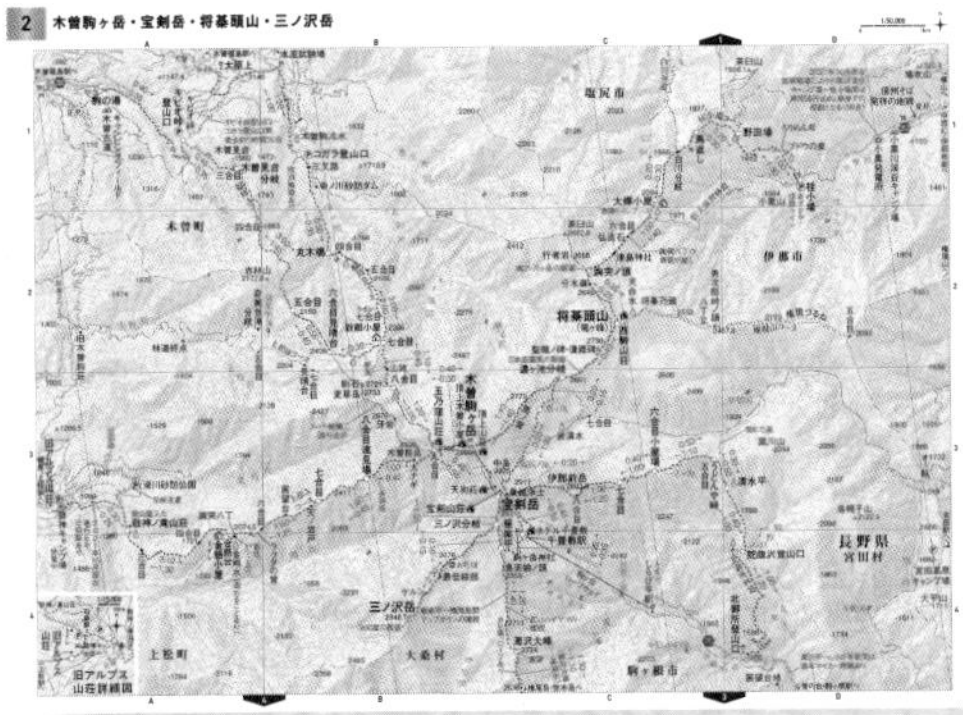

❼コースマップ

別冊登山地図帳に収録しています。コースマップの仕様や記号については、登山地図帳に記載しています。

アルペンムード漂う北部と
針葉樹とササにおおわれた南部
ふたつの顔をもつ山岳エリア

中央アルプス

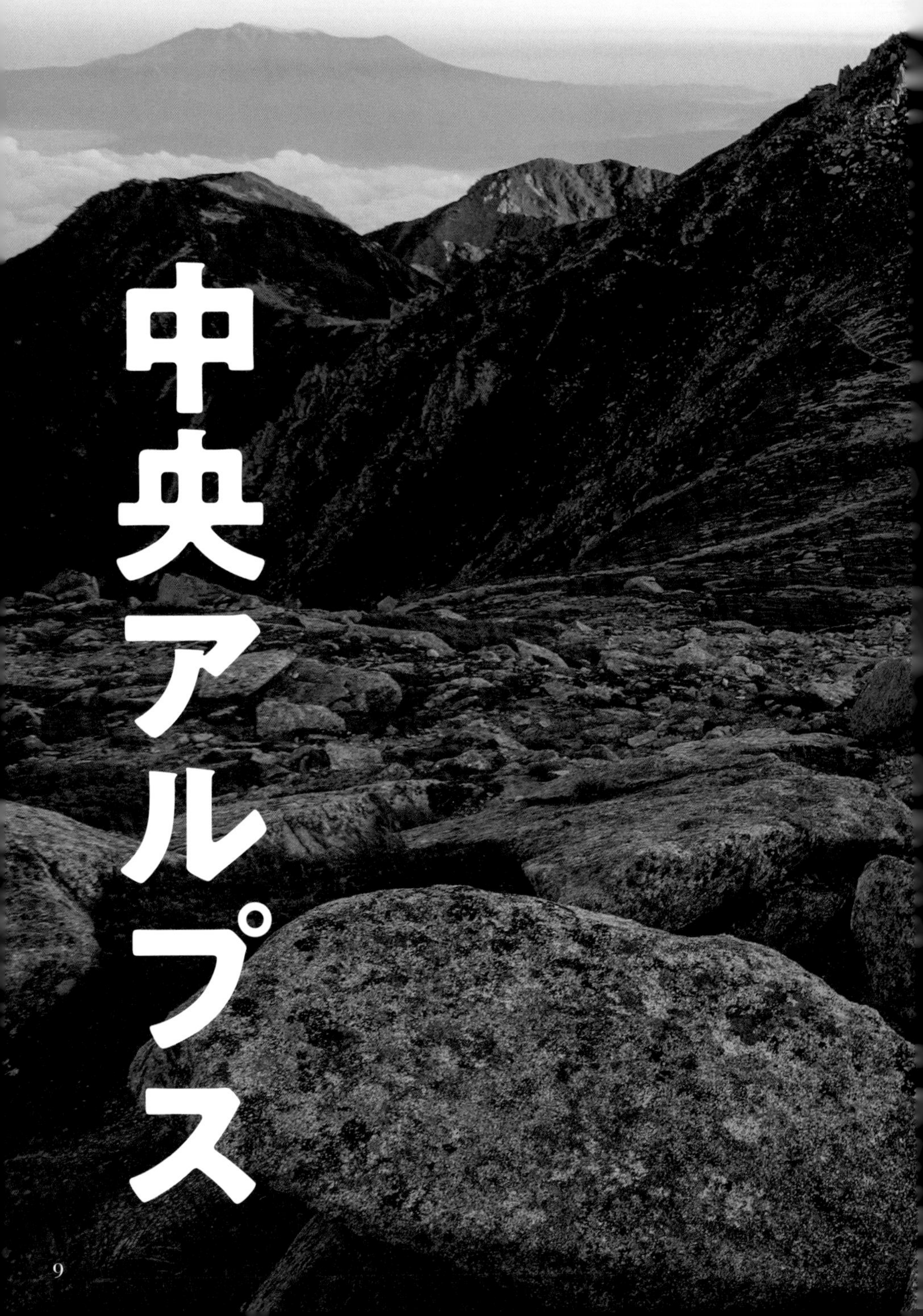

中岳からの朝焼けの木曽駒ヶ岳。左奥に御嶽山が横たわる（写真／津野祐次）

中央アルプスに登る

写真・文／津野祐次

長野県南部を流れる天竜《てんりゅう》川と木曽《きそ》川にはさまれた中央アルプス。同じ中部山岳である北アルプスや南アルプスのような標高が３０００ｍを超える峰はないが、急峻な地形や豊富な植物相など、スケール感では引けをとらない。

登山の対象とされる主な山は、北は経ヶ《きょうが》岳《たけ》（標高２２９６ｍ）から主峰・木曽駒ヶ《きそこまが》岳《たけ》（２９５６ｍ）、木曽駒ヶ岳と並ぶ名峰・空木岳《うつぎだけ》（２８６４ｍ）を経て南は恵那山《えなさん》（２１９１ｍ）までで、越百山《こすもやま》（２６１４ｍ）以北を中央アルプス北部、以南を中央アルプス南部に分けられる。北部は将棊《しょうぎ》頭山《がしらやま》（２７３０ｍ）から越百山にかけてハイマツにおおわれたアルペン的な風貌をなし、千畳敷《せんじょうじき》や擂鉢窪《すりばちくぼ》など氷河期の名残りであるカール（圏谷《けんこく》）にはお花畑が広がる。

一方、安平路山《あんぺいじやま》（２３６３ｍ）を中心とする南部は、北部とは対照的にシラビソやコメツガなどの樹林と一面のササにおおわれ歩行には困難を極めるが、手つかずの自然が満喫できる玄人向きの山域といえよう。

最南端に位置する恵那山は、長野県下伊《しもい》那《な》郡阿智《あち》村と岐阜県中津川《なかつがわ》市の境にそびえる美濃《みの》地方の最高峰の山。古くは信仰の山として、現在は日本百名山の一峰として多くの人々に親しまれている。

■成り立ち

中央アルプスは伊那谷と木曽谷をへだて、経ヶ岳から恵那山まで、南北１００kmに連なる山脈である。しかし東西の幅は20kmときわめて狭い。これは、山脈がほぼ東側の中央構造線に沿って隆起してこれに西側の断層が加わる、東西間の狭い範囲に生成したことによる。地質はほぼ全山花崗《かこう》岩からなり（北部地域に古生層の岩質が見られる）、山稜上の砂礫地や岩稜でその露出が顕著だ。また、山中では氷河作用によってできたカ

聖職ノ碑からの木曽駒ヶ岳(右)。中央は宝剣岳

南部の稜線は道が深いササにおおわれている

三ノ沢岳山頂南側に広がるお花畑

日本百名山・空木岳山頂で記念写真に納まる登山者

クマザサの原に浮かぶ恵那山（神坂峠ルート・千両山から）

（上）北部には宝剣岳や縦走路などに岩場の通過がある（下）ライチョウ。木曽駒ヶ岳南面にて（２０２１年撮影）

ール地形が濃ヶ《のうが》池や千畳敷、摺鉢窪などで見られるが、いずれも山脈東面の標高２６００ｍ付近で発達している。

■**自然**

動植物の相が標高により著しく変化し、種類も多いのが中央アルプスの特徴である。その理由のひとつとして、この山脈が急峻な地形から成ることがあげられる。山容がいっきにそそり立つ形状だけにわずかな標高差でも気温の変化が激しくなり、それにより樹木や草花、ひいては動物の生息域も標高別に配列され、種も移り変わる典型的な垂直分布が見られる。

標高１７００ｍ未満の山地帯はクヌギやミズナラなどの広葉樹にヒノキ、ツガなどの針葉樹、さらにはカラマツの植林が森林をつくる。動物はツキノワグマ、イノシシ、ニホンザル、ヤマネなどが生息する。

標高１７００〜２５００ｍにかけての亜高山帯はコメツガやシラビソなどにおおわれ、標高が上がるにつれオオシラビソ、ダケカンバ帯に変わる。

標高２５００ｍ以上の高山帯からはハイマツ帯が現われる。さらに上部になると高山植物が目立つようになり、中央アルプス固有種のコマウスユキソウをはじめ、コマクサ、タカネスミレ、イワツメクサなどが咲く。この高さになると動物相は限られ、ニホンカモシカやテンが主なものとなる。

■**歴史**

中央アルプスは、古くから伊那谷と木曽谷の人々にとって生活の糧となる山であった。それだけに、山々の雄大さや神秘性に畏敬の念を抱いてきた。なかでも主峰・木

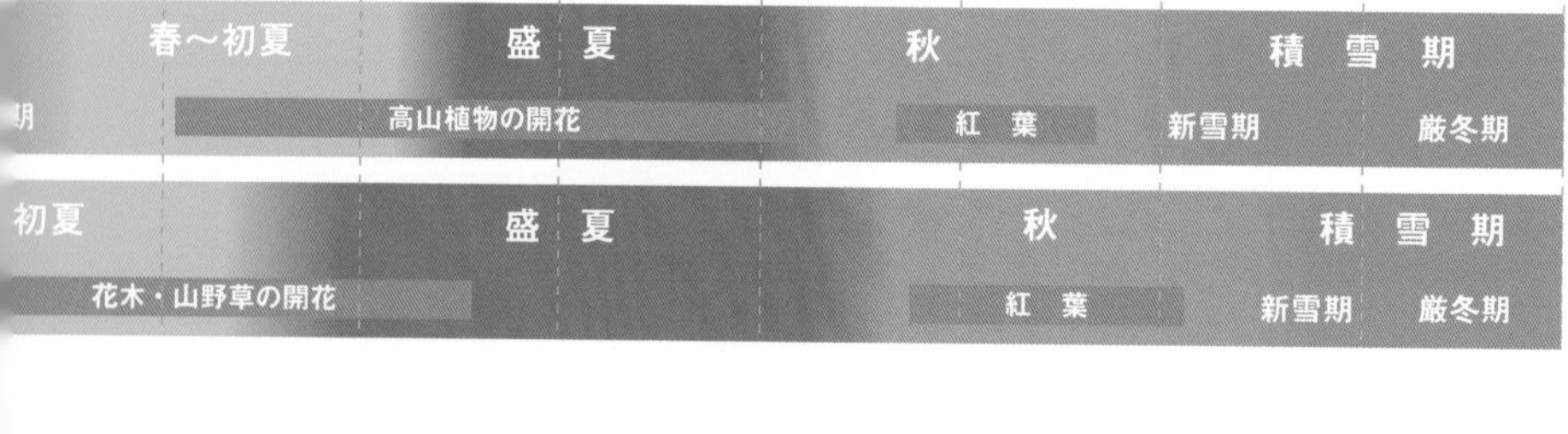

曽駒ヶ岳は信仰の対象として、多くの人々に崇められてきたのである。

　木曽駒ヶ岳は南北朝時代の1338（延元3）年に高遠家親《たかとおいえちか》が登山路を開削、さらには御嶽山《おんたけさん》の黒沢《くろさわ》口（P92参照）を開いた尾張《おわり》出身の覚明行者《かくめいぎょうじゃ》が恵那山での修行後にこの山で尊象を刻んだ。1784（天明4）年には高遠藩士の坂本天山《さかもとてんざん》一行が伊那《いな》前岳《まえだけ》に集団登山し、勒銘石《ろくめいせき》を残している。

　そして近代に入り、伊那地方では学徒の鍛練場として木曽駒ヶ岳への集団登山が行なわれるようになった。しかし、そのなかで痛ましい事故も起きた。1913（大正2）年の中箕輪《なかみのわ》校37人の遭難である。

　その後も木曽駒ヶ岳を中心に多くの登山者が訪れるようになり、1967（昭和42）年の駒ヶ岳ロープウェイ開業により、中央アルプスはより身近な存在となった。

■登山シーズン

　中央アルプスは残雪が消える7月上旬～10月中旬が登山の対象期間となる。最盛期は梅雨明けの7月下旬～8月上旬。このころは高山植物のピークだが、この時期は午後の雷雨に注意したい。また、盛夏といえども標高3000m近くの山だけに、相応の服装と装備が必要だ。紅葉は9月下旬から10月中旬にかけて見ごろ。

　恵那山の登山適期は4月下旬～11月上旬。沢沿いのコースがあるので、梅雨の時期はなるべく避けたい。おすすめは5月のカラマツの芽吹きの時期と、10月中旬～下旬の紅葉のころだ。

■山小屋

　北部の木曽駒ヶ岳や将棊頭山、宝剣岳、空木岳、越百山の周辺に営業小屋がそろうが、南部や恵那山は営業小屋がなく、すべて避難小屋となっている。営業小屋の開設期間は7～10月が中心だが、ホテル千畳敷は通年の営業（各山小屋の詳細についてはP182「山小屋ガイド」を参照のこと）。利用する際は事前に予約を入れて、当日は遅くとも16時前後には到着したい。

檜尾避難小屋は2022年から営業小屋として開設。テント場もある

中央アルプスの登山シーズン

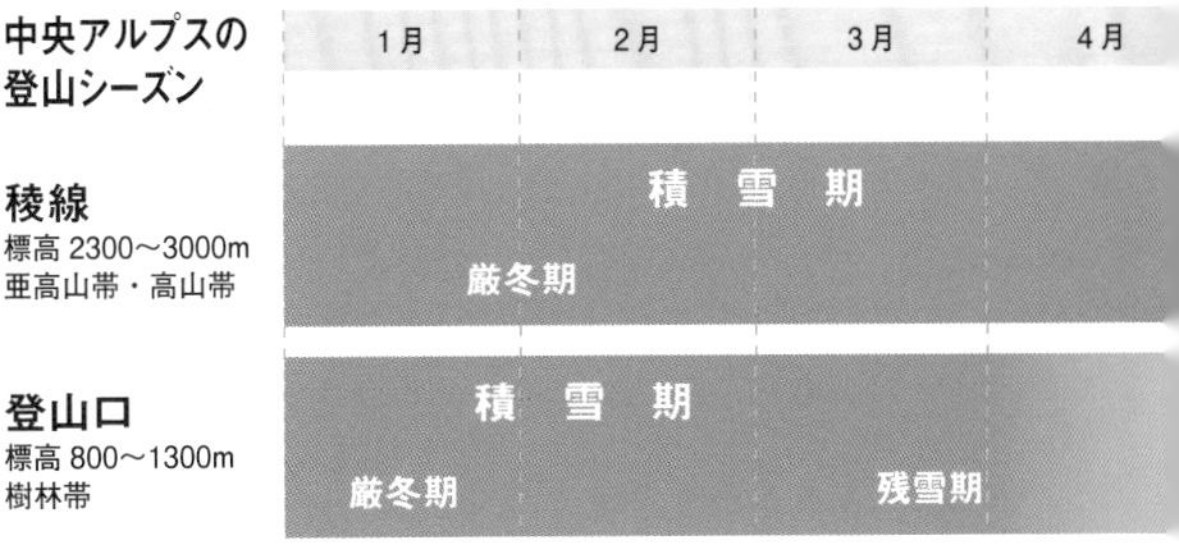

前夜泊日帰り

経ヶ岳
権兵衛峠ルート

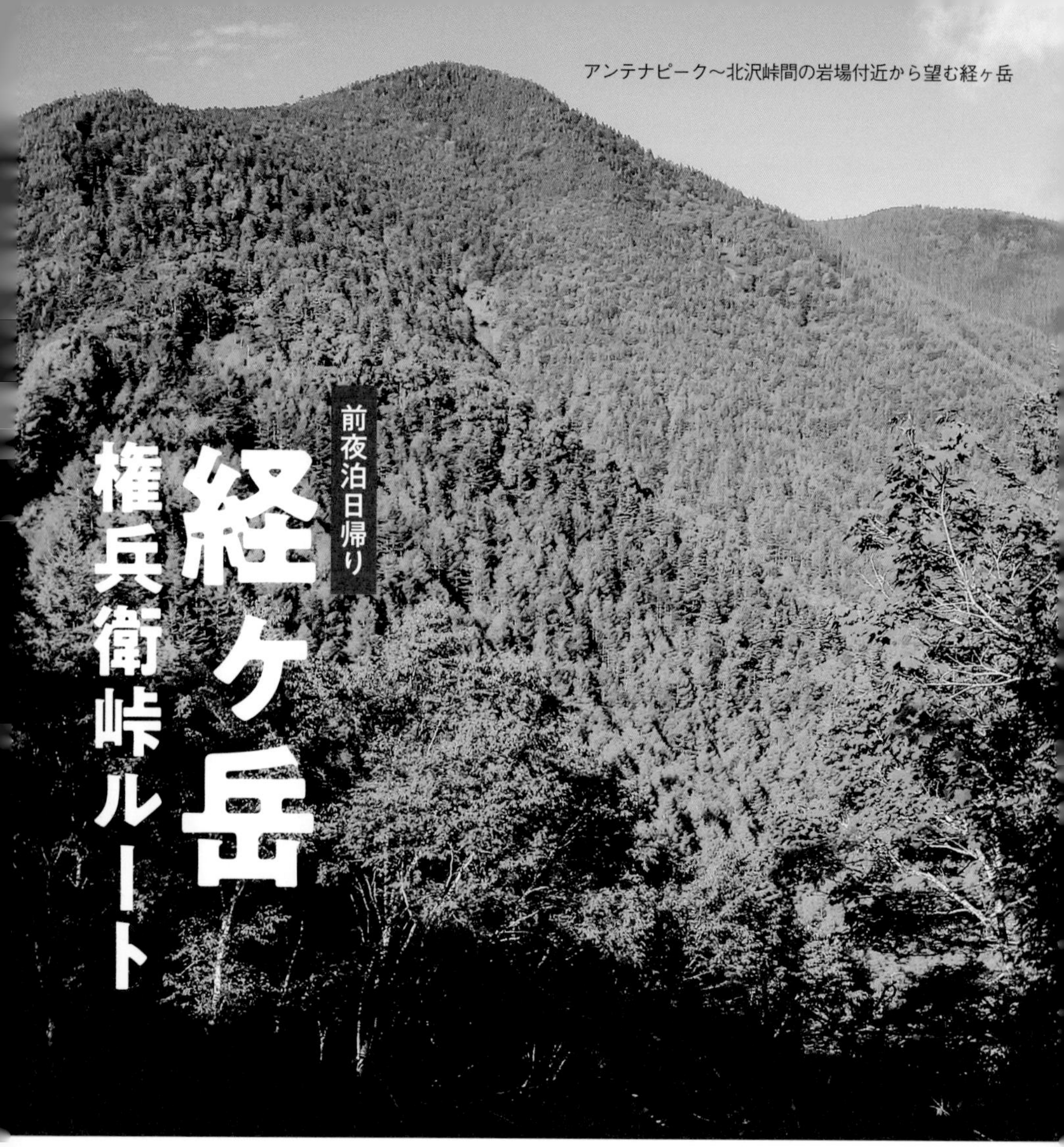
アンテナピーク〜北沢峠間の岩場付近から望む経ヶ岳

アヤメ山のお花畑と南アルプスの展望

コイノコの南稜はササの尾根道を行く

写真・文／津野祐次

信仰の山へ
展望と花の道をたどる

コースグレード	初級
技術度 ★★☆☆☆	2
体力度 ★★★☆☆	3

日帰り　権兵衛峠登山口→ 北沢山→ 経ヶ岳（往復）　計6時間30分

経《きょう》ヶ岳《がたけ》は、長野県辰野《たつの》町と南箕輪《みなみみのわ》村の境に位置する、中央アルプス最北端に座る山だ。木曽駒ヶ岳《きそこまがたけ》から派生する尾根の高点・将棊頭山《しょうぎがしらやま》（P24コース3参照）の北側でいったん高度を落として経ヶ岳と区切られ、権兵衛《ごんべえ》峠から北に再び高度を上げる独立峰的存在の山でもある。

近年、伊那《いな》と木曽を分ける権兵衛峠からいにしえの山道が改修され、北沢山《きたざわやま》を縦走して山頂に達するコースが誕生した。山岳展望の尾根道であり、北沢山からコイノコあたりまでの区間は花が咲き競い、秋の紅葉もすばらしい、おすすめのルートだ。

日帰り
権兵衛峠から経ヶ岳往復

登山口から急坂が続き、途中から資材運搬用モノレール沿いに登るようになると、さらに斜度は増す。何回か蛇行して登ると大きな**アンテナ**と建物がある尾根に出る。

ここから尾根道を進むと岳見《たけみ》岩の表示ポールが立ち、左に少し下ると三角形の大

岩・岳見岩がある。コースに戻り3分ほど行くと「まっくん岩（三兄弟）」の表示のある大きな岩があり、いくつか巻き進む。カラマツ林の道を10分強行くと左に表示があり、「経ヶ岳3・4キロ、権兵衛峠2・2キロ」と書かれている。その先で登りがはじまり、コース中間点の**北沢山**山頂に立つ。一帯はピンク色の濃いササユリの生息地で、6～7月が見ごろ。木曽駒ヶ岳や御《おん》嶽山《たけさん》、南アルプスの展望も得られる。

すぐ先でアヤメ山《やま》と表示のある高点を踏む。ロープの仕切りがあるが、アヤメやレンゲツツジなど大型の花が迎えてくれる。

ここから高低差の少ない登下降をくり返し、直線的な道へ出る。尾根の両側にシラカバが並び、林床をクマザサがおおう。好天なら青空が開け、目に鮮やかな区間が続く。

登りきるとお花畑がある**コイノコ**の高点で、西に御嶽山、来し方に木曽駒ヶ岳、東に南アルプスが望め、展望は申し分ない。

ここからわずかに下ると分岐がある。左は岩場の迂回路、直進は岩場を下るルートだが、どちらも岩場の下で合流する。そこから登りがはじまり、急な斜面を登り越えると**2043mピーク**だが、展望はない。

コメツガやシラビソの針葉樹林を下り、本コース最大の急登にかかる。ひと汗かいて平坦地に出ると、眼前に経ヶ岳の丸いピークがこんもりと見える。ここからはそれほどの斜度はなく、深い針葉樹の中を登りきると**経ヶ岳**の山頂だ。以前はうっそうとした森の中だったが、木々を間引くように伐採し、光が射しこむようになった。

帰路は往路を忠実にたどる。

経ヶ岳山頂。石仏や石神が立ち並び、信仰の山らしさが漂う

プランニング&アドバイス

権兵衛トンネルから登山口までの旧国道361号は冬期閉鎖となる。また豪雨のあとなど通行止めになることがあるので、木曽町役場に事前に問合わせたい。登山口とコース中に水場はないので、必要量を持参しよう。春～初夏は早朝出発の場合クマザサが夜露に濡れていることが多く、雨具のパンツがあると便利。秋は暖かな日でも尾根道は強風が吹くときがあり、フリース製や薄手のダウンウェアがあると重宝する。

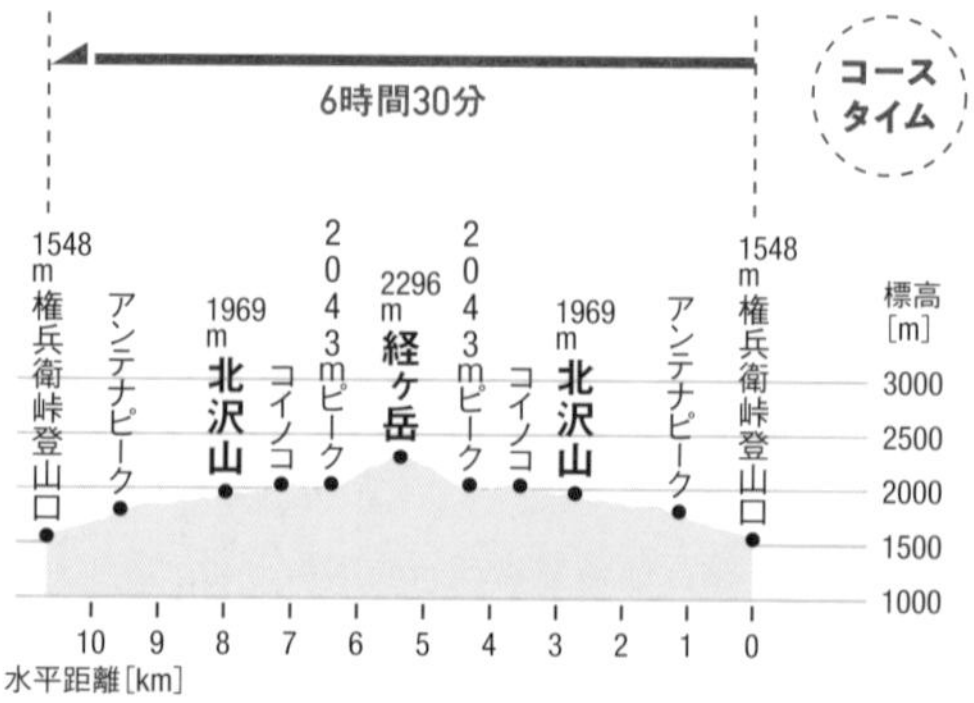

サブコース

仲仙寺ルート

羽広バス停↓七合目↓経ヶ岳（往復）　7時間50分

Map 1-2D　羽広バス停

Map 1-1B　経ヶ岳

コースグレード	初級
技術度	★★☆☆☆ 2
体力度	★★★☆☆ 3

経ヶ岳《きょうがたけ》は、そもそも山岳信仰の尊い御山であった。平安時代、比叡山《ひえいざん》で修行を積んだ高僧・慈覚大師円仁《じかくだいしえんにん》が経ヶ岳の山中に霊木を求め、十一面観世音菩薩《じゅういちめんかんぜおんぼさつ》像を刻んで東麓の仲仙寺《ちゅうせんじ》に安置した。その際、刻んだ木片に如法経《にょほうきょう》を写経し、経塚《きょうづか》に納めたことから経ヶ岳の山名が生じたという。

ここでは、由緒ある登拝路の仲仙寺からのコースを紹介する。

羽広《はびろ》バス停下車。西へ仲仙寺への参道を進むと、10分ほどで**仲仙寺**本堂に出る。

右手の登山口から登山道に入り、しばらくは林道を行き、松林の尾根まで登る。山腹を巻くように進み、カラマツ林を直線的に登ると四合目で、大泉所《おおいずみところ》ダムからのルートが合流する。その先の**五合目**、さらに進み岩が現われると六合目だ。ここから七合目までが最大の急斜面で、つらい登りにひと汗かく。**七合目**からは少し下り、登り返すと八合目に着く。広い丘状の高点には望郷の碑が立つ。地元南箕輪《みなみみのわ》村中学の強歩でここまで登ることが義務づけられ、その記念に立てられたという。展望は本コース随一で、南アルプスや八ヶ岳《やつがたけ》が望める。

八合目から九合目の手前まで、高山のお花畑がところどころに見られる。ヤナギランやミヤマカラマツ、クガイソウなどが観察できる。**九合目**は奥《おく》ノ院《いん》があった地で、今は石仏が何体か見られ、山岳信仰隆盛時の面影を残す。ここから針葉樹の中をゆるやかに登下降して**経ヶ岳**山頂に達する。

下山は往路を忠実にたどろう。

八合目から行く手に経ヶ岳の山頂（左奥）を望む

仲仙寺山門。仲仙寺は平安時代創建の古刹

写真・文／津野祐次

中央アルプスの主峰2座を行く展望と花の回遊コース

標高2956m・中央アルプスの最高峰・木曽駒ヶ岳《きそこまがたけ》。その登山口となる千畳敷《せんじょうじき》（2612m）へは、1967（昭和42）年、東麓の駒ヶ根《こまがね》市から通年運行の登山バスとロープウェイが開通し、誰でも気軽に上がれるようになった。

千畳敷は森林限界（高木が育つ限界高度）に位置し、大自然の宝庫となっている。初夏の萌える若葉をまとうダケカンバやナナカマド、夏は高茎《こうけい》草原（主に2〜3mの高さの草からなる草原）の華やかなお花畑、秋は燃えるような真紅の紅葉がみごとである。千畳敷の優美な自然とその背後に峻立する宝剣岳《ほうけんだけ》（2931m）との山岳景観は、まるで一幅の絵画を見るようだ。

木曽駒ヶ岳を望む展望台としては中岳《なかだけ》（2925m）がいい。ゆるやかな起伏を描く独特の山容が望める。また、木曽駒ヶ岳から中岳を経て宝剣岳へと続く主稜には、この山域にのみ生息する、純白のコマウスユキソウが大群落を形成し、木曽駒山頂付近にはコマクサが自生している。

コースグレード	中級	
技術度	★★★★☆	4
体力度	★★☆☆☆	2

1日目	千畳敷駅→千畳敷散策→宝剣山荘→木曽駒ヶ岳　計2時間5分
2日目	木曽駒ヶ岳→濃ヶ池→宝剣山荘→宝剣岳→千畳敷駅　計4時間30分

写真・文／津野祐次

千畳敷カール・八丁坂に広がるお花畑。きつい登りを忘れさせてくれる

千畳敷から登ること1時間で乗越浄土へ

中央アルプスの最高点・木曽駒ヶ岳山頂

1日目 千畳敷から木曽駒ヶ岳へ

千畳敷駅でロープウェイを降り、ホテル千畳敷の西側から外に出る。正面に駒ヶ岳神社が、右手に周辺ガイドの案内板が立つ。その中間には宝剣岳がピラミダルな山容を見せている。千畳敷は典型的なカール（圏《けん》谷《こく》）で、みごとな雲上のお花畑が広がる（P40コラム参照）。

千畳敷へ降り立つと、**剣《けん》ヶ《が》池**の前にはベンチが置かれ、休憩する登山者や観光客でにぎわっている。そこからさらに北へ一段降りると、広大なお花畑が開ける。往復して高山の花々を堪能しよう。

剣ヶ池へ戻り、西へコースをとる。カールの中央を、宝剣岳を正面に望みながら八《はっ》丁坂《ちょうざか》分岐まで進む。分岐は、左の千畳敷駅へ周回するコースを分けて直進する。乗越《のっこし》浄土《じょうど》の稜線まで急峻な登りが続く。中間点あたりは和合《わごう》ノ頭《かしら》とよばれる鋭い岩峰の下部に位置し、そこにもお花畑が見られる。

登り越えた広場で、**乗越浄土**は平坦な広場で、右の伊那前岳《いなまえだけ》と、左の木曽駒ヶ岳方面への分岐だ。左折し、100mほど行くと**宝剣山荘**前に出る。

山荘の背後には奇岩・天狗《てんぐ》岩と宝剣岳が屹立する。宝剣山荘では、左の宝剣岳への道を分けて右折。中岳を正面に、天狗荘を右に、ロープ囲いのコマクサ花園を左に見て進む。少し先にケルンが目印の分岐がある。左は山頂をパスする巻き道、ここは右の中岳山頂へと向かう。

中岳山頂からは木曽駒ヶ岳と御嶽山が並び立つ

中岳山頂に立つと、はじめて木曽駒ヶ岳の山容が望める。駒ヶ岳頂上山荘の立つ鞍《あん》部《ぶ》を隔てて対面に座っている。

鞍部へ降り、左右に道を分けながらコマウスユキソウやコマクサを見て登り返すと**木曽駒ヶ岳**山頂だ。今宵は周辺の山小屋に宿泊し、木曽駒山頂ならではの御嶽山《おんたけさん》に沈む夕陽、八ヶ岳《やつがたけ》や南アルプスを抱いて昇る朝日など、劇的な風景を堪能しよう。

三ノ沢分岐付近から宝剣岳を振り返る

2日目 濃ヶ池、宝剣岳を経て千畳敷へ

濃ヶ《のうが》池へは木曽駒ヶ岳山頂から東へとコースをとる。咲き誇る高山植物を愛でながらゆるやかに下ると、駒ヶ岳頂上山荘方面からの巻き道が右から合流する。そこから尾根の南側直下を進み、岩峰を左に見ながら登り返す。広大な尾根に出て、ハイマツが茂る平坦な道を行くと展望の開けた露岩に出る。濃ヶ池を東側眼下に、馬ノ背《うませ》から続く将棊頭山《しょうぎがしらやま》へのコース（P24コース3）が北東側に望める。西に御嶽山、北には乗《のり》鞍岳《くらだけ》と槍《やり》・穂高《ほたか》連峰の名峰群も見える。

ここからは砂礫の急斜面を細かくジグザグを描くように高度を落とす。下りきると岩峰の前に着き、その西側を巻くように進む。再び尾根に出て、ゆるやかに下る。将棊頭山が大きく見えだすと**濃ヶ池分岐**で、ここを右折。ダケカンバが根を張り出すあたりからいっきに下り、池畔へと降り立つ。

濃ヶ池は現存する中央アルプス唯一の氷

馬ノ背上部の露岩帯を下る

紅葉に彩られた濃ヶ池への下り道

宝剣岳南稜下部を行く登山者。通過の際はヘルメットの装着が望ましい

河湖。この池には干害に苦しむ人々を救うため自らを犠牲にした村娘「お濃」の伝説があり、池畔には龍神様の石神がたたずむ。

　濃ヶ池の周辺は典型的なカールのため地下水が豊かで、広大なお花畑が展開する。なかでもミヤマクロユリの大群落は圧巻。さらに造形的なダケカンバとナナカマドが数多く、新緑と紅葉期は美しさも格別だ。

　ここからは、池の東側を通って反対側へ出て、お花畑の中を進む。カール地形独特の副産物・ターミナルモレーン（氷河時代の末期、氷河が山腹を削り取って出現した岩が折り重なる場所）を踏みしめ、いくつかの沢を越えると分岐に出る。左は宮田《みやだ》高原、直進は黒川源流を高巻く旧コース、ここは右の駒飼《こまかい》ノ池へ直登するコースを選ぶ。

　木製のハシゴや急峻な登りを経て、**駒飼ノ池**に飛び出る。周辺からの土砂流入によって池は埋まり、現在は川の様相を呈している。その周囲は、ヨツバシオガマ、シナノキンバイなど大型の花が群れ咲く。先ほどの分岐を直進してきた旧道と合流し、黒川源流に沿って**宝剣山荘**まで登る。

　宝剣岳へは宝剣山荘の南側から入る。ロープが張られた道を進み道幅が狭くなると、天狗岩の東をわずかに下り宝剣岳へ取り付く。岩壁のクサリ場をよじ登り、山頂西側の岩場をトラバース（斜面を横方向に移動すること）する。三点支持（四肢のうち三

中岳を背にする駒飼ノ池。水は少ない

宝剣山荘。ヘルメットのレンタルあり

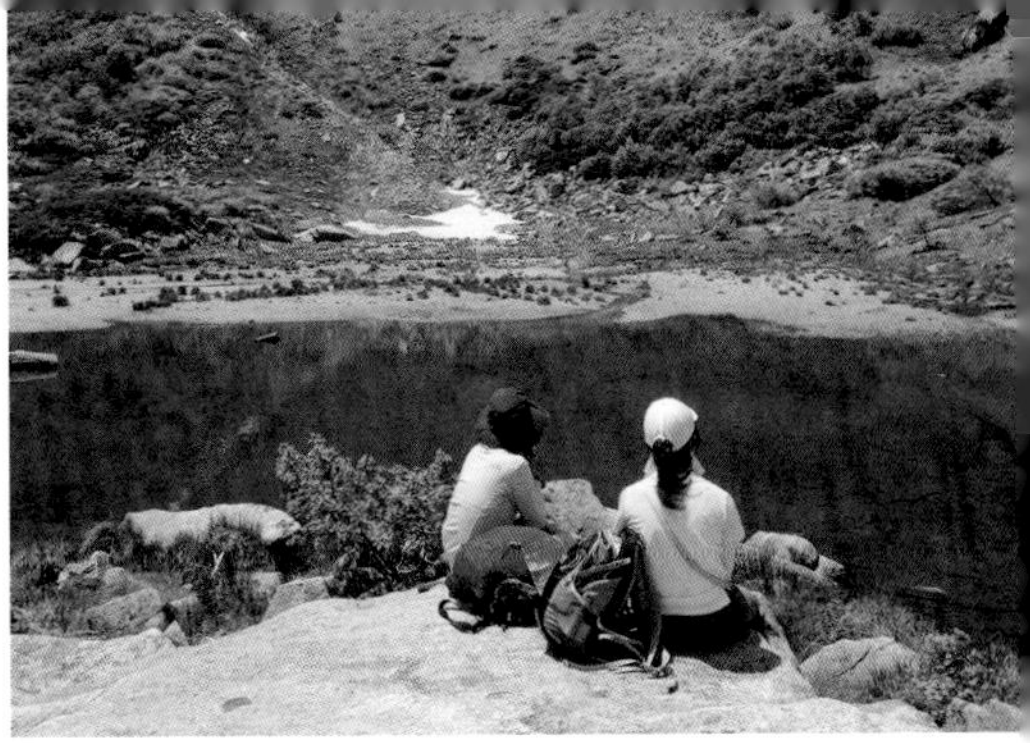

中ア唯一の氷河湖・濃ヶ池畔でくつろぐ

肢で体を支えること）のスタンスを守って確実に登り、譲り合って安全に通過したい。

宝剣岳の山頂部は狭いが、10人ほどが座って休憩できる。展望はことのほか良好。三《さん》ノ沢岳《さわだけ》や眼下に望む千畳敷はもちろん、南北アルプス、八ヶ岳、浅間山《あさまやま》、御嶽山、白山《はくさん》など360度の山岳展望を堪能できる。

山頂をあとにして、宝剣岳縦走の核心部がはじまる。岩や石に矢印が記され、それに合わせて、足運びを一歩一歩確実に行なって岩場を下降する。難所には手がかりやクサリが架けられ、問題はない。いったん下りきって西側をトラバースし、切り立つ一枚岩を登る。続く岩場を下り、ナイフリッジ（ナイフの刃のように切り立った岩稜）状の岩稜を横移動すると、スリリングな区間は**三ノ沢分岐**に立つケルンで終わる。

ケルンから極楽平《ごくらくだいら》までは稜線漫歩で、広い尾根をゆるやかに下る。イワツメクサ、タカネツメクサ、チングルマなどが、群れ咲いている。もちろんこの山域の特産種・コマウスユキソウも群生する。**極楽平**で直進する主稜を分け、左へと下る。よく整備された遊歩道が**千畳敷駅**へと続く。

プランニング&アドバイス

千畳敷は登山基地として存在価値が高い。様々なコースが組め、日帰り登山も可能。夏と秋の最盛期は駒ヶ岳ロープウェイの乗車に待ち時間が生じることが予想される。山麓の駒ヶ根高原に1泊するなどし、朝いちばんのバスに乗ると日程にゆとりが出る。本稿は行程時間に余裕が出るよう、山小屋泊まりに設定した。午後便のロープウェイに乗車すると、待ち時間が格段に少ないようだ。交通手段が発達したとはいえアルプスの稜線歩きには変わりなく、天候が一変することも珍しくない。そんなときは迷わず最寄りの山小屋を利用しよう。乗越浄土付近には宝剣山荘と天狗荘が、木曽駒ヶ岳付近には頂上山荘と頂上木曽小屋が営業している。

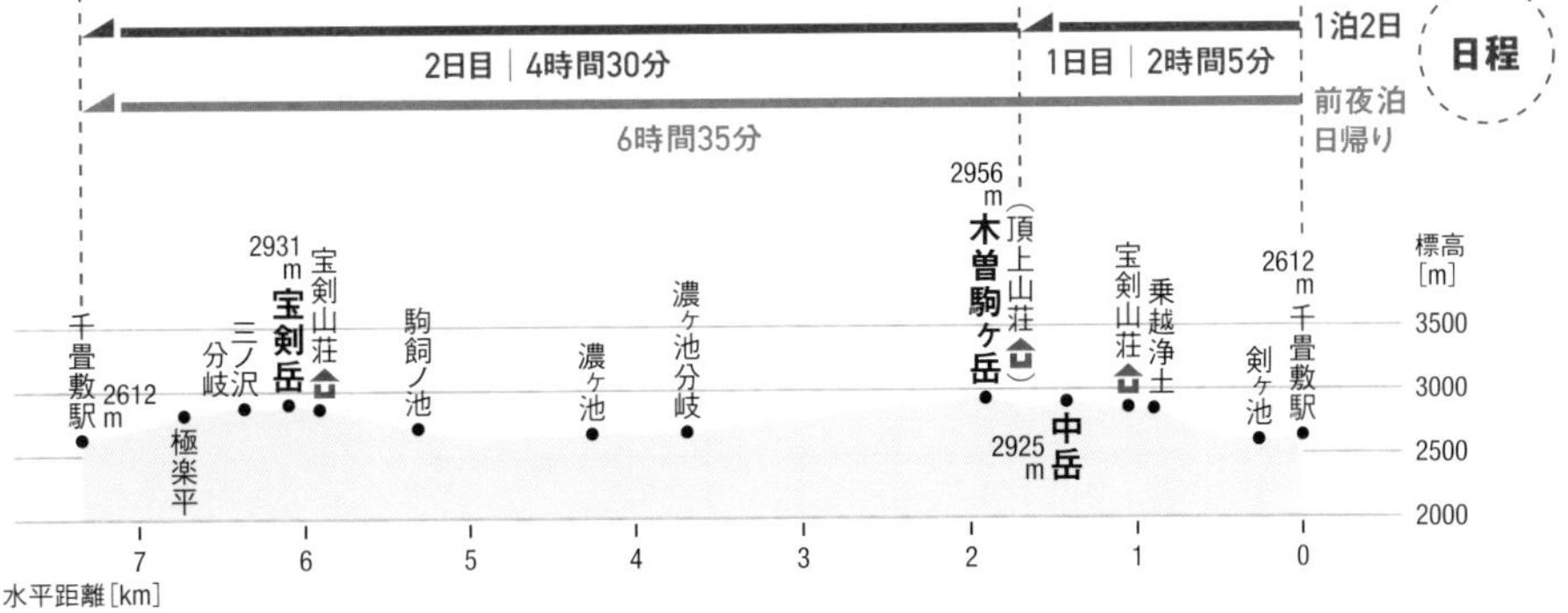

馬ノ背の上部から将棊頭山を振り返る

コースグレード | **中級**

技術度 ★★☆☆☆ 2

体力度 ★★★☆☆ 3

北部のミニ縦走が満喫できる伊那谷側からの古典的ルート

1泊2日

木曽駒ヶ岳 将棊頭山

1日目	桂小場→大樽小屋→胸突ノ頭→西駒山荘　計4時間45分
2日目	西駒山荘→木曽駒ヶ岳→宝剣山荘→千畳敷駅　計3時間50分

将《しょう》棊頭山《ぎがしらやま》（標高2730m）は、木曽《きそ》駒ヶ岳《こまがたけ》（本岳）から東方へ張り出す尾根上の高まりに位置する。いわば本岳の前衛峰的存在の山だが、伊那《いな》側から本岳へ登るには、避けて通れない山でもある。将棊頭山東麓の伊那市内からこの山を眺めると、将棋の駒に似ているところからこの名がつけられた。

伊那市からの登山口は2カ所あり、それぞれ違う尾根をたどる。ここで紹介する桂《かつら》小場《こば》コースと、西春近《にしはるちか》地区の小出《こいで》集落を登山口とする権現山《ごんげんやま》コースがある。

登山の歴史としては、1756（宝暦6）年8月に高遠《たかとお》藩の領地検分登山が行なわれ、伊那前岳《いなまえだけ》、本岳と経て、将棊頭山から権現山コースを下った。さらに1891（明治24）年7月には「日本近代登山の父」W・ウェストンも権現山コースを下っている。地元では明治時代から受け継がれている中学生の集団登山が行なわれているが、こちらは本コースを歩いている。

1日目　桂小場から西駒山荘へ

桂小場の登山口から雑木林の中を登る。斜度がゆるむと最初の水場・ブドウの泉に着く。細かく蛇行をくり返して登り、崩壊地を高巻く。平坦な道を行くと清水が湧く**野田場**《のたば》だ。ベンチでひと息入れよう。

野田場からは、クマザサの茂るカラマツ林を直線的に進んで尾根に出る。この先で、横山《よこやま》集落からの道を右に合わせ、権兵衛《ごんべえ》峠からの道と合流する**馬返し**《うまがえ》に出る。さらに登ると白川《しらかわ》分岐で、木曽の奈良井《ならい》方面への道が右に分かれる。

白川分岐からは針葉樹林へと変わり、路面は石がゴツゴツしてくる。標高1950mを標示するポールの先に、避難小屋の**大樽**《おおたる》**小屋**がある。付近は巨木の森が発達し、その林床は苔の緑が鮮やか

ブドウの泉で水を飲む登山者

胸突八丁の標高2300m地点にある弘法石

●桂小場への県道202号は2021年8月の豪雨により小黒川渓谷キャンプ場先で車両通行止め。通行止め箇所から桂小場へは徒歩で向かう（30分）。詳細は伊那建設事務所℡0265-76-6847へ。

写真・文／津野祐次

将棊頭山北稜の分水嶺。背後は茶臼山・行者岩

だ。水場は小屋の裏手の沢を利用する。

大樽小屋からは、通称「胸突八丁《むなつきはっちょう》」とよばれる本コースの核心部がはじまる。ジグザグをくり返しながら確実に高度を上げていけば、やがて丸太のベンチが置かれた六合目に着く。なおも急登が続き、ナナカマドやダケカンバが目立つようになり、指導標だけとなった津島神社の前を通り抜けると、**胸突《むなつき》ノ頭《かしら》**に出る。振り返り見ると、南アルプスと八ヶ岳《やつがたけ》が美しい。

左折し、ハクサンフウロやヨツバシオガマなど、高山の花々を見ながら平坦な道を行く。ハイマツの尾根道に変わると、砂礫がおおう分水嶺に着く。展望は開け、西に御嶽山《おんたけさん》、北に茶臼山《ちゃうすやま》、南西方向にはめざす木曽駒ヶ岳が見える。

ここから直進の冬道を分け、左の夏道へ入る。将棊頭山の山腹を巻く道だ。斜度のゆるやかな道を直線的に登ると**西駒《にしこま》山荘**の前に出る。東に1分ほどのところには天《てん》命《めい》水とよばれる名水が湧き、南側には小屋で保護管理するコマクサのお花畑が広がる。赤みの濃い花が特徴だ。小屋の西に見えるピークは竜ヶ峰《りゅうがみね》ともよばれ、小屋から15分ほど登った山頂に将棊頭山の標示が立っている。展望は木曽駒ヶ岳や御嶽山、北アルプスなど360度の大パノラマ。

2日目 西駒山荘から木曽駒ヶ岳へ

西駒山荘から指導標を見て、木曽駒ヶ岳方面へ進む。鞍部《あんぶ》までゆるやかに下るが、途中、天水岩《てんすい》とよばれる大岩に続き、新田

「聖職ノ碑」解説板がある将棊頭山南直下の遭難記念碑

将棊頭山山頂からの木曽駒ヶ岳山群

次郎の小説『聖職の碑《せいしょくいしぶみ》』に登場する遭難記念碑が立つ。

一面のハイマツと花崗《かこう》岩の砂礫が織りなす日本庭園風の鞍部から山頂まで、ひたすら登りが続く。広い尾根は徐々に狭くなり、伊勢滝《いせだき》分岐と、その20mほど上に**濃ヶ池《のうがいけ》分岐**がある。神秘的な氷河湖の濃ヶ池を訪ねてみるのも一興。荷を置いて身軽になれば往復30分強だ（P18コース2参照）。

濃ヶ池分岐からは急な登りののち、馬《うま》ノ背《せ》とよばれるやせた尾根を緩急織りまぜ、露岩が折り重なる場所まで登る。そこからは平坦なハイマツ帯を進み、頂上山荘への道を左に分けると、ほどなく駒ヶ岳神社奥《おく》宮《みや》が立つ**木曽駒ヶ岳**山頂に着く。

展望を満喫したら、**乗越浄土《のっこしじょうど》**経由で**千畳《せんじょう》敷《じき》駅**へと下る（P18コース2参照）。

馬ノ背の中間点からの木曽駒ヶ岳（左下は濃ヶ池）

プランニング&アドバイス

伊那市から将棊頭山へは、小出集落を登山口とする権現山コースと桂小場コースがある。明治時代以後、本稿で紹介する桂小場コースがメインとなったが、それ以前はもっぱら権現山コースを通っていたという。近年、伊那市では権現山コースを復活させ、ササを刈るなど整備に余念がない。下山にこのコースをたどるのも一興だ。高点の将棊乃頭と下部の権現山は、ともに伊那谷を一望する展望台となっている。将棊頭山〜木曽駒ヶ岳間の馬ノ背とよばれる尾根はやせており注意。強風時は濃ヶ池経由で宝剣山荘に出て、木曽駒ヶ岳を踏むほうが風避けの安全コースだ。

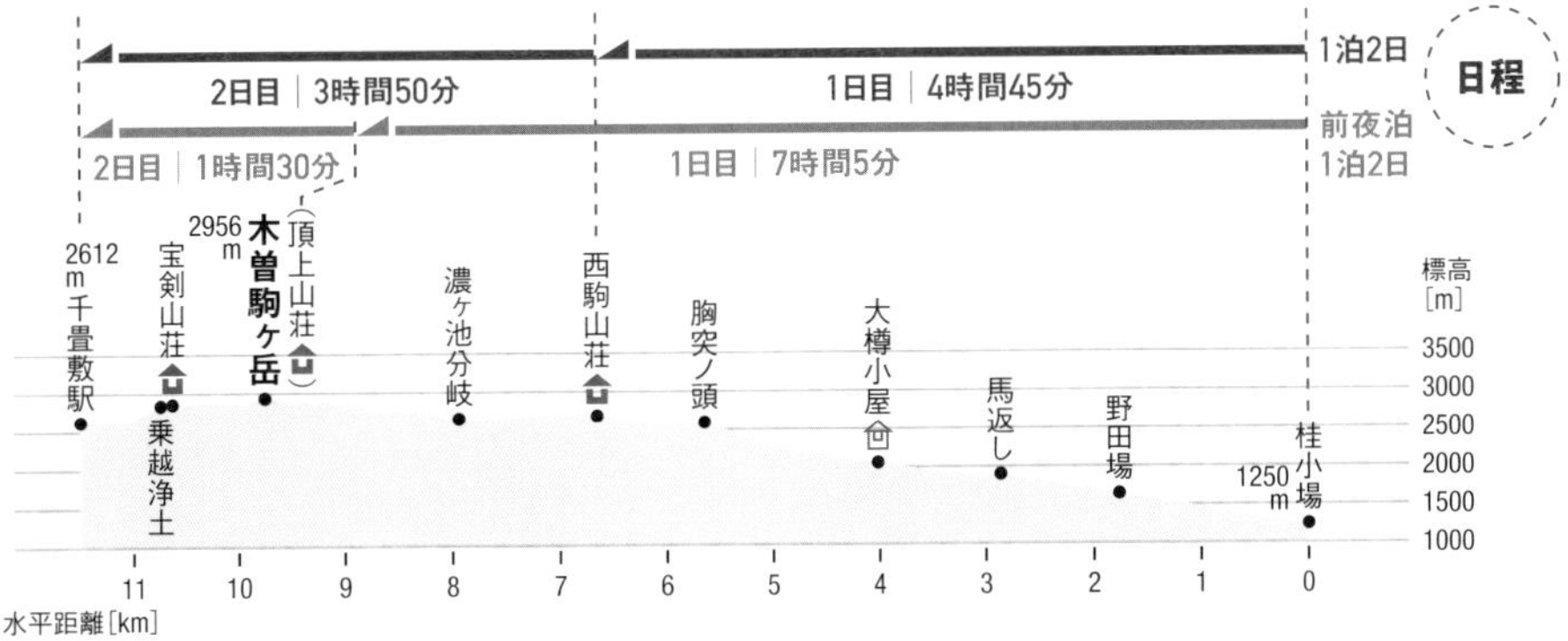

サブコース

伊那前岳から北御所登山口へ下る

乗越浄土↓伊那前岳↓うどんや峠↓北御所登山口バス停　4時間55分

千畳敷《せんじょうじき》上部の乗越浄土《のっこしじょうど》から伊那前岳《いなまえだけ》を経て北御所《きたごしょ》谷へと下る。優美な紅葉と、木曽《きそ》駒ヶ岳《こまがたけ》の展望がみごとなコースだ。

乗越浄土からゆるやかな稜線を東へと進む（乗越浄土へはP18コース2参照）。九合目の標柱が立つ伊那前岳の高点（和合《わごう》ノ頭《かしら》・2911m）に出て、そこからいったん下って平坦な道を行く。やがて勒銘石《ろくめいせき》の前に出る。勒銘石は1784（天明4）年に高遠《たかとお》藩の坂本天山《さかもとてんざん》らの集団登山の際、伊那前岳の岩場に漢詩を刻んだもの。振り返れば、碑の背後に宝剣岳《ほうけんだけ》の鋭い山容が印象的だ。宝剣岳はこのあたりを最後に視界から消えるので、存分に展望を満喫しよう。

伊那前岳の三角点ピークから一段下ると八合目に出る。広大かつ平らな尾根だ。この先のすぐ下を左に折れると、岩のゴロゴロする道となって、ハイマツの急斜面を下るようになる。東側に広場があり、休むのに好都合な**七合目**までさらに下る。

ナナカマドがおおう凹地状の舟窪《ふなくぼ》はすぐ下で、そこからは蛇行しながらの下降路となる。伊那前岳や木曽駒ヶ岳、濃ヶ池《のうがいけ》、将棊頭山《しょうぎがしらやま》が見え、山岳展望に大満足する区間となってくれる。

ハイマツが深くなり、ダケカンバ帯に出て、再びハイマツの中をゆるく下る。密集した背の低い林の中へ入ると、**六合目小屋場《こやば》**に着く。大きなダケカンバが広場の中央に立ち、座るのに適当な石が点在する。

Map 2-3C　乗越浄土

Map 2-4D　北御所登山口バス停

コースグレード	初級
技術度	★★☆☆☆ 2
体力度	★★☆☆☆ 2

伊那前岳九合目の坂本天山勒銘石

休憩適地の清水平

伊那前岳の稜線を行く登山者（背景は南アルプスや伊那谷）

15分ほど下ると倒木の丸太が目印の広場に着く。そこから一丁《いっちょう》ヶ池が見える。ナナカマドが池の周りを囲み、秋の紅葉は美しい。小広い平坦地まで下り、木の根が張り出した道を登り返すと五合目の**うどんや峠**だ。左の伊勢《いせ》滝への道は荒れている。

ここで尾根から離れ、右へと針葉樹林の気持ちのよい急な山腹を下る。やがて水場のある**清水平《しみずだいら》**とよばれる、草原状の細長い広場に着く。休憩地として最適な場所で、夏の大型のお花畑、秋の紅葉も鮮やかだ。

さらに緩急織りまぜながら下るとクマザサが少しずつ増え、カラマツが混生する森になる。急斜面をジグザグに下る区間に入ると北御所林道上の**蛇腹沢《じゃばらざわ》登山口**は近い。

登山口で右に折れ、北御所谷の橋を渡る。林道を進み、大きくS字を切るように下りはじめると、**北御所登山口バス停**はすぐ。

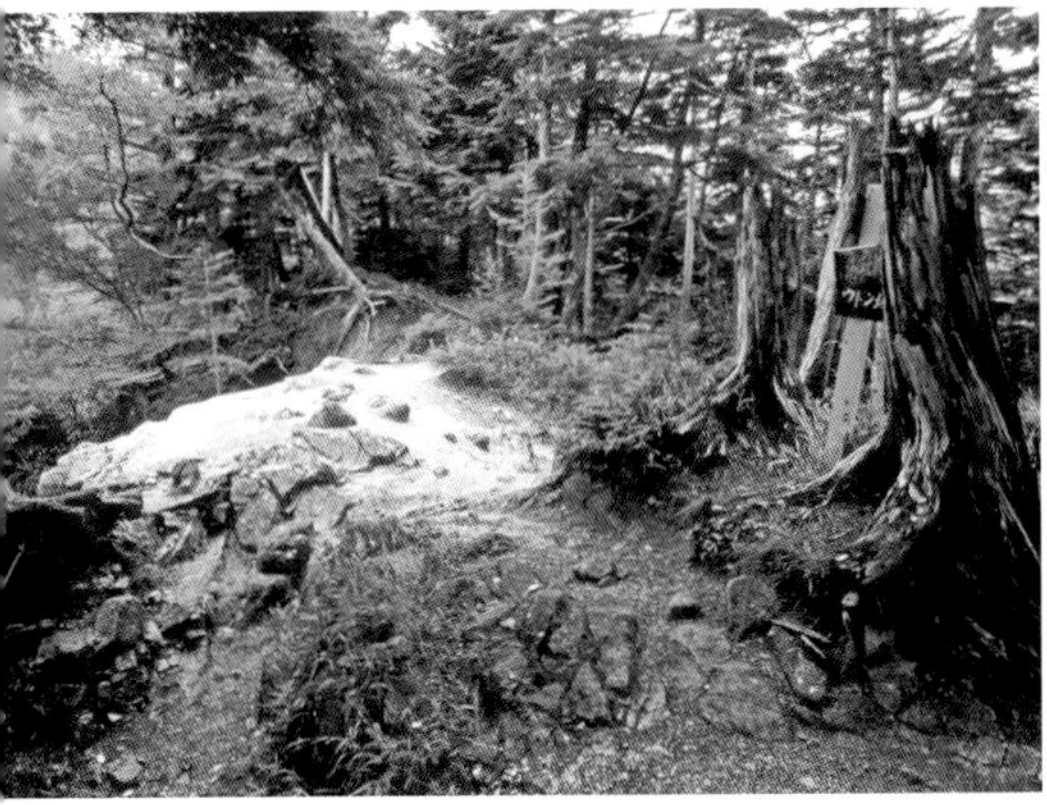
ナナカマドの紅葉に彩られる一丁ヶ池

プランニング&アドバイス

本コースは中学生の集団登山のコースとして毎年利用されるよく整備された安全な道だが、八合目〜六合目間は石が散在する路面が続き、足に負担がかかる。のんびり下ることがコツだ。千畳敷、あるいは木曽側からのコースのサブコース（下山ルート）として加えるのもよい。また、本コースを登路にして千畳敷から下山すると、駒ヶ根高原へ周回できる。

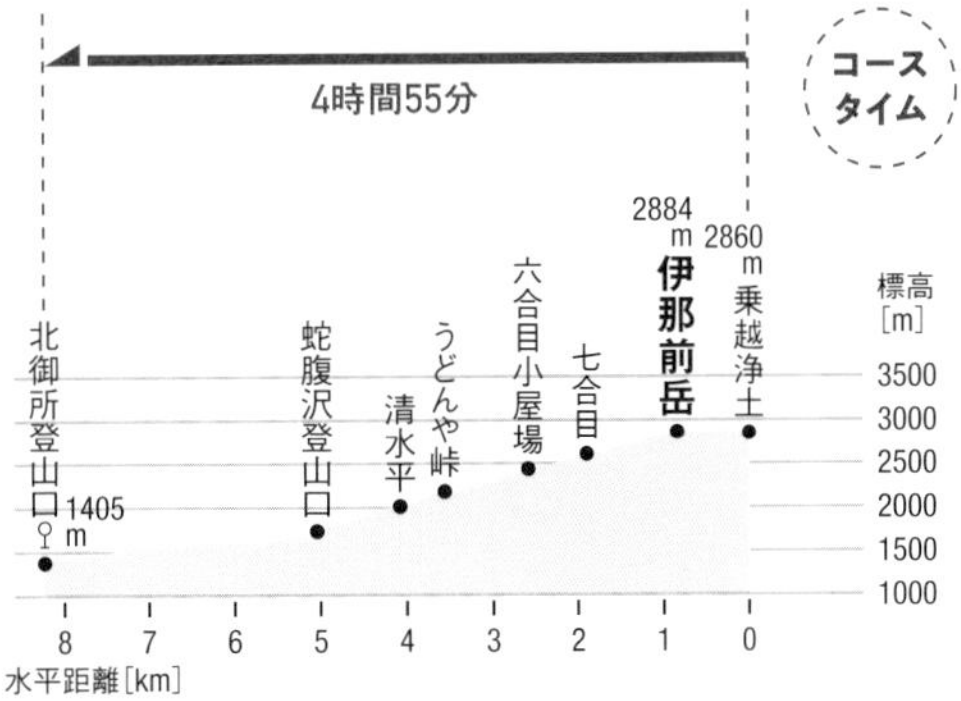

木《き》曽義仲《そよしなか》は1180（治承4）年、後《ご》白河《しらかわ》法皇より平家追討の命を受け、現・木曽町にて旗揚げし、源氏の血統者として数々の武功を立てた。しかし、覇者とはなれなかった悲哀の武将として知られる。義仲の縁の地が数多い木曽町福島《ふくしま》の木曽駒《きそこま》ケ岳《がたけ》北西麓に広がる木曽駒高原を起点とする福島A・Bコースを紹介するが、本稿では、登山口で水が得られるBコースを登路に、登山後の汗が流せる駒《こま》の湯へと下るAコースを下山に設定した（ただしAコースは登山者が少なく、ササかぶりの箇所がある）。

七合目より上部は、山姥《やまんば》とよばれる巨岩が累々と林のように居並ぶ地や、玉《たま》ノ窪《くぼ》と名付くカールのお花畑、あるいは造形的なダケカンバの森が魅力。若葉の初夏、絢爛たる紅葉期も見逃せない。

1日目 木曽駒高原から玉乃窪山荘へ

大原上《おおばらうえ》バス停から旧木曽駒高原スキー場の**コガラ登山口**まで歩く。旧スキー場入口

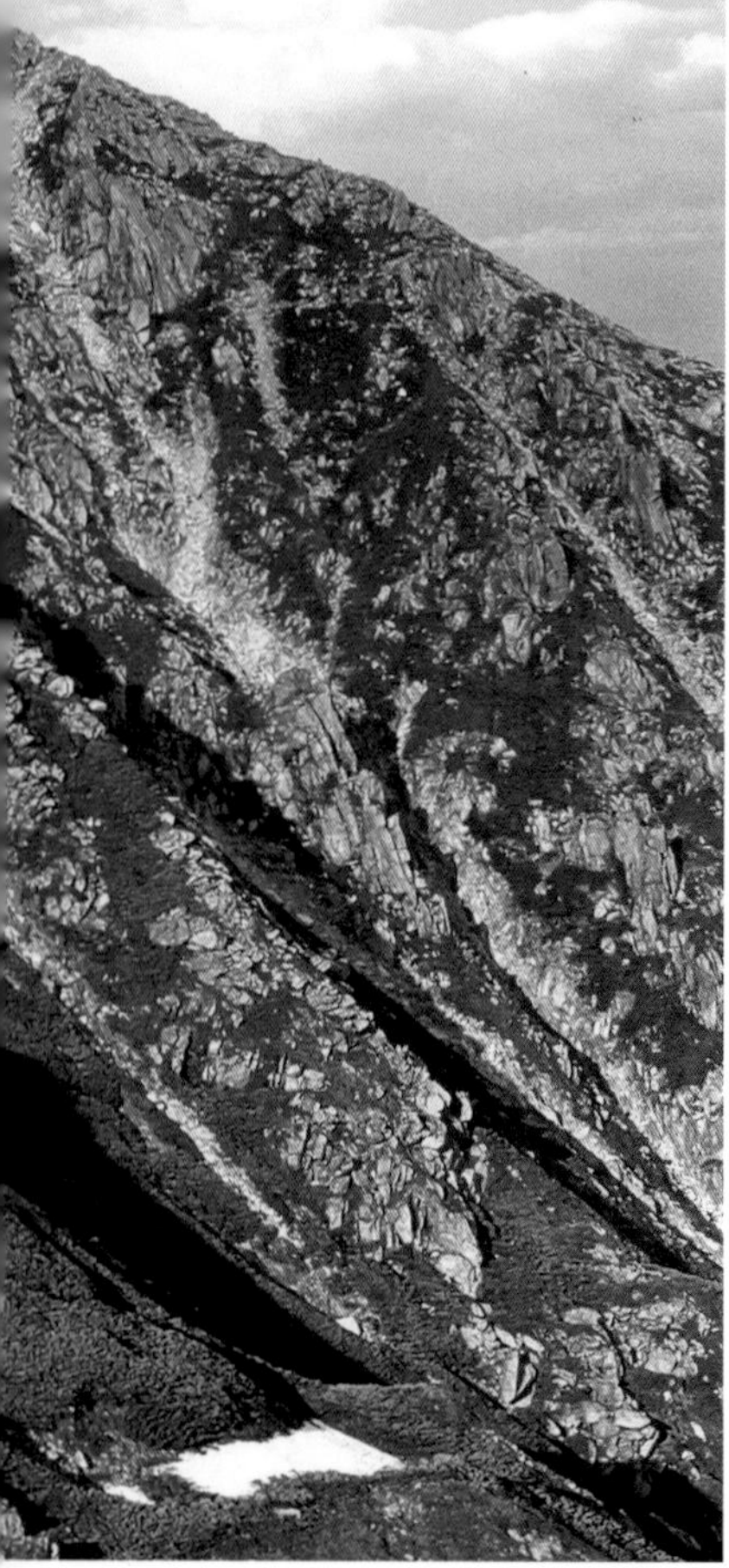

福島A・Bコース九合目付近から望む木曽駒ヶ岳

大原上バス停。コガラ登山口へは3.6km歩く

こんこんと清水が湧く四合目半の力水

前夜泊1泊2日

木曽駒ヶ岳

福島A・Bコース

コースグレード	中級
技術度	★★★☆☆ 3
体力度	★★★★☆ 4

木曽谷側からの代表的コースで木曽駒ヶ岳の頂をめざす

1日目 大原上バス停→ 福島Bコース→ 七合目→ 玉乃窪山荘　計7時間40分

2日目 玉乃窪山荘→ 木曽駒ヶ岳往復→ 七合目→ 福島Aコース→ 駒の湯　計7時間5分

に木曽駒冷水と銘打つ水場がある。四合目半まで水は得られないので、必要量を確保しよう。最終ゲレンデ手前まで舗装路を歩く。ゲレンデ跡の道を進むと指導標の立つ三叉路に出て、木曽駒ヶ岳へは右の林道へ入る。少々きつい登りを経て終点となる。

幸《こう》ノ川《かわ》砂防ダムと広い河原が視野に入り、左岸（下流から見て右側の岸）から石段を下り、**丸木橋**を渡って赤ペンキの矢印を追う。右岸を少し上流へと登ると、本格的な登山道となる。最初から急坂が続き、ぐんぐん高度をかせぐ。高さ10mほどのガレ場を越えると、さらに斜度は増す。しばらく登りに汗する区間が続き、やがて尾根上の四合目に着く。

尾根を20分ほど登ると、平坦な四合目半の水場に出る。ここから針葉樹林の森の中を登ると五合目。六合目のわずか上には、休憩適地の平らな場所がある。

七合目へ向け、変化に富んだコースがはじまる。まず鞍部《あんぶ》へいったん降り、右の山腹へトラバースぎみに進む。その先は、急勾配の登りから、左の山腹をからめ、再び尾根に出る。岩ザラのやせた尾根だ。その先が**七合目**で、避難小屋が立っている。七合目は、右へ福島Aコース（下山で利用する）、直進の麦草岳《むぎくさだけ》コース、左へ木曽駒ヶ岳へのコースが分かれる。小屋の先にはトイレとベンチが設置された広場がある。

ここから八合目の区間が本コースの核心部となる。まず、麦草岳の北東側山腹を巻くように登り、森の中を進むと、岩場に架けられた桟橋やハシゴが現われる。急峻で滑りやすい登りや下降もある。上部の桟橋は東側の視界が開けるがスリルも増す。

岩の凹凸が激しい急下降のあと、登り返してゆるやかな山腹を行くと山姥に出る。大岩が点在する奇怪な風景の中を進むが、巨岩が行く手を阻むところもある。そんな大岩を右や左へ回りこんだり、赤ペンキの矢印を追って越えていく。ハシゴを登ると、一変して花が咲き競う草原に飛び出る。し

A・Bコースの合流点・七合目。避難小屋とトイレがある

七合目～八合目間は桟道などの難所が続く

九合目手前の斜面は高茎草原のお花畑

ばらく進んだのち、大岩に架かるハシゴを越えるとようやく**八合目**に着く。このあたりから厳しい気候に変形するダケカンバが目立つようになり、シナノキンバイ、ハクサンイチゲなどの群落に混じってオレンジ色のクルマユリが彩りを添える。右手の奥から清水が湧き出ている。

やがて森林限界を超えると斜面は一面花々で埋まるようになり、斜度はいっきに強まる。山腹を蛇行しながら高度を上げ、玉ノ窪という地名が実際の地形をよく表現した稜線の鞍部に着く。左に**玉乃窪山荘**が立ち、その上方に木曽駒ヶ岳が大きくそびえる。右からは上松コース（P36コース5参照）が合流し、その後方に木曽前岳《きそまえだけ》が迫る。

2日目 木曽駒ヶ岳から駒の湯へ下る

玉乃窪山荘を背に、鳥居と木曽駒ヶ岳の開祖・心明行者像《しんめいぎょうじゃ》を正面に、烏帽子《えぼし》岩を右に見て、急斜面を木曽駒ヶ岳へと登る。右へ中岳への道を分け、頂上木曽小屋を右に見送るあたりまでは、コマクサやタカネシオガマ、ミヤマキンバイなどが地を這うように咲いている。**頂上木曽小屋**のすぐ上が**木曽駒ヶ岳**の頂だ。

山頂は中央アルプスの主峰にふさわしく、第一級の展望が得られる。朝食の前、山頂に登って朝日を楽しむのも一興だろう。

Aコース六合目へのトラバース道の中間点の沢

大岩が点在する山姥。ペンキ印を目印に進む

Aコース六合目の見晴台。背後は麦草岳

山頂からの下山は、**玉乃窪山荘**を経て、**七合目**まで往路をたどる。

七合目の分岐は、左の福島Aコースへ入る。麦草岳の北側山腹を南西方向へとトラバースし、崩壊した斜面を慎重に横切ると沢が数箇所現われ、それらを越える。ダケカンバの張り出した根や、ゴツゴツした歩きにくい区間を抜けると、分岐の広場に出る。麦草岳への直登コースを左に分け、右へ曲がる。平らな道は、わずかな登りを経て**六合目見晴台**《みはらしだい》に導く。

ここから急な下降路を経て、**五合目**を見送り、さらに下っていくと鞍部状の場所に出る。ここから赤林山《あかばやしやま》の東山腹をトラバースしながら進むと、やがて尾根に出る。この先しばらくはゆるやかに下るが、1793mピークの西を巻いた先からは急な尾根の下りが**木曽見台分岐**《きそみだい》まで続く。分岐を右に登ると御嶽山を望む木曽見台に出る。往復15分ほどだ。

分岐からはひたすら下っていくと、やがて**キビオ峠登山口**に出る。左右に幅広の林道が走り、対岸に公園も見える。左に折れて林道を進む。大きくカーブしながら徐々に高度を落とし、三叉路を右に入ると**駒の湯**までは一本道だ。

プランニング&アドバイス

下山路の福島Aコースは登山者が少なく徐々に荒れはじめているので、踏み跡や周囲の地形をしっかり確認すること。大原上バス停からの歩行時間を短縮したい場合は、コガラ登山口まで直接タクシーで入るとよい。下山地の駒の湯からのバス便はなく、タクシー利用が前提となる。マイカーはコガラ登山口かキビオ峠登山口に車を停め、徒歩で移動すれば周回がとれる（アクセスはP176を参照）。起点のコガラ登山口のそばに前泊に最適なペンション「ゲストハウスヒルトップ」（TEL0264-23-8031）がある。七合目避難小屋はストーブや薪が用意してあるが、使用の際は火気に充分な注意を払い、使用後の清掃などマナーを守りたい。

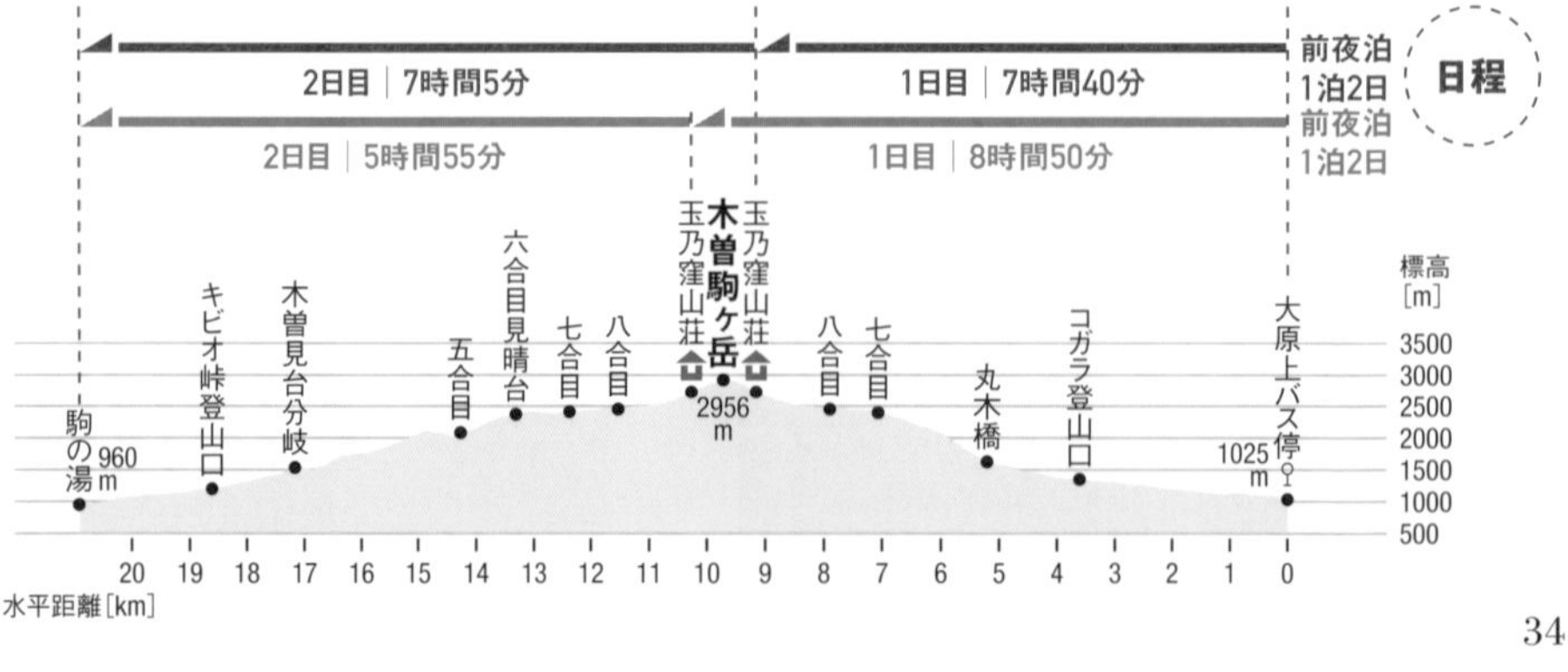

コラム1

「伊那谷」を訪ねる

長野県南部の伊那《いな》地方は「伊那谷」とよばれ、西に中央アルプスと東に南アルプスが連なり、その間を天竜《てんりゅう》川が南流する。大河の東側・竜東《りゅうとう》地区からは中央アルプスがよく望まれ、絵画や写真を撮る人が訪れる人気のスポットが多い。春のサクラのころは、高遠《たかとお》城址公園や大草《おおくさ》城址公園（中川《なかがわ》村）といったサクラの園や、しだれ桜やエドヒガンの一本桜が目白押し。夏は中アと南アの絶景が見られるキャンプ場が人気。陣馬《じんば》形山《がたやま》（中川村）や鹿嶺《かれい》高原（伊那市長谷《はせ》）には多くの人が集まる。また、中アの山懐に位置する宮田《みやだ》高原（宮田村）や千人塚《せんにんづか》公園（飯島《いいじま》町）も山岳展望のよいキャンプ地だ。辰野《たつの》町にある、天然記念物に指定されるしだれ栗《ぐり》森林公園と横川《よこかわ》川の蛇《じゃ》石も必見。

陣馬形山キャンプ場／陣馬形山(1445m)は中川村の東方に座る南アルプス前衛峰の一峰。その山頂にあるキャンプ場(℡070-3106-1050)。山岳展望の絶景が広がる

伊那谷は味覚も豊富。千畳敷《せんじょうじき》への入口・駒《こま》ケ《が》根《ね》市の名物が「ソースカツ丼」。ご飯の上にキャベツの千切りを敷き、カラッと揚げたカツを切って並べ、特製のソースがかかる。豚の肉汁がしみ出て、キャベツがさっぱりして肉と絶妙に合う逸品だ。

伊那市竜東地区に広がるそば畑／その昔、伊那で収穫された「行者そば」の種は、修行僧らの手により各地の霊山の麓に広められたと伝えられる

伊那谷の中核都市のひとつ伊那市は「信州そば発祥の地」。行者《ぎょうじゃ》そばと高遠そばがあり、どちらも通を唸らす。辛味大根のつけ汁、焼き味噌の薬味がそばの香りを芳醇にしてくれる。同じ麺類の「ローメン」も有名で、地元民ばかりか観光客に好評。ラーメンと焼きそばの中間的な料理で、ラム肉（伊那谷では古くから羊肉が親しまれていた）や野菜を独特な蒸し麺とともに炒める。薄味なので、賞味する人の好みで酢や醤油・ソースで味つけする。スープが麺の下に沈んでいて、それをからめながら食す。

珍味としては、イナゴや蜂の子の佃煮がある。うなぎの蒲焼きもおすすめだ。

長谷アルプスフォトギャラリー（伊那市長谷）／本書の著者・津野祐次氏の写真を常設する㈱ヤマウラ運営の美術館。年4回展示替えされる（℡0265-98-3016）

写真・文／津野祐次

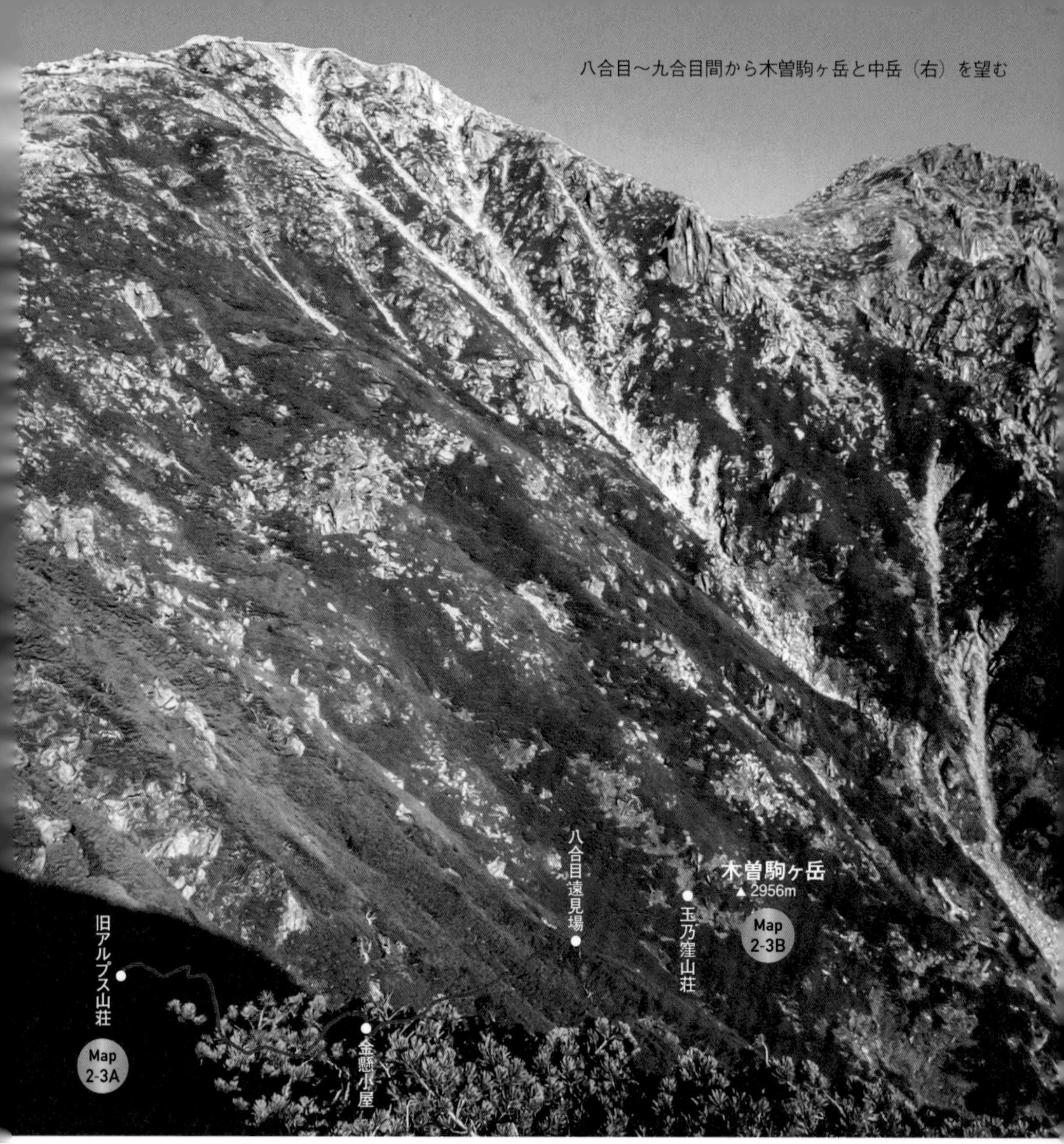

八合目〜九合目間から木曽駒ヶ岳と中岳（右）を望む

歴史と信仰に彩られた木曽側からのクラシックルート

コースグレード｜中級

技術度｜★★★★★ 3

体力度｜★★★★★ 4

1日目 旧アルプス山荘→金懸小屋→玉乃窪山荘→頂上木曽小屋　計7時間5分

2日目 頂上木曽小屋→木曽駒ヶ岳往復→金懸小屋→旧アルプス山荘　計5時間25分

写真・文／津野祐次

前夜泊1泊2日

木曽駒ヶ岳 上松Aコース

中央アルプスの主峰・木曽駒ヶ岳《きそこまがたけ》は東側の伊那《いな》地方に住む人々が西駒ヶ岳《にしこまがたけ》とよぶのに対し、古来より駒ヶ嶽《こまがたけ》、あるいは木曽の東嶽《ひがしだけ》とよんでいた。麦草岳《むぎくさだけ》の山頂北側に露岩が馬の形をする駒石があり、その駒《こま》石の存在が駒ヶ岳の名に由来する。

木曽路のほぼ中央に位置する上松《あげまつ》は、寝《ね》覚《ざめ》ノ床《とこ》、木曽ノ桟《かけはし》などの木曽八景で知られる風光明媚な地。その上松を起点に木曽駒ヶ岳をめざすのが上松Aコース。木曽駒ヶ岳は信仰の対象として1532（享禄5・天文元）年に上松徳原《とくはら》の神官・徳原長太夫が本岳の頂に駒ヶ嶽神社を奉祀した。上松コースも登山口から山頂にいたるあちこちに石神や不動明王などが林立し、山岳信仰の歴史を今なお伝えている。

1日目 旧アルプス山荘から木曽駒へ

廃業した**旧アルプス山荘**先の分岐で「登山道Aコース」の案内にしたがい右に進み、滑《なめ》川を堰堤で対岸に渡ると、やがて林道に

●本コースは2021年8月の豪雨により、滑川（北股谷）の堰堤が流失するなど、コースの一部に被災箇所が生じている。詳細は上松町観光協会ホームページへ。

敬神ノ滝前の石碑。ここから本格的な登山道がはじまる

五合目の金懸小屋。快適な避難小屋だ

出る。右に進むと**敬神《けいしん》ノ滝《たき》山荘**（使用不可）が立つ。なお、この区間は工事のため土曜・休日を除き通行禁止となっている。その際は旧アルプス山荘から続く舗装された林道を進んで300m先で右折し、滑川砂防公園まで上がると巨大な砂防ダムの南側に駐車スペース（タクシーもここまで入る）がある。林道から右へ一段下って進み、再び林道をたどると敬神ノ滝山荘に出る。山荘の前には水場が、その奥に敬神ノ滝がある。

登山道は右の山腹へ延び、最初の急坂を過ぎるとヒノキの大木が根を張る平坦な道となる。うっそうとした森の中を三合目へと進む。ジグザグの道で確実に高度をかせぐ。四合目を過ぎると森の様相が変わり、やがて無人小屋の**金懸《かねかけ》小屋**が現われる。小屋の先には霊神を奉る金懸岩の巨岩が切り立つ。そばにある金剛《こんごう》水は水流が細く、涸れていることもある。

金懸岩を巻き進む板敷きの桟橋を越えると、胸突八丁《むなつきはっちょう》の登りがはじまる。急な登路で、ハシゴや階段の斜面では急峻な地形に驚く。急登はラクダの背《せ》とよばれる尾根までだ。このすぐ上が六合目で、さらに登ると三《さん》ノ沢岳《さわだけ》や御嶽山《おんたけさん》を望む展望台に着く。

背の低い針葉樹にシャクナゲが混生する樹林帯を登ると、右に天《あま》ノ岩戸《いわと》という大きな岩が切り立っている。ハシゴで高巻き、尾根を登ると**七合目**。このあたりから高山の様相が色濃くなり、ダケカンバやナナカマドにハイマツが混じる。展望が開け、八合目まで明るい尾根歩きが続く。

石神群が立ち並ぶ**八合目遠見場《とおみば》**の小屋跡は高山植物が周囲に咲き、休憩に適した場所。すぐ上に不動明王と石神などが居並ぶ祈祷《きとう》所がある。この先に分岐があり、木曽《きそ》前岳《まえだけ》への道が分かれる。ここは直進し、ダケカンバの林の中をトラバースする。

崩壊地に出ると、ガレ場をロープに助けられ下降して対岸へ渡る。ここからが核心部で、ロープの架かる急峻な砂礫地に苦労する区間が続く。丸太割りの階段がある長

信仰の道の証ともいうべき八合目上の祈祷所

九合目へはザレの急登をはじめ難所が連続する

木曽駒ヶ岳を背に立つ九合目・玉乃窪山荘

い登りの末、尾根に飛び出す。山腹を横移動するようになると斜度はゆるくなる。スズリ岩を見送ると、九合目・玉《たま》ノ窪《くぼ》は近い。左から福島《ふくしま》コース（P30コース4参照）が合流し、**玉乃窪山荘**をすり抜けると、心《しん》明行者《めいぎょうじゃ》像が立つ祈祷所の前に出る。ここから山頂へ最後の登りがはじまる。石段を登り、石ゴロの道を進むと右に中岳《なかだけ》方向への道が二度分岐するが、二度目の分岐に宿泊する**頂上木曽《ちょうじょうきそ》小屋**が右に立っている。

2日目 木曽駒ヶ岳に登り往路を下山

頂上木曽小屋から5分も登れば**木曽駒ヶ岳**の山頂だ。ご来光と朝日に染まる峰々を堪能しよう。

下山は上松Bコースを利用して周回コースをとることができたが、コース未整備につき往路を引き返すか、千畳敷《せんじょうじき》駅へ下ることになる（P18コース2参照）。

プランニング&アドバイス

上松からは、福島からのコース（P30参照）同様A、Bの2コースあるが、旧木曽駒荘を起点とするBコースはコース下部が手入れされておらず、また麦草岳~玉乃窪山荘間の稜線がルート崩壊による通行止めのため、今回はAコースのみの紹介とした。そのAコースは駒ヶ岳神社里宮を一合目とし、山岳信仰の正道として江戸時代から脈々と歩かれたコース。水は登山口の敬神ノ滝山荘前の水場で必要量を確保して登る（金懸小屋近くの金剛水は涸れることあり）。初日の歩行時間が長いため、上松の宿泊施設に前泊したい（登山口のアルプス山荘や木曽駒荘は廃業）。

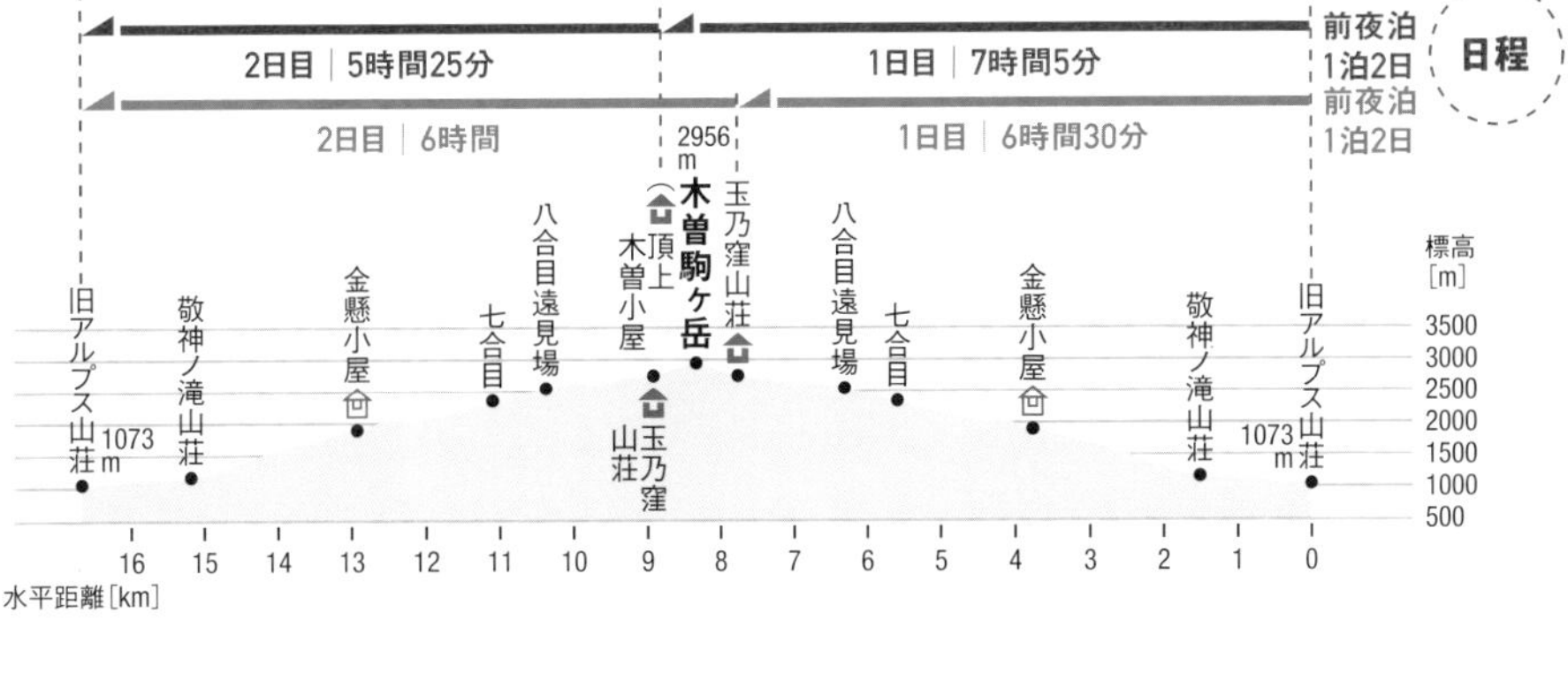

コラム2

千畳敷カールとお花畑

千畳敷カール北西・八丁坂のお花畑

駒ヶ岳《こまがたけ》ロープウェイ終点の千畳敷《せんじょうじき》（標高2612m）は典型的なカール（圏谷《けんこく》＝山腹斜面の椀状の谷）地形であり、約2万年前の氷河時代の末期、氷河が後退するときに山腹を削り取って出現した地形である。そのとき深くえぐり取られた山肌がカールを囲む宝剣岳《ほうけんだけ》と伊那前岳《いなまえだけ》で、とくに宝剣岳はそれが如実に現われている。研磨された穂先は鋭く、その山容が名前の由来につながったのだろうか。

お椀を半分に割ったような地形は、雪どけ水や降雨が周辺の山肌を縫ってカール内に保水されるため、高山の花たちを育む絶好のお花畑を発達させた。これは、千畳敷が高山植物の宝庫となった要因のひとつと考えられる。

残雪がとける6月上旬〜中旬になると、いち早くショウジョウバカマやコイワカガミが雪どけと競うように花を咲かせ、続いてチングルマやアオノツガザクラなどが稜線直下から咲き下ってくる。オットセイ岩付近の斜面がシナノキンバイ、ハクサンイチゲ、ミヤマキンポウゲなどの大形の花で埋まるようになると、いっきに花の最盛期となる。

7月下旬ごろにはカール底のお花畑が百花繚乱の季節を迎え、ミヤマクロユリ、コバイケイソウ、ヨツバシオガマなどが咲き競う。8月に入り、ミヤマカラマツやタカネグンナイフウロに混じってトリカブトやウサギギクが咲くと、秋の気配が漂いはじめる。

中央アルプスでは千畳敷のほかに濃ヶ池《のうがいけ》や木曽駒ヶ岳《きそこまがたけ》周辺、檜尾岳《ひのきおだけ》、摺鉢窪《すりばちくぼ》などにまとまった規模のお花畑が展開する。

貴重な高山蝶の姿を見かけることもある（写真はクモマベニヒカゲ）

写真・文／津野祐次

千畳敷の周辺に咲く主な花々

ミヤマクロユリ

ユリ科　カール地形に多く見られ、悪臭がある。母種のクロユリの高山型で、葉は茎の上に3〜5枚輪生し、2〜3段つく。鐘型の花は暗紫褐色で、黄色の細かい斑点がある。
花期：7〜8月

タカネグンナイフウロ

フウロウソウ科　中央アルプスなど本州中部の亜高山〜高山帯の高茎草原に生える。花は濃紅紫色で、直径3cmほど。ハクサンフウロより青みが強い。高さ30〜50cm。
花期：7〜8月

クルマユリ

ユリ科　カール内や八丁坂などで見られる。華やかな橙色は夏の花にふさわしい。車軸（放射）状につく花は直径6cmほど。葉は茎の中央部で輪生する。高さは0.5〜1m。
花期：7〜8月

ウサギギク

キク科　千畳敷や濃ヶ池のカール内の日当たりのよい場所に群落をつくる。開花は遅い。花名は対生する葉をウサギの耳に見立てたことに由来する。花径は4〜5cm。
花期：7〜9月

コバイケイソウ

ユリ科　数年に一度の周期でカール内にみごとな群落をつくる。開花の年は実に壮観。径8mmほどの梅に似た白い花を、多数、円錐状につける大型花。根と茎には毒素がある。
花期：7〜8月

トリカブト

キンポウゲ科　猛毒植物としてよく知られる。青紫色の烏帽子のような形の花をつける。トリカブトは種類が多く、雑種をつくりやすいともいわれ、見分けがむずかしい。
花期：8〜9月

テガタチドリ

ラン科　中央アルプスなど本州中部の高山帯の草原に生え、淡紅紫色の花は先に密集する。根が掌状になるため、手形千鳥の花名になった。高さは10〜15cm。
花期：7〜8月

シナノキンバイ

キンポウゲ科　和名は信濃金梅。中央アルプスを代表する花のひとつで、カール内に、毎年大群落をつくる。花径は3〜4cmと大柄で、お花畑では目立つ。
花期：7〜8月

三ノ沢分岐から少し下った大岩から三ノ沢岳を望む

前夜泊日帰り

三ノ沢岳

中ア主脈の西はずれにそびえる花と静寂に包まれた展望台

コースグレード | 中級

技術度 | 3

体力度 | 3

日帰り　千畳敷駅→極楽平→三ノ沢分岐→三ノ沢岳（往復）　計6時間25分

三《さん》ノ沢岳《さわだけ》（標高２８４７ｍ。国土地理院の地形図では三沢岳）は、宝剣岳《ほうけんだけ》から西へと派生する支稜上に位置する独立峰的存在の山。山頂からの展望はほかの山とは異なり、主稜の峰々の背後に南アルプスが二重山稜（２つの稜線が平行して並ぶ地形）のように見えるのが特徴だ。

木曽《きそ》谷の中央部から木曽駒《きそこま》山群を望むとき、貫禄満点の風格でそびえるのがこの山だ。木曽駒ヶ岳の主峰群を源流として木曽川へと流れ下る滑《なめ》川を遡ると、下流から一《いち》ノ沢、二《に》ノ沢、三ノ沢が左岸を駆け上がる。その三ノ沢の最上部の高点が、この三ノ沢岳である。

三ノ沢岳はこのように主稜からはずれているため、直登するコースはない。山頂からの展望やのびやかな山容もこの山の特徴だが、その山頂に立つには主稜から往復することになる。本稿では、木曽とは反対側の駒ヶ根《こまがね》市から交通手段を利用して千畳敷《せんじょうじき》まで上がり、そこから往復する。

日帰り

千畳敷から三ノ沢岳を往復

駒ヶ岳《こまがたけ》ロープウェイ**千畳敷駅**から千畳敷に降り立つ。西側の正面には駒ヶ岳神社が立ち、その前を左へ入ると極楽平《ごくらくだいら》まで一本道。岩が重なるような道をゆるやかに登り、右へ鋭角に曲がると遊歩道のような広い道となる。しばらくは山腹を巻きながら西へと進み、主稜直下からはいっきに急斜面を直登する。飛び出ると**極楽平**だ。涼やかな風が吹き、正面にめざす三ノ沢岳が見える。

極楽平の指導標にしたがい右へと進み、主稜を北上する。サギダルの頭《かしら》（以前は南《みなみ》宝剣岳《ほうけんだけ》とよばれた）を右手に見て、平坦な道を行く。左手のなだらかな斜面には、イワツメクサやタカネツメクサ、コマウスユキソウの白花に混じって、タカネシオガマのピンク色、チシマギキョウの紫色、ミヤマキンバイの黄色の花が彩りを添え、まさに極楽のような光景が広がる。

ほどなく大きなケルンが目印の**三ノ沢分**

主脈上の極楽平。三ノ沢分岐へは右へ進む

ケルンが立つ三ノ沢分岐。背後は木曽駒ヶ岳

写真・文／津野祐次

岐に着く。ここは直進の宝剣岳方面と（P18コース2参照）、三ノ沢岳へのコースが左に分かれる。東側眼下の千畳敷とその背後の南アルプスの山並みを背に、鋭く尖った宝剣岳を見送り、三ノ沢岳を往復してこよう。

分岐を西へとたどる。ハイマツの中に刻まれた道を直線的に下り、大きな岩が点在する周辺にカーペットを広げたようにチングルマやアオノツガザクラが咲いている。

三ノ沢岳山頂付近からの木曽駒ヶ岳方面

このあたりからは斜度が増してくる。左右に細かく曲がりながら高度を落とし、右側が滑川谷の崖となって切れ落ちる。さらに小突起もいくつかあり、高みへと登り返すコブや、左右に巻き越える高点の通過もある。左手の斜面に高茎《こうけい》草原のお花畑が見られる中間鞍部《あんぶ》は滑川の源流部へと広大な斜面がゆるやかに落ち、コバイケイソウ、ハクサンチドリ、タカネグンナイフウロ、ヨツバシオガマなどが開花を競い、まさに百花繚乱の世界だ。

三ノ沢岳がぐんぐん近づくにつれ、ハイマツの背が高くなる。ひときわ大きく背丈を超えだすと、最低鞍部に着く。

宝剣岳南稜から望む朝の三ノ沢岳

三ノ沢岳山頂の南側斜面は広大なお花畑となっている

鞍部からは急な斜面を登り、短い岩場を乗り越え、ダケカンバの茂る急峻な斜面を高巻く。その先から斜度は弱まり、大きなケルンの前に出る。霧が発生したときはこのケルンが目印となる。眼前のピークまで斜度が少し強くなると、三ノ沢岳の東肩（山頂直下の尾根の平坦なところ）に出る。その南側を通過し、山頂へと右に曲がりこむ。このトラバース道は、両斜面ともみごとなお花畑となっている。山頂側にはハクサンチドリやミヤマキンポウゲ、ミヤマクロユリなど背の低い花が、谷側にはコバイケイソウ、ミヤマキンバイ、ハクサンイチゲなど、大型の花たちが咲き競う花園となる。

大岩が折り重なる**三ノ沢岳**山頂はさえぎるものがなく、中央アルプス随一の展望台といっても過言ではない。

帰路は忠実に往路をたどる。

プランニング&アドバイス

三ノ沢岳は主稜を空木岳や木曽駒ヶ岳へ縦走する登山者には分岐から往復5時間もの行程を余儀なくされるため、三ノ沢岳に限定した1日の登山スタイルにしなくては山頂を踏むことはできないだろう。エスケープルートや水場、避難小屋もないため、天候が一変したら、勇気をもって引き返そう。また、三ノ沢岳直下の大きなケルンのある広大な斜面は、霧が発生すると登山者が少ないぶん踏み跡を探しにくいだけに、地形を事前に把握しておくことも必要。訪れる人が少なく静かな山旅を好む人向けの山だが、花を見るにはコースタイムにゆとりをもちたい。

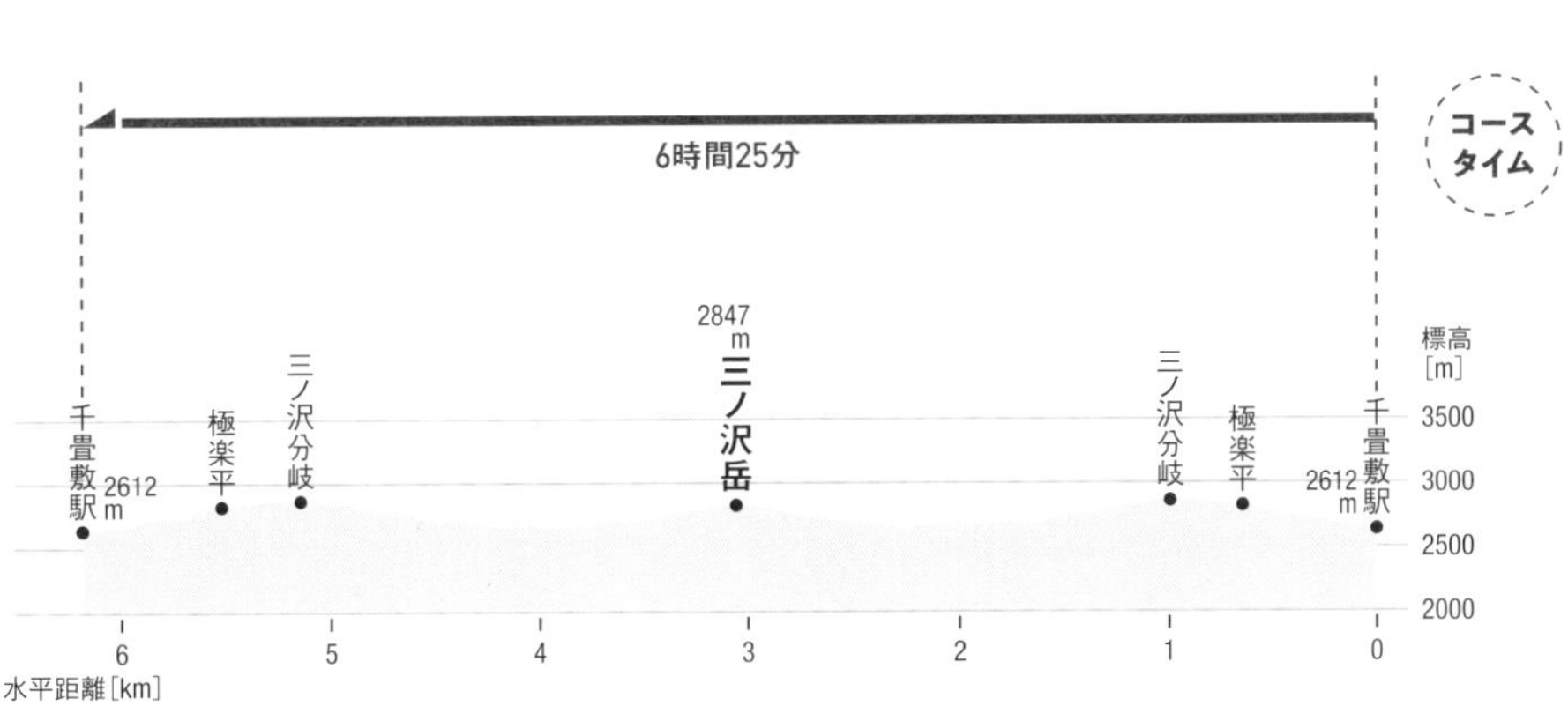

中央アルプス主脈の中央に座り、まるで独立峰のように孤高の姿を見せる空木岳《うつぎだけ》（標高2864m）。初夏、伊那《いな》谷の駒ヶ根《こまがね》市から伊那市にかけての竜東《りゅうとう》地区から残雪を抱くこの山を眺めると、豊潤なウツギの白花が、あたかも青空に咲き競う様相に山肌が似る。これを称えて、ウツギ岳とよぶようになったという。

空木岳へはいくつかの登路があるが、本稿では、登山口となる駒ヶ根市から登山バスとロープウェイを使って千畳敷《せんじょうじき》まで上がり、アップダウンの大きい主稜を南下し目的の空木岳を走破する。下山は東に延びる池山《いけやま》尾根を利用すれば、駒ヶ根市へと周回できる。交通手段の恩恵を存分に生かし、短縮となるアプローチで浮いた時間を稜線漫歩に充分に活用してみよう。

縦走時は、左に南アルプス、右に御嶽山《おんたけさん》、白山《はくさん》、乗鞍岳《のりくらだけ》などを終始眺めての山歩きとなる。中間の檜尾岳《ひのきおだけ》には、東直下のお花畑の先に檜尾避難小屋（2022年からは有人小屋として営業予定）が立っている。

檜尾岳山頂の東側直下に広がるお花畑

濁沢大峰を背に檜尾岳へと登る登山者

写真・文／津野祐次

東川岳から望む夕焼けの空木岳

コースグレード	上級
技術度	★★★★☆ 4
体力度	★★★★☆ 4

中央アルプス北部主脈縦走のハイライトコース

1日目	千畳敷駅→ 極楽平→ 檜尾岳→ 熊沢岳→ 木曽殿山荘	計6時間55分
2日目	木曽殿山荘→ 空木岳→ 池山林道終点→ 駒ヶ池バス停	計7時間5分

1日目 千畳敷から檜尾岳を経て木曽殿山荘へ

千畳敷駅を出発し、**極楽平**《ごくらくだいら》へ（P42コース6参照）。

極楽平から主稜を南下する。最初の小高いピークは島田娘《しまだむすめ》ノ頭《あたま》、さらに広く胸を開く尾根上に空木岳へと主稜上の峰々が続く。尾根上には様々な高山植物が自生し、なかでもコマウスユキソウは、この山域の特産種。純白の綿毛をまとう姿は愛くるしい。

やがて尾根は狭まり、徐々に高度を落とし、いっきに急下降すると鞍部《あんぶ》だ。砂礫の登りから一枚岩を攀じり、急斜面の先が巨岩重なる**濁沢大峰**《にごりさわおおみね》である。

続く二峰と三峰を越えていくが、まずは岩場を木曽《きそ》側へ下り、横移動して岩稜に出る。クサリが架かる切り立つ岩を下ると、鋭くやせた三峰の岩頭を進む。それを越えると東側へのガレ場の急下降となる。ハシゴとロープがあるが、足もとは滑りやすい。

緊張から解放されると小規模なお花畑に着く。ここからは右へと山腹を巻き、尾根に出て鞍部まで下る。東側斜面に、この山域としては珍しいタカネナデシコやヤマホタルブクロが咲くお花畑が展開する。

鞍部からの登り返しは最初はゆるく、すぐ急坂となる。尾根づたいに登っていくが、ハイマツが足もとにからみ少々歩きにくい。いったん斜度が落ち、広大な尾根を大きくカーブしながら登る。5回ほど細かな蛇行をするところは急峻だ。登るほどに斜度は落ち、ほどなく**檜尾岳**山頂に出る。

檜尾岳は東に丘状の丸いピークがあり、檜尾避難小屋が立つ。その手前鞍部にはお花畑があり、縦走中最大の花園が展開する。往復30分もあれば鑑賞できるが、コバイケイソウの咲く年は圧巻。山頂からの展望は、三《さん》ノ沢岳《さわだけ》と空木岳をはじめ御嶽山や南アル

熊沢岳北稜の高点で休む登山者

濁沢大峰二峰から檜尾岳（左）と熊沢岳（右奥）を望む

空木岳北稜のルンゼを三点支持で登る

プスも一望できる。ここがコースのほぼ中間、昼食をとって後半の鋭気を養おう。

　コース後半は、まずは砂礫の尾根から岩尾根を下り、鞍部へ降りる。このあたりは、ウラシマツツジやガンコウランなどの紅葉がカーペット状に広がっている。

岩稜を踏んで大滝山《おおたきやま》を越え、舟窪地形（二重山稜などにはさまれた窪地）を進んで右の尾根に出る。登下降を何回もくり返し、徐々に高度を上げる。立ちはだかる大岩を巻き、続くルンゼ（岩溝）状の岩場を登攀する。手がかりが数箇所打ちこまれており、慎重に越える。

スリリングな箇所はこれで終わり、やせ尾根から広い斜面に出て、東側が切れ落ちる岩稜を進んでいく。池《いけ》ノ平《たいら》とよばれるカールを左下に俯瞰し、さらに登る。砂礫の道に変わってくると大岩が目立つようになり、**熊沢岳**《くまざわだけ》山頂へ着く。

　ここからは、通称熊沢五峰《ごほう》とよばれる複数のピークを越えていく。扇子を開いたような広い尾根をゆったり下り、急な岩道を進み、鞍部から登り返す。何回か登下降を重ね、狭い尾根を行く区間もある。ひときわ高度差の激しいアップダウンの末平らな斜面に出ると、**東川岳**《ひがしかわだけ》は近い。山頂部は東から南側が深く切れ落ち、そのため展望がいい。とくに目の前に大きくそびえる空木岳は見ごたえ充分。山頂部に花崗《かこう》岩の岩塔帽をかぶる姿は、なんとも形容しがたい。

　東川岳からは階段状に整備が行き届いた道を、今宵の宿となる**木曽殿山荘**《きそどの》の立つ木《き》曽殿越《そどのこし》の鞍部まで降りる。10分弱西側へ下ったところに、義仲《よしなか》の力水がある。

池山尾根の難所・大地獄のクサリ場

360度の展望が楽しめる空木岳の山頂

2日目
空木岳を経て池山尾根を下山

いよいよ空木岳をめざす。左下が切れ落ちる崖上を、細かくジグザグを重ね、確実に高度を上げていく。斜度が落ちると直線的な道へと変わり、岩場に出ると再び急峻な道となる。岩を乗り越えると小広い砂礫地で、この先からが核心部となる。

西側を回りこみ、少しの下りから巨岩の右へと進む。バンド（岩棚）を横移動し、ルンゼの岩場を登る。いったん平坦路となり、岩場をさらに登る。その先は砂礫となり、斜めに進むと**空木岳**に出る。山頂は本コース一の大展望で、南アルプス・塩見岳《しおみだけ》越しの富士山《ふじさん》や、北アルプス、御嶽山、白山、中央アルプスの名峰が視界に入る。

直進の南駒ヶ岳《みなみこまがたけ》方面への主稜（P54コース8参照）を分け、東へコースをとる。直下に素泊まりの空木駒峰《うつぎこまほう》ヒュッテが立ち、その前が分岐。空木平《うつぎだいら》へのコースと駒石《こまいし》へのコースに分かれ、どちらも先で合流する。ここは駒石を通る尾根道へ。

右へ空木平のコースを分け、空木駒峰ヒュッテのテラスへと左に折れ、山荘の右手からハイマツの中を進む。砂礫の滑りやすい道だが、ハイマツの緑色と、花崗岩の白い砂地とのコントラストは目に鮮やかだ。

広い尾根が少しずつ狭くなり、急な下降にかかると突然目の前に駒石が現われ、偉大な存在感に圧倒される。その下が空木平経由の道と合流する**分岐点**。尾根の

空木岳山頂からの中央アルプス北部主脈の山々

北側へと入り、大きなダケカンバ帯を下ると、道は右の山腹へと変わる。巨木に目を奪われながら巻き進むと、再び尾根に出る。太い枯木が目につく明るく平坦な道を進むと、針葉樹が目立つようになってくる。

ヨナ沢の頭で尾根から右の山腹へ入ると、やがて迷《まよ》い尾根に出る。ここは鋭角に左へと曲がり鉄製のハシゴを降りると、小地獄《こじごく》に差しかかる。急下降のハシゴ、桟橋などが続き、**大《おお》地獄**の険悪な下降となる。アルミ製のハシゴなどが随所に架かり、注意を要する道が続く。これを通過し、うっそうとした森の中を下り、マセナギを見送ると水場のある**池山小屋分岐**に着く。西は池山小屋、直進すると池山山頂へと続く。池山小屋は快適な避難小屋で、水場もある。

分岐からは右の池山遊歩道を下る。カラマツの森に変わり、小鳥のさえずりを聴きながらゆるやかに**池山林道終点**まで下る。駐車場に出たらタクシーをよぶか、さらに駒ヶ根高原の**駒《こま》ヶ《が》池《いけ》バス停**まで歩く。

空木岳のシンボル・駒石。花崗岩でできた巨石だ

●空木岳登山道からの林道古城線は落石などのおそれがあり、2021年は車両通行止めだった（2022年は未定）。詳細は駒ヶ根市役所ホームページへ。

プランニング&アドバイス

夏と秋の最盛期、ロープウェイへ乗車する待ち時間が長くなることが予想される。ホテル千畳敷などに前泊し、なるべく早く千畳敷を発とう。1日の行程がかなり長いので、時間に余裕をもちたい。アクシデントに見舞われたら、檜尾岳東側直下の避難小屋が援軍となる。小屋から檜尾根を下って桧尾橋バス停へ出ることができるが、4時間近くかかる。水場は避難小屋の北側直下の沢水を利用する。なお避難小屋は2022年から営業小屋となり、テント場も設置される。2日目は空木岳に荷を置き、南駒ヶ岳を往復して池山尾根を下ると山旅は充実するだろう。その際は池山林道終点からタクシー（要予約）を利用すると行程に余裕が出る。

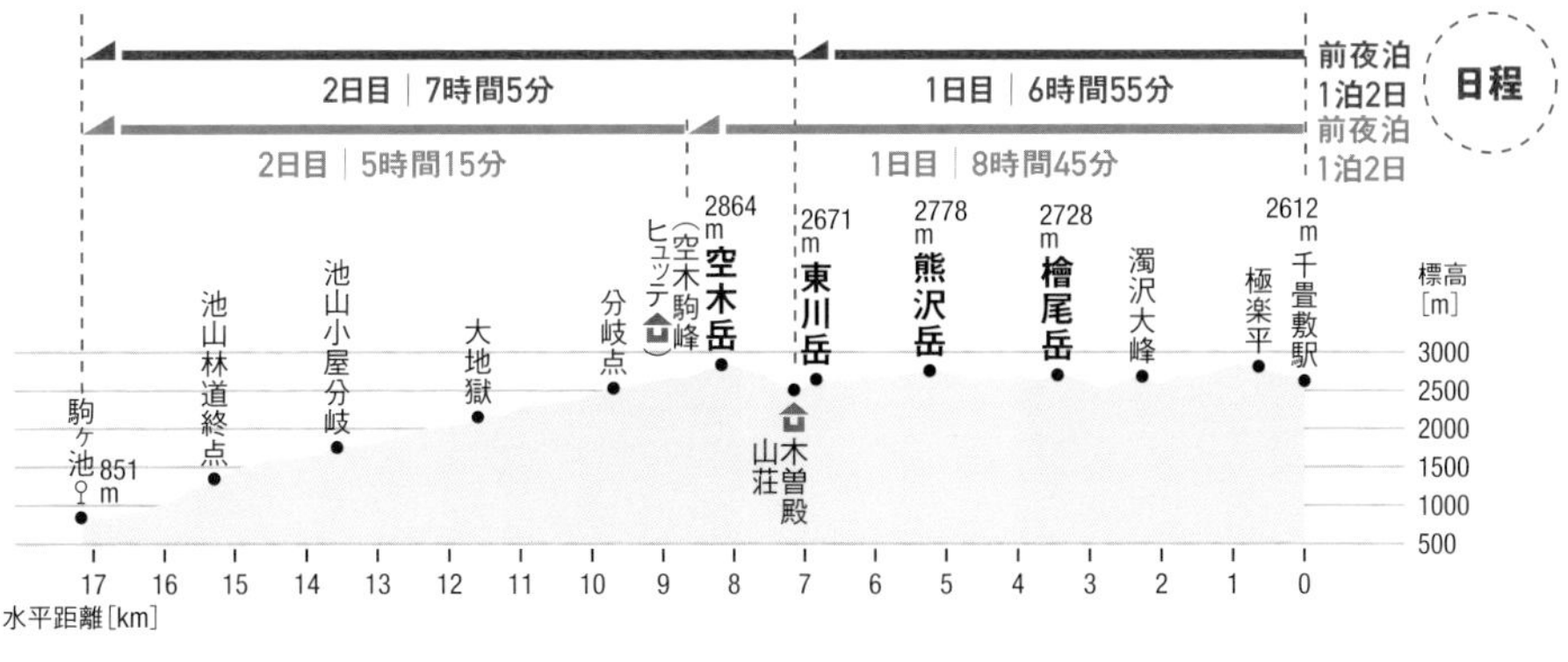

サブコース

池山尾根から空木岳

駒ヶ池バス停↓池山林道終点↓大地獄↓空木平↓空木岳　7時間10分

Map 3-1C 駒ヶ池バス停
Map 3-2A 空木岳

コースグレード	中級
技術度 ★★★☆☆	3
体力度 ★★★☆☆	3

本コースは下山に利用する登山者が多く、登路は健脚者向けといえる。ただし本来大《おお》地獄《じごく》・小地獄の通過は、下りより登りに向く。秋には紅葉がみごとなコースだ。コース上には池山《いけやま》小屋と空木平《うつぎだいら》避難小屋、空木駒峰《こまほう》ヒュッテがあり、天候急変時に心強い。

駒ヶ池《こまがいけ》バス停で降車し、車道を駒ヶ根《こまがね》高原スキー場をめざして歩く。その先、右手に空木岳《うつぎだけ》登山口がある。雑木林の中へ入り、急な山腹を蛇行して高度をかせぐ。林道を突っ切り、山中からさらに林道を横切ると、林の中に三本木《さんぼんぎ》地蔵が現われる。この上で**池山林道終点**と合流する。駐車場があり、タクシーもここまで上がれる。

林道に続いて池山遊歩道を直進する。大きくカーブを切り、しだいに高度を上げ、タカウチ場《ば》に出る。右は野鳥観察小屋への道、ここは左へ折れ、遊歩道を行く。クマザサ茂るカラマツの林がえんえんと広がり、木立の影が美しいラインを描く。直線的な道が左右に曲がるようになると、**池山小屋分岐**（水場あり）は近い。池山山頂は右、池山小屋は西へ入る。空木岳へは左と、斜め左の2本に分かれる。左の登山道は、すぐ右に曲がって原生林の中を通り、急斜面を登る。斜め左の遊歩道は東から西へと迂回して登るゆるやかなコースで、ともに行程時間に差はない。

池山小屋分岐からの2本の道の合流点からクマザサの草原を進み、マセナギを左に見送る。急斜面を登って尾根に出て、左の

●空木岳登山道への林道古城線は落石などのおそれがあり、2021年は車両通行止めだった（2022年はは未定）。詳細は駒ヶ根市役所ホームページへ。

池山小屋分岐。水舟の水場がある

池山尾根の難所・大地獄に架かるハシゴ

写真・文／津野祐次

色鮮やかな空木平のみごとな紅葉

山腹へ巻き進み、ハシゴを越えると再び尾根に出る。**大地獄**がはじまり、アルミ製のハシゴが何箇所も現われ、ザレた急斜面を登る。山腹が南向きからわずかに東向きに変わると小地獄。桟橋を進み、長いハシゴを乗り越えると、スリリングな難所は終わる。

この先の迷《まよ》い尾根は小広く、休憩するのに適した木陰がある。右へと直角に折れ、低い針葉樹の中を進み、桟橋を渡ると尾根に飛び出る。ここがヨナ沢の頭だ。

2415mピークを左へとからめると鞍《あん》部《ぶ》に着く。ここからは山腹の右へコースが変わり、ダケカンバの根の張り出しやハシゴに注意して登る。ひときわ急になると駒《こま》石《いし》コースと空木平コースの**分岐点**に出る。ここは紅葉を堪能するため、左の空木平への道を選ぶ。

木の根に足をとられながらゆるやかに下り、大きなダケカンバの幹が道をふさぐように這う林を越えると秋は草紅葉が広がる空木平で、空木平避難小屋が立つ。

沢の源頭へと進み、広大に開けた斜面を登ると地元山岳会所有の空木駒峰ヒュッテ（素泊まり）前の分岐に出る。左に入り、砂礫の道を踏むと**空木岳**山頂に立てる。

空木駒峰ヒュッテから望む空木岳の山頂

プランニング&アドバイス

池山尾根の登りは健脚者向けのハードコース。初日を池山小屋（無人小屋のため食料・寝具などを持参）までとし、荷を軽くして空木岳を往復するのも手だ。2日目は木曽殿山荘から空木岳～越百山へと縦走し、大平宿まで縦走する山旅も組める（P54・68参照）。また木曽谷側へと横断するコースも組むことが可能（P54参照）。木曽駒ヶ岳への縦走は2日目に千畳敷から下山することは難しく、木曽駒ヶ岳周辺の山小屋に泊まるか、千畳敷に宿泊するとよい（P18・46参照）。

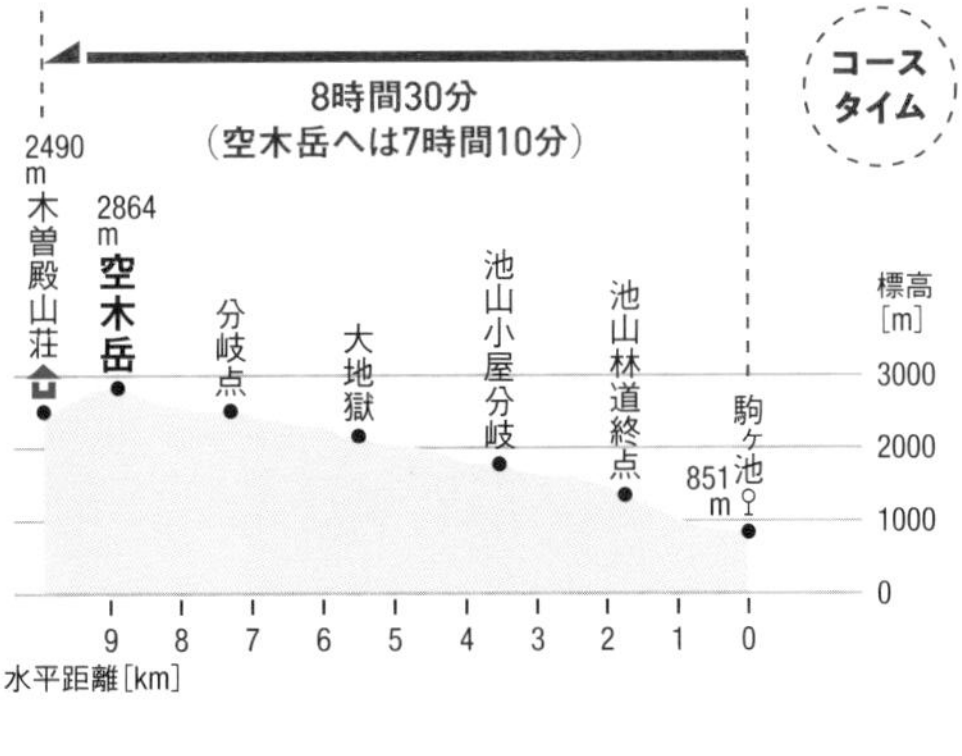

前夜泊2泊3日

南駒ヶ岳 空木岳 越百山

越百山登山口。越百山へは標高差約1130mの登り

登山口から1時間ほど登ると下の水場に出る

写真・文／津野祐次

南《みなみ》駒ヶ岳《こまがたけ》(標高2841m)は、中央アルプス北部の主峰・木曽《きそ》駒ヶ岳《こまがたけ》に対し、そのはるか南部にどっしりと構える山容の山。だからこそ駒ヶ岳の名があるのだろう。山頂部は南北2つのピークから成り、山容は曲線を描いて美しい。北隣の赤《あか》椰岳《なぎだけ》を巻きこんだ摺鉢窪《すりばちくぼ》カールが東側直下に開かれ、広大なお花畑が発達している。

ミヤマクロユリ、コバイケイソウ、ハクサンイチゲ、シナノキンバイなど数えきれない花で埋まるカールは、中央アルプス随一の花園といっていい。また、ダケカンバ、ナナカマド、ミヤマハンノキなどが、鮮やかな紅葉をまとう秋も訪ねたい。

南に座る仙涯嶺《せんがいれい》は、宝剣岳《ほうけんだけ》、空木岳《うつぎだけ》と同様に巨大花崗《かこう》岩の殿堂で、ピラミダルな山容を特徴とする。

本稿では、木曽側の伊奈川《いながわ》ダムを起点に、高山帯最南端の越百山《こすもやま》(標高2614m)から主脈の仙涯嶺、南駒ヶ岳、空木岳を縦走し周回する、健脚者向けのおすすめコースを紹介する。

●伊奈川ダム上登山口への伊奈川林道は災害により2021年10月現在伊奈川ダム下1km地点で車両通行止め。登山口へは徒歩で移動する(40分)。詳細は大桑村観光協会ホームページへ。

南駒ヶ岳南峰から南駒ヶ岳の最高点・北峰を望む

木曽谷側から主脈を縦走する 健脚者向けの周回コース

1日目	伊奈川ダム上登山口→福栃橋→越百小屋	計6時間10分
2日目	越百小屋→越百山→南駒ヶ岳→空木岳→木曽殿山荘	計8時間20分
3日目	木曽殿山荘→六合目→うさぎ平→伊奈川ダム上登山口	計5時間40分

1日目

伊奈川ダム上登山口から越百小屋へ

JR中央本線須原《すはら》駅から予約しておいたタクシーで**伊奈川ダム上登山口**に向かう。登山口へはマイカーでも入ることができる。

ゲートを抜けて今朝沢《けさざわ》橋を渡る。帰路に利用する林道を左に分け、右の林道へ入る。福栃《ふくとち》川を上流へと沿う道を淡々と進み、**福栃橋**を渡ると分岐の越百山登山口だ。林道は北沢《きたざわ》尾根を経て南駒ヶ岳へと続く（P60コース8サブコース参照）。これを分け右に折れると、越百山まで一本道となる。

河原から右岸の山腹へと入る。最初から急坂が続き、クマザサの中を小刻みに蛇行して高度を上げる。ひと汗かくと下の水場がある。まっすぐに山腹をからめて進むと右手に展望が得られ、南隣の尾根が見える。ゆるやかな道が左へ大きく曲がると、遠見《とおみ》尾根上の鞍部《あんぶ》の四合目（下のコル）に着く。

林間のやせた尾根を進み、木の根が地面をおおう登りから平らな道になると、ベンチのある**五合目**だ。コブの北側を通って平坦路を行くと鞍部（上のコル）に出る。

鞍部からは再び尾根上の登りがはじまる。ヒノキの生える巨木帯の急斜面では、階段状の木の根に助けられる。六合目を越え、コメツガなどの針葉樹の中を登ると、七合目の御岳展望台に着く。ここからは急登が続き、やせた道からひときわ斜度が強くなって**水場の分岐**に出る。左にわずかに行くと最後の水場（上の水場）がある。

分岐からは苔むす原生林の中、急な山腹を左右にジグザグのトレースをたどりながら、小気味よく高度をかせぐ。

八合目を見送った先で福栃山の北直下を左へ巻くようになり、越百小屋への下り道となる。

越百小屋は、昔ながらの素朴な人情と夕食の料理が人気の山小屋だ。越百山と南駒ヶ岳が小屋の窓から望める。

越百山の山頂。ここから主脈を北上する

仙涯嶺の切り立つ岩のバンドをトラバース

2日目

越百山、南駒ヶ岳、空木岳を経て木曽殿山荘へ

越百小屋をあとに越百山へと登る。針葉樹の森の中、足もとが深くえぐられた道を進む。ダケカンバの林を抜け、ハイマツ帯を登って**越百山**に出る。山頂からの展望は、南に南越百山《みなみこすもやま》をはじめ中央アルプス南部の山々、東に南アルプス、そして行く手には仙涯嶺と南駒ヶ岳が鋭い。

ここから主脈を北上する。砂礫におおわれた広い山稜を下り、2つ目のピークの手前を右へ折れる。ハイマツの中をゆるやかに下り、鞍部から仙涯嶺まで、のびやかな広い尾根を進む。砂礫の滑りやすい道が続き、ひときわ斜度が強くなると岩場が現われ、仙涯嶺の直下に出る。回りこむように行くと**仙涯嶺**に立つ。南駒ヶ岳が岩稜をしたがえ、三角錐の山容をさらに磨いて美しい。

ここから核心部といえる仙涯嶺の縦走がはじまる。東面の伊那《いな》谷側を巻き下り、第二、第三高点の鞍部に出て、木曽側のルンゼの岩場を急下降する。バンドを進み、さらに草付き（沢の源頭などにある丈の短い草地）の急斜面を下ると鞍部へと降り着く。左下は目の眩むような崖となって、福栃川の大きな谷へ峡谷美を広げている。

砂礫の急登を経て伊那側へと回りこみ、南駒ヶ岳南峰の東側支尾根まで上がる。南《なん》

越百山を背にする仙涯嶺へのザレ地の登り

社が鎮座する南駒ヶ岳最高点の北峰山頂

空木岳南稜はザレの路面と大岩が点在する

カール地形の摺鉢窪は中央アルプス屈指のお花畑

峰《ほう》までは滑りやすいザレた急斜面が続き、最後はハイマツの枝を頼りに登りきる。緑のハイマツの中に白い花崗岩が点在する庭園風の広い尾根を下り、大岩を巻いて**南駒ヶ岳**北峰《ほっぽう》へと登り返す。こちらが高点で、三角点と社、シンボルの花崗岩が立つ。展望は360度。空木岳から北の峰々が木曽駒ヶ岳へと延び、宝剣岳が鋭く小さい。

　西の伊奈川ダムへのコースを左に分け、北へと下る。転げ落ちそうな砂礫の急下降が続き、**摺鉢窪分岐**のある鞍部へ降り立つ。摺鉢窪へは右に下る。荷を降ろし身軽になって中央アルプス最大のお花畑を堪能するのもいい。往復50分ほどだ。**摺鉢窪避難小屋**が末端に立ち、ナナカマドが取り囲む。稜線に近い山腹はダケカンバが林を形成し、秋の紅葉もすばらしい。

摺鉢窪分岐から登り返し、岩が折り重なる露岩帯の山稜を東に進み、赤梛岳東端の山頂標示の箇所から北へ下る。砂礫の道を鞍部まで降り、ゆるやかに登り返す。岩を敷いたような路面を進み、小ピークの西を巻くと鞍部に着く。右手の砂ザレの斜面には主脈中でも希少なイワギキョウが咲く。

　ここから砂礫におおわれた広大な斜面を蛇行して小ピークまで上がり、やせた尾根を北上する。小粒の砂礫が足もとを不安定にするなか、ミヤマキンバイやイワツメクサの花が愛らしい。確実なスタンス（足場）を得て進もう。砂礫帯は空木岳まで続く。

　360度の展望台・**空木岳**で東へ池山《いけやま》尾根コースを分け（P46コース[7]参照）、北西へとコースをとる。岩場の下降が連続し、御嶽山《おんたけさん》、東川岳《ひがしかわだけ》方面の見晴らしがきく平坦な広場まで降り、宿泊地の**木曽殿**《きそどの》**山荘**が立つ木曽殿越《きそどのごし》までいっきに下る。

木曽殿山荘。食事つきは16時半までに要到着

六合目・東川北沢の吊橋（2021年現在流失のため徒渉となる）

3日目　伊奈川ダムまで下山

最終日は木曽殿山荘から登山口へと周回する。指導標を確認したら西へと向かう。10分弱で水場（義仲《よしなか》の力水）があり、その先がお花畑と標示される場所。秋の草紅葉も美しい道だ。やがてダケカンバの林の中を進むと**八合目**に着く。クマザサがひときわ深くなる原生林を下ると、仙人《せんにん》の泉に出る。ここから倒木が目立つ急下降を経て七合目を見送り、さらに急な道を下って、北《きた》沢の河原に降り立つ。ここが**六合目**。右岸へと吊橋を渡るが、流失している場合は徒渉することになる。

下流へわずか川沿いに進む。ここから登り返しが続き、平坦な道になると東明《とうめい》の泉が現われる。この先の八丁《はっちょう》ノゾキからいっきに下り、五合目を見送って林道までさらに下ると、**うさぎ平《だいら》**に着く。

ここからは林道を右へと歩く。沢を渡り、金沢《かなざわ》土場《どば》まで進むとJR倉本《くらもと》駅との分岐に出る。左へとり、伊奈川沿いに**伊奈川ダム上登山口**まで林道をひたすら歩く。

赤椰岳から望む空木岳。遠く木曽駒ヶ岳山群も見える

プランニング&アドバイス

登路の福栃橋～越百小屋間、下山路となる木曽殿山荘～六合目間には、それぞれ何箇所か水場がある。主脈上では水は得られないので、最終水場で忘れないように必要量を確保しよう。越百山から空木岳にいたる主稜は、花崗岩が風化した砂礫の斜面が多く滑りやすい。仙涯嶺の岩場越えと空木岳の岩場の下りは、細心の注意が必要。要所には手がかりやハシゴ、クサリが架かり安全になったとはいえ、三点支持を守ることが基本。本稿でも少し触れたが、摺鉢窪を訪ねる価値は充分にある。夏のお花畑、秋の紅葉の時期はとくにいい。末端部の摺鉢窪避難小屋で1泊する手もある。水を持参しての自炊だ。

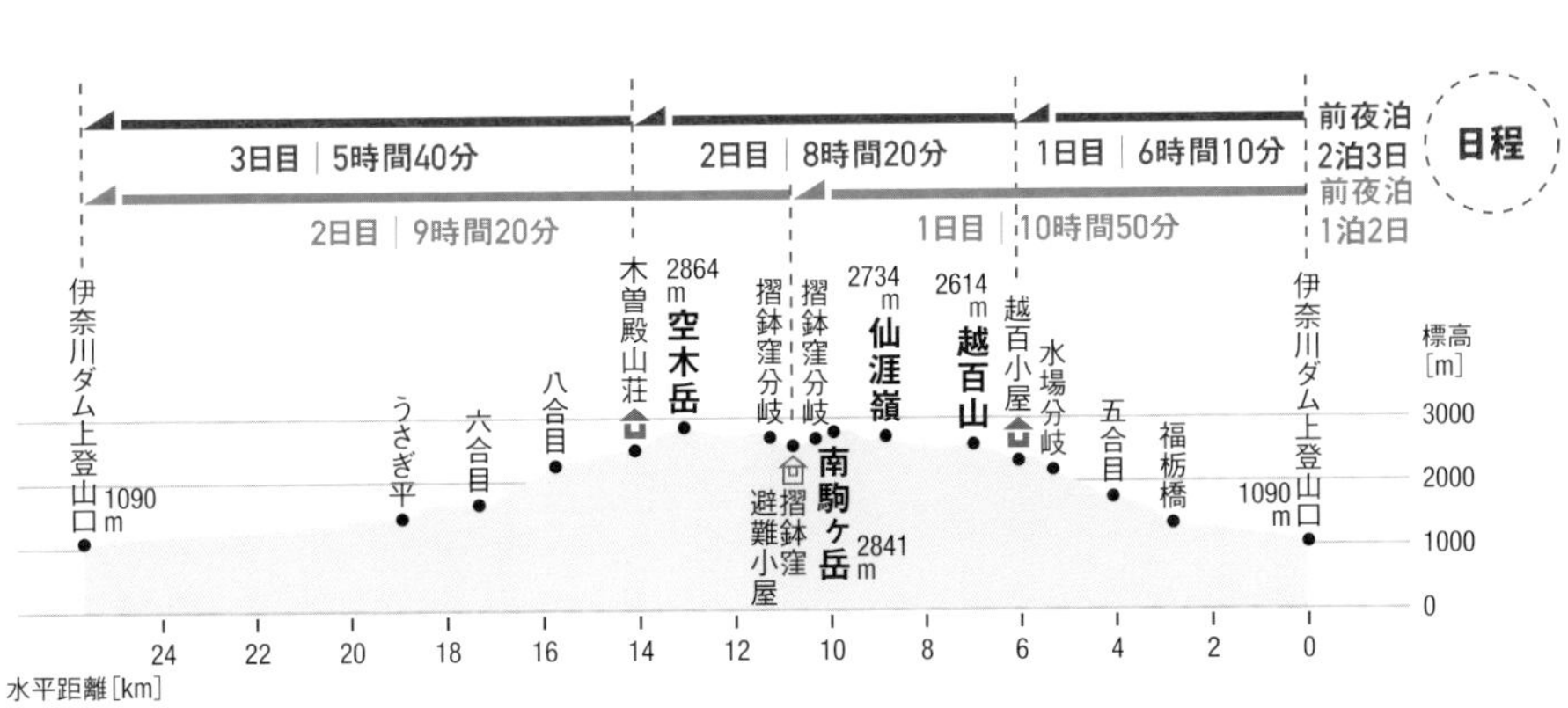

サブコース

北沢尾根

伊奈川ダム上登山口↓福栃橋↓登山口↓北沢展望三角点↓南駒ヶ岳　6時間50分

本コースは南駒ヶ岳《みなみこまがたけ》へ直登できる唯一の登山道、北沢《きたざわ》尾根をたどる。上部から見る南駒ヶ岳とその右隣の仙涯嶺《せんがいれい》は、主稜から望むそれとは大きく異なる。紅葉が鋭い花《か》崗《こう》岩峰を彩る、秋の山行がベストだ。

伊奈川《いながわ》ダム上登山口から**福栃《ふくとち》橋**まで林道を歩く（P54コース8参照）。

福栃橋の対岸に分岐があり、右へ越百山《こすもやま》への道を分け、林道をそのまま進む。今朝沢の橋を渡ると左手が**登山口**で、本格的な登山道となる。林道と別れ、ハシゴを上がって河原まで下るように山腹をトラバースぎみに進む。アルミ製の桟橋をいくつか越え、ガレ場を行く。下りきってからは進路を右に大きく変えて急斜面をジグザグに細かく切って登っていくが、平坦な林道歩きに慣れた足には、少々つらく感じる。

やがてクマザサの茂る道へと変わり、斜度は少しゆるくなる。ほどなくロボット雨量計の建物が現われ、歩きやすい道が続く。四合目半を標示するあたりからはヒノキの大木の中を進み、針葉樹林の道へと変化する。道が急になってくると、まもなく五合目だ。林床が苔むす原生林の中を行くと、標高1850m地点で展望が得られる。このあたりは太陽光が降り注ぐ地形なのか、クマザサが豊かだ。

六合目を見送り、わずかに登ると平らな原生林の北沢尾根に出る。南側が切れ落ちる場所を過ぎると、再び山腹の急登がはじまる。その先が2411mの**北沢展望三角**

Map 4-3C　伊奈川ダム上登山口

Map 3-3A　南駒ヶ岳

コースグレード	上級
技術度	★★★★☆ 4
体力度	★★★★☆ 4

北沢尾根登山口。林道を分けハシゴを上がる

北沢展望三角点手前はクサリの架かる急登

写真・文／津野祐次

標高2700m付近から南駒ヶ岳の頂稜を望む

点。休むのに好都合な小広い場所だ。

やせた尾根を行くようになり、登下降をくり返しながら進む。尾根の右を2カ所巻き進むと大崩落地の崖上に出て、越百山と行く手の前山が見える。ここから左へと山腹を登るが、木の根が張り出た歩きにくい巻き道が続く。これを登り越えると小ピークに出る。この先が2591m地点だ。眼前に南駒ヶ岳が美しい山容を見せている。

やせ尾根上に滑りやすい砂礫の道が延び、岩の横を越えてさらに登ると、ハイマツが茂る高山帯へと変わる。2700mの標示板を見送って小ピークを右に巻くと、岩場や急斜面の登りが続く。岩々を登り越える箇所は矢印や踏み跡がほぼないだけに、ルートファインディング（正しいコースを見つける技術）が要求される。落ち着いて前方を見て、目でルートを描きながら、三点支持を保って登りたい。

南駒ヶ岳山頂部の西端に出て、大きな岩をいくつもすり抜けると、ようやく**南駒ヶ岳北峰《ほっぽう》**にたどり着く。

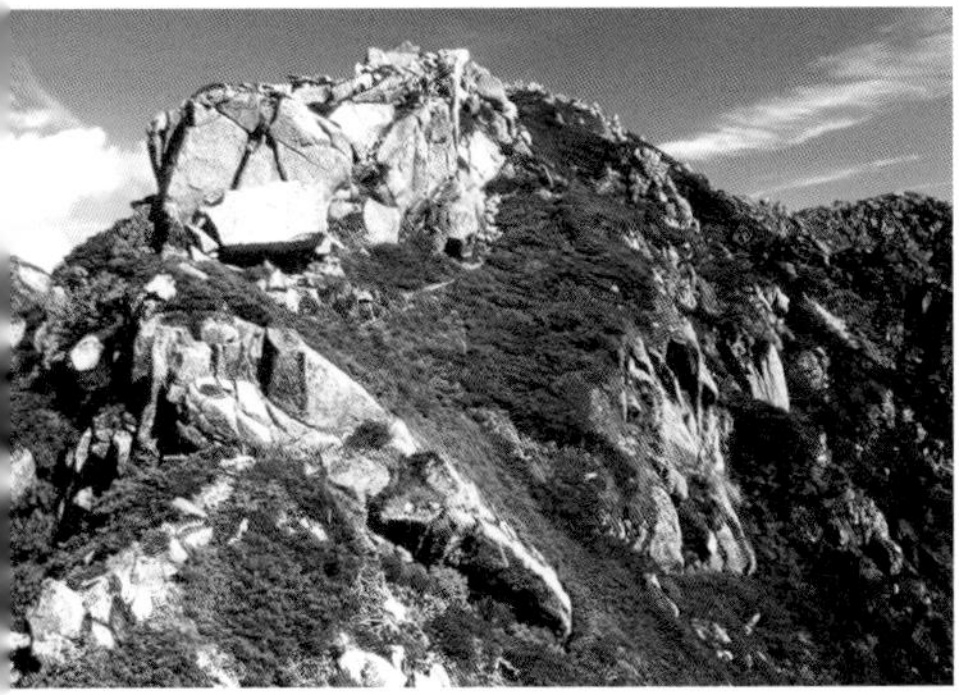
北沢尾根上部の核心部。
巨岩を越える区間が続く

プランニング&アドバイス

本コースは南駒ヶ岳への直登コースで一見利用価値が高そうに思えるが、2時間近い林道歩きや宿泊・避難施設がないことなどから、登山者が極めて少ない。さらに途中の樹林帯ではササや倒木が、山頂近くの花崗岩帯では濃霧時にルートがわかりづらいなど、上級者向きといえる。本稿では登路として紹介しているが、山慣れた人であれば前項のコース（P54コース8参照）でのショートカットとして下山に利用することもできる。

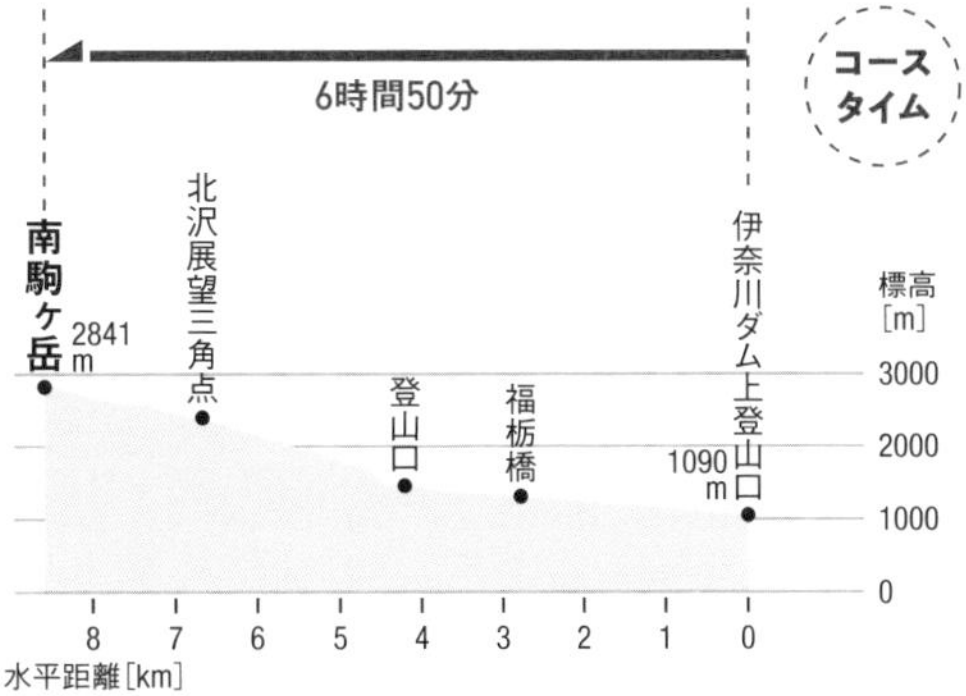

島田娘ノ頭からの濁沢大峰（手前右）と檜尾岳（中）。その上に空木岳が見える

3泊4日

北部主脈縦走

中ア北部の名だたる高峰を制覇する
アルペンムード満点の縦走

コースグレード｜上級

技術度｜★★★★☆ 4

体力度｜★★★★☆ 4

1日目	千畳敷駅→木曽駒ヶ岳　計1時間50分
2日目	木曽駒ヶ岳→宝剣岳→檜尾岳→木曽殿山荘　計8時間20分
3日目	木曽殿山荘→空木岳→南駒ヶ岳→越百小屋　計6時間55分
4日目	越百山→福栃橋→伊奈川ダム上登山口　計4時間40分

写真・文／津野祐次

檜尾岳山頂で憩う登山者

中央アルプスの高山帯は、北部に集中している。北の木曽駒ヶ岳《きそこまがたけ》から、南の越百山《こすもやま》までがその範囲となる。中間には、木曽駒ヶ岳とともに日本百名山に指定される空木岳《うつぎだけ》が南駒ヶ岳《みなみこまがたけ》と競うように居並ぶ。花崗《かこう》岩の鋭い峰は、宝剣岳《ほうけんだけ》と空木岳、仙涯《せんがい》嶺《れい》の三峰で、反対にどっしりした山容の山は、木曽駒ヶ岳、檜尾岳《ひのきおだけ》、中岳《なかだけ》、越百山であろう。広大な山頂部に、背の低い花々がしっかりと根を下ろす植物群落もみごとだ。

中央アルプスの核心部を走破する縦走は、終始展望に恵まれる。ことに南駒ヶ岳から望む主脈は、左右にくねりながら連なる山稜が、まるで竜のごとく、天を腹ばうように見える。伝説によると、木曽駒ヶ岳に住む黒身白髪の神馬を大和朝廷に献上したという。日本武尊《やまとたけるのみこと》がこの神馬に乗り、草薙《くさなぎ》の剣を手に、勇壮果敢に天地を駆け武功をたてた。また、身の丈八尺以上の馬を竜とする説が伝わっている。

1日目 千畳敷から木曽駒ヶ岳へ

初日は**千畳敷**《せんじょうじき》**駅**から**乗越浄土**《のっこしじょうど》を経て**木曽駒ヶ岳**に登り、山頂周辺の頂上山荘か頂上木曽小屋に宿泊しておく（P18コース2参照）。時間に余裕があれば、伊那前岳《いなまえだけ》（P28コース3サブコース参照）や木曽前岳《きそまえだけ》まで足を延ばすのもよいだろう。

縦走中は終始南アルプスが東に見える

南駒ヶ岳から仙涯嶺へと縦走する

2日目 木曽駒ヶ岳から木曽殿山荘へ

木曽駒ヶ岳の山頂から南下をはじめる。**中岳**を経て天狗《てんぐ》荘と**宝剣山荘**の立つ広大な尾根まで下る。宝剣山荘から**宝剣岳**の岩場を越えて**三《さん》ノ沢《さわ》分岐**、さらに**極楽平**《ごくらくだいら》へと向かう（この間P18コース[2]参照）。

極楽平で左に千畳敷の道を分け、直進する。**濁沢大峰**《にごりさわおおみね》からはハシゴやロープの架かる岩場を越え、ハイマツの中のアップダウンなどを経て**檜尾岳**へ。檜尾岳から東に延びる尾根を10分ほど下ると避難小屋（2022年から有人小屋として営業予定）があり、天候急変時に心強い。檜尾岳〜**熊沢岳**《くまざわだけ》〜**東川岳**《ひがしかわだけ》間も岩場やアップダウンが続き、いっきに下った鞍部《あんぶ》（木曽殿越《きそどのこし》）に立つ**木曽殿山荘**が今夜の宿だ（極楽平〜木曽殿山荘間はP46コース[7]参照）。

3日目 空木岳を越え越百山へ

山荘から空木岳へは高度差360mの登り。急登が続き、岩を越えると平らな場所に出る。大岩を右に巻くと岩壁の登りとなり、クサリで岩頭まで登る。いったん平坦路となり、先で岩場をよじ登る。砂礫の斜面を進むと展望抜群の**空木岳**山頂だ。

山頂からは池山《いけやま》尾根を東へ分け、主稜を南下する。広い尾根はすぐに狭くなり、砂を敷き詰めた路面は滑りやすい。急な下りが続き、スリップに要注意だ。先で広い斜面が現われ、鞍部まで下る。左下にイワギ

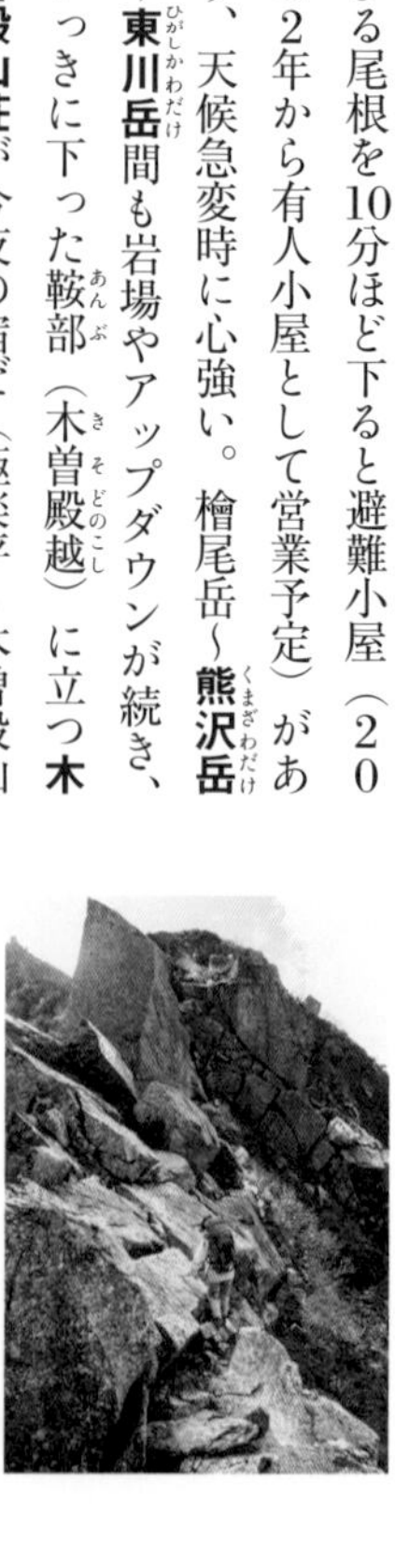

熊沢岳の岩場を行く。この先は岩の登攀が待っている

遠見尾根七合目。右に少し下ると水場がある

越百山北稜から最後の高点・越百山（左）をめざす

キョウの群生地が開ける。石が点在する平坦な道を進み、登り返すと赤椰岳《あかなぎだけ》。左下に摺鉢窪《すりばちくぼ》のカールが見える。岩尾根の西端から鞍部へ降りると**摺鉢窪分岐**で、避難小屋の立つ摺鉢窪へは左の道を下る。

摺鉢窪分岐から南駒ヶ岳までは、登るほどに急になる。滑りやすい急峻な道の傾斜が弱くなると、山頂は近い。**南駒ヶ岳**北峰《ほっぽう》は中央アルプスきっての山岳展望地だ。

南駒ヶ岳南峰《なんぽう》を踏んで、伊那側へといっきに急斜面を下降し、やせた尾根から右に折れて山腹を巻き進む。鞍部に出て、草原の山腹を登るように横切り、急斜面を蛇行して高度をかせぐ。岩場を横へと移動し、急な岩壁を登ると尾根に出る。ハイマツの中を進み、岩峰を左へ回ると**仙涯嶺**だ。この先越百山までは岩場の難所こそないが、滑りやすい砂礫の斜面が連続する。鞍部からゆるやかにハイマツの中を登ると越百山の肩、さらにザレた山稜を進むと**越百山**に着く。あとは**越百小屋**へと下るのみ。

4日目 越百山から伊奈川ダムへ下る

越百小屋から遠見《とおみ》尾根を**伊奈川《いながわ》ダム上登山口**へ下る（P54コース8参照）。

プランニング&アドバイス

木曽駒ヶ岳までは様々なコースが選べるが、おすすめは桂小場〜将棊頭山経由（P24参照）。最延長の北部縦走となり、山旅の充実度は相当高い。その場合、1日目をがんばって木曽駒ヶ岳まで上がるか、2泊目を木曽駒ヶ岳周辺の山小屋にして三ノ沢岳を往復（P42参照）するなりし、3日目に縦走にかかると時間的に余裕が出る。さらに南部主脈縦走（P68参照）を加えると、中ア北部と南部のすべてを大縦走することになる。ただしロングランのうえ、体力気力とも充実した健脚者に限られる。5〜6泊の行程となり、悪天候時は停滞を余儀なくされる。

●伊奈川ダム上登山口への伊奈川林道は災害により2021年10月現在伊奈川ダム下1km地点で車両通行止め。登山口へは徒歩で移動する（40分）。詳細は大桑村観光協会ホームページへ。

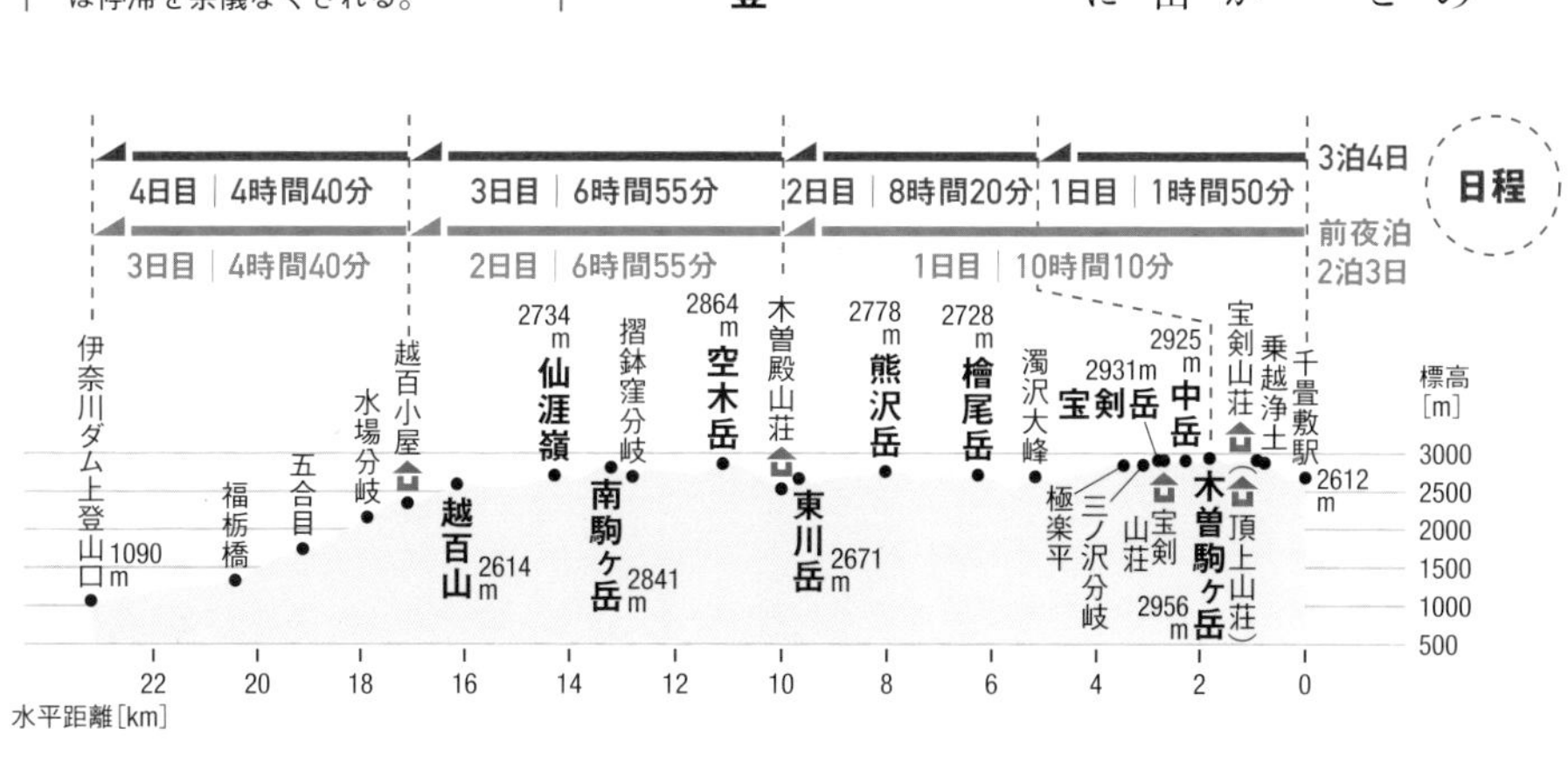

コラム3

中央アルプスの絶景撮影ポイント

　中央アルプスは北部に高山帯の名峰が集中し、個性的な山容の山が多い。この山域の特徴は花崗《かこう》岩の山としては国内最大であることと、氷河と周氷河地形が顕著であることがあげられる。中アならではの被写体としては、白い岩肌や砂礫帯の織りなす主脈上の山岳景観や森林限界にある千畳敷《せんじょうじき》や擂《すり》鉢窪《ばちくぼ》などのカール内に展開する広大な夏のお花畑、秋の絢爛豪華な紅葉があげられる。

　さらに鋭い山姿の宝剣岳《ほうけんだけ》や空木岳《うつぎだけ》、三《さん》ノ沢岳《さわだけ》、仙涯嶺《せんがいれい》は中アを代表する名峰だ。山脈は南北にほぼ一直線で、そのうえ麓から山頂にいたるまで急峻な地形のため霧や雲の発生率が高く、そのような時は山岳景観に彩りを添えてくれる。木曽駒ヶ岳《きそこまがたけ》山頂南側の窪地には雪食凹地があり、階段構造土や岩塊地帯特有の景観も見逃せない。

　ここでは、それらを捉える山や場所を紹介しよう。

作例①

お花畑と宝剣岳

千畳敷（標高2612m）は典型的なカールであり森林限界に位置するので、カール壁の伊那前岳や宝剣岳から浸透した水が地下を潤し、比類なき高茎草原のお花畑が展開。背後にそびえる三角錐の宝剣岳とが一幅の絵画のように美しい。ここは広角レンズを使い雄大な風景に組み立てたい。ピントは山に合わせ、レンズの絞り機構をF14程度に設定することで画面全体がシャープに描写される。ただし絞りを最大にすると画質は悪くなるので要注意。

作例②

天の河と星空

千畳敷はロープウェイで容易に上がれるメリットがあり、下界では見られない澄みきった夜空が広がる。星の撮影では、がっしりした三脚が必需品。デジタルカメラを駆使すれば、天の河を捉えることが可能だ。条件としては、新月の夜にトライしたい。感度はレンズの明るさにもよるが、私の経験ではISOを8000前後に設定すると結果がよいようだ。空の色は色温度の調整が重要で、5200よりも数値が大きいと赤系に、少なくすると青系に描写できる。

写真・文／津野祐次

作例③

中岳山頂から朝焼けの宝剣・空木岳

中岳は宝剣山荘と天狗荘のすぐ北にあり、山小屋に宿泊すれば朝夕の景観を容易に狙うことができる。東の空が最も赤くなる日の出の30分前には山頂に到着していたい。宝剣岳とその奥に空木岳が望め、朝焼けを捉えるには初夏から夏が太陽光線の角度がよく、木曽駒ヶ岳の朝焼けを狙うには秋がよい。もちろん日の出は初夏なら八ヶ岳から、秋には南アルプスから昇る。広角レンズを使い、横長の写真に作画することもできる。

作例④

瞬光の空木岳に霧流れる

北部主脈上の東川岳山頂は空木岳を捉える絶好のポイント。初夏から夏にかけては午前、午後の時間帯とも太陽光線はよい。ここでは雲間から射しこむ太陽光線を活用している。次々と上空に雲が流れてくるので、スポットライトのように光と影が山肌を駆けめぐった。霧は白いので画面内における霧の量によって露出に差が出るだけに、露出補正しながらズーミングを可変しつつ、霧の位置や霧の量を鑑み、何枚もシャッターを切っている。

作例⑤

草紅葉と雲の彩る宝剣岳

伊那前岳は宝剣岳東壁や空木岳、南アルプスと八ヶ岳や、木曽駒ヶ岳を狙えるおすすめのポイント。宝剣岳を捉えるには秋の午前中が最適。作例写真は千畳敷から稜線へと霧が這い上がり、上空には秋独特の高層雲が湧き上がった。9月上旬～下旬は稜線上の花崗岩岩塊地を埋めるようにウラシマツツジが紅葉する。中アの特徴のひとつ花崗岩の白色と、青空に湧く造形的な雲、岩間の紅葉がフォトジェニックな光景を展開してくれた。

コースグレード	上級
技術度	★★★★☆ 4
体力度	★★★★★ 5

前夜泊2泊3日

南部主脈縦走

原生林とササにおおわれた稜線をたどる静寂の縦走コース

安平路避難小屋の脇から望む安平路山

1日目	伊奈川ダム上登山口→越百小屋　計6時間10分
2日目	越百小屋→越百山→安平路山→安平路避難小屋　計9時間40分
3日目	安平路避難小屋→摺古木山→大平宿　計5時間10分

中央アルプスにおけるハイマツ生息帯の南限は越百山《こすもやま》といわれる。その越百山から南下する安平路山《あんぺいじやま》（日本二百名山・標高2363m）をはじめとする峰々は、高山帯を抜きん出ることはなく、徐々に高度を落とし、大平宿《おおだいらじゅく》へと没する。主脈上の山々は、シラビソやコメツガといった樹木が一面をおおい、林床には背の高いクマザサが密生する。

北部の複雑な高山景観とは反対に、南部は静寂単調、特異な個性を表すこともなく、エネルギーを内に秘めた山域といえよう。

縦走は、主脈の尾根をたどり、好天なら前半は大展望が得られる。後半の浦川山《うらかわやま》から安平路山南稜までは、深い針葉樹に囲まれ展望は少ない。しかし、宿泊に利用する安平路避難小屋周辺の広大な草原からは、高山帯南部の越百山が遠くに、安平路山が山らしい形で目の前に近い。クマザサの波打つ草原に、シラビソがぽつんぽつんと浮かび立つ風景に心躍らされる。

1日目 伊奈川ダムから越百小屋へ

伊奈川《いながわ》ダム上登山口から遠見《とおみ》尾根を登って**越百小屋**へ（P54コース8参照）。

2日目 越百山から奥念丈岳を経て安平路避難小屋へ

越百小屋をあとに**越百山**へ。山頂からは南アルプスから昇る朝日が格別だが、行程は長いので、早立ちを心がけたい。

越百山の山名を標示する標柱と三角点を見送り、南下をはじめる。鞍部《あんぶ》まで砂礫の道を下り、ハイマツにおおわれた緑豊かな南越百山《みなみこすもやま》へと登り返す。左の伊那《いな》側を巻き、ハイマツの根に注意しながら進む。

最初のピーク、**南越百山**の広大な山頂の一角には石積みのケルンが立つ最高点があり、そこから見る越百山とその背後の仙涯《せんがい》嶺《れい》や南駒《みなみこま》ヶ岳《がたけ》が重なり並ぶ光景は、ハイマツの緑と花崗岩の白が際立って美しい。

奥念丈岳手前の鞍部からはササの道をゆるやかに登り返す

奥念丈岳手前に広がるイネ科植物の草原。安平路山は遠い

●伊奈川ダム上登山口への伊奈川林道は災害により2021年10月現在伊奈川ダム下1km地点で車両通行止め。登山口へは徒歩で移動する（40分）。詳細は大桑村観光協会ホームページへ。

写真・文／津野祐次

踏み跡を追い、赤布を目印に背丈を超える直立のハイマツの森に入る。枝をかき分け、足もとのコースを追いながらいっきに鞍部へ下る。ここからは針葉樹林にクマザサが茂る草原が続く。笹丈は胸ほどなので、注意深く進めばルートをはずれることはない。登り越えた尾根は展望が得られ、2454mを標示する柱の立つ地点に着く。

シャクナゲとハイマツが生える尾根に、針葉樹の枯木がまばらに立つ。行く手に見える奥念丈岳《おくねんじょうだけ》へと続く尾根は遠い。小高いこのあたりはクマザサがなく、休憩するのに適した場所となっている。

ハイマツの尾根はここまでで、ゆるやかに下って、針葉樹林の中へと入る。展望はなく、クマザサは深い。GPS（電池や予備バッテリーは必携）や地図で自分の位置の確認を怠らないこと。

やがて尾根は左へ曲がり、斜面をいっきに下る。クマザサの斜面は滑りやすく、足をさらわれないようにしたい。右側が大きくガレ落ちた鞍部を抜け、続くイネ科植物の草原を越えて再び針葉樹の森へ登り返す。

ゆるやかに登り、平らな尾根を進むと、再び登りがはじまる。緩急入りまじる尾根を行くとガレのピークに出る。このわずか先が**奥念丈岳**で、笹原と針葉樹の中に山名板があるだけの静かなピークだ。ここから念丈岳を通って鳩打峠《はとうち》へ向かうコースが分かれるが、やぶが深く通行困難。

奥念丈岳をあとに主稜をそのまま進むが、クマザサが深く密集して、いっそうルートが

ハイマツの南越百山から越百山方面を振り返る

わかりづらくなる。いったん下って、ゆるやかに登り返すと平坦な道になる。続いて左へと下るように進み、鞍部に着いて直線的に行くと、先で右の尾根へと登る。ほどなく直径3mほどの円形の広場に着く。

しばらく明るく気持ちよい尾根をゆるやかに下る。クマザサをかき分け、コースを探しても判断つかない鞍部に出る。ここから袴腰山《はかまごしやま》へはクマザサがところどころで背丈を超えて霧が出たりすると迷う区間だが、目の前の尾根をめざしてあせらず登ろう。

尾根に出たらそのまま進まず、左へとる。その先に矢印の木を針葉樹に打ちこんだ指導標があり、右方向へ下る。広い鞍部の**松《まつ》川乗越《かわのっこし》**から急登を経て平坦な尾根をたどるが、浦川山への距離は思いのほか長く、コースを見失わないように注意して進もう。

山名が消えた指導板のある浦川山を見送り、クマザサが茂る針葉樹林を行く。**小茂《こも》吉沢《きちざわ》ノ頭《あたま》**からは難所の登りに差しかかる。難所といっても、北部のようなスリリングな岩場の通過があるわけではない。しかしこれまでと同様の深いクマザサに加え、安平路山直下では急登を強いられ、やぶ漕ぎで疲労した身に堪える。「安平路」とは名ばかりで、北稜は手ごわい堅固な城だ。

ようやくたどり着いた**安平路山**山頂は展望こそきかないが平らな広場があり、休むことはできる。

山頂をあとに南稜をたどるが、北稜とは大きく違いクマザサの背は低く、最初は急下降だが斜度はすぐ弱くなる。たんたんと下るが鞍部までは長い。コースはわかりやすくなってきて、気分的に楽になる。途中の左に沢の水場がある。標示板は地面に置

袴腰山を越えた鞍部の先で指導標を確認し右へ下る

約10人収容の安平路避難小屋。トイレはない

摺古木山山頂。樹間越しに越えてきた山並みが見える

安平路山山頂。森の中で展望は望めない

いてあり、見過ごさないこと。沢までは10mほど下る。

どこが鞍部かわからない広大な笹原だが、登り返すようになるとその先の左に**安平路避難小屋**が立つ。

3日目 安平路避難小屋から摺古木山を経て大平宿へ

避難小屋をあとに、まずは白《しら》ビソ山《やま》をめざす。クマザサの背は低く、踏み跡がしっかりついた道が延び、それをゆるやかに登ると平坦な道となる。これを5回ほどくり返し、確実に高度を上げながら進むと針葉樹に囲まれた**白《しら》ビソ山**の山頂へ着く。

白ビソ山からはクマザサが再び深くなり、コースをはずれないように両手でかき分けて進む。ゆるやかで広大な尾根を、大きく曲線を描きながら笹原を行く。岩場を乗り越えると平坦になり、その先から下るようになる。クマザサの中に隠れた倒木があり、転倒しないように注意して進もう。

鞍部まで下って登り返す。登るほどに斜度は増し、ほどなく**摺古木山《すりこぎやま》**の山頂に飛び出る。山頂は直径約10mの平坦地で、

浦川山〜小茂吉沢ノ頭間は展望のきく気持ちのよい尾根を行く

樹間から越えてきた山並みが見えている。

山頂からは分岐まで2つのコースに分かれる。右は天然公園とよばれる日本庭園風の中を下る道、左は最短コースで、右コースの半分のタイムだ。今回はこちらを下る。

わずかに急斜面を下り、尾根の右側をゆるく登る。正面の山が近くなるあたりで右へと曲がり、下って**分岐**に出る。右手の道を10mほど行くと水場となる沢がある。

クマザサが刈りこまれた平坦路を進み、谷を右手に終始見ながら西進する。対岸のアザミ岳《だけ》が大きく見えたら左へカーブし、針葉樹内を直線的に下る。ザレ場のある急斜面を小刻みに曲がっていけば、**摺古木山休憩舎**がある東沢《ひがしざわ》林道終点へ下り着く。

ここからは未舗装の東沢林道をひたすら下る。本谷《ほんだに》橋で黒《くろ》川を渡ると、右岸を下るようになる。やがて駐車スペースのある**東沢林道ゲート**に出て、左手に飯田《いいだ》市の水源取入口を見て、入橋《いりはし》沢を渡る。しばらくのあいだカラマツ林の中を進むと、周囲に離村の民家が並ぶ**大平宿**へ到着する。

あとは、タクシーでJR飯田線飯田駅かJR中央本線南木曽《なぎそ》駅へ出る。

ゴールの大平宿。宿泊できる古民家もある

プランニング&アドバイス

縦走のスタート地点となる越百山までは、前日に越百小屋に1泊して登る。体力と時間に余裕があれば、北部主脈の縦走（P62参照）、あるいは伊奈川ダムから入山し、北沢尾根経由で南駒ヶ岳を踏んで越百小屋に入ることも考えられる（北沢尾根はP60参照）。いずれにしても越百小屋を利用し、前泊することが必須条件。このコースは、2日目（実際は最短で3日目）の摺古木山まで深いクマザサ帯の通過に苦労する。丸1日半のやぶ漕ぎは、体力気力を大幅に落とすだけに、複数の人による入山が縦走を可能にするものと心得てほしい。迷いやすい区間もあり、要注意だ。

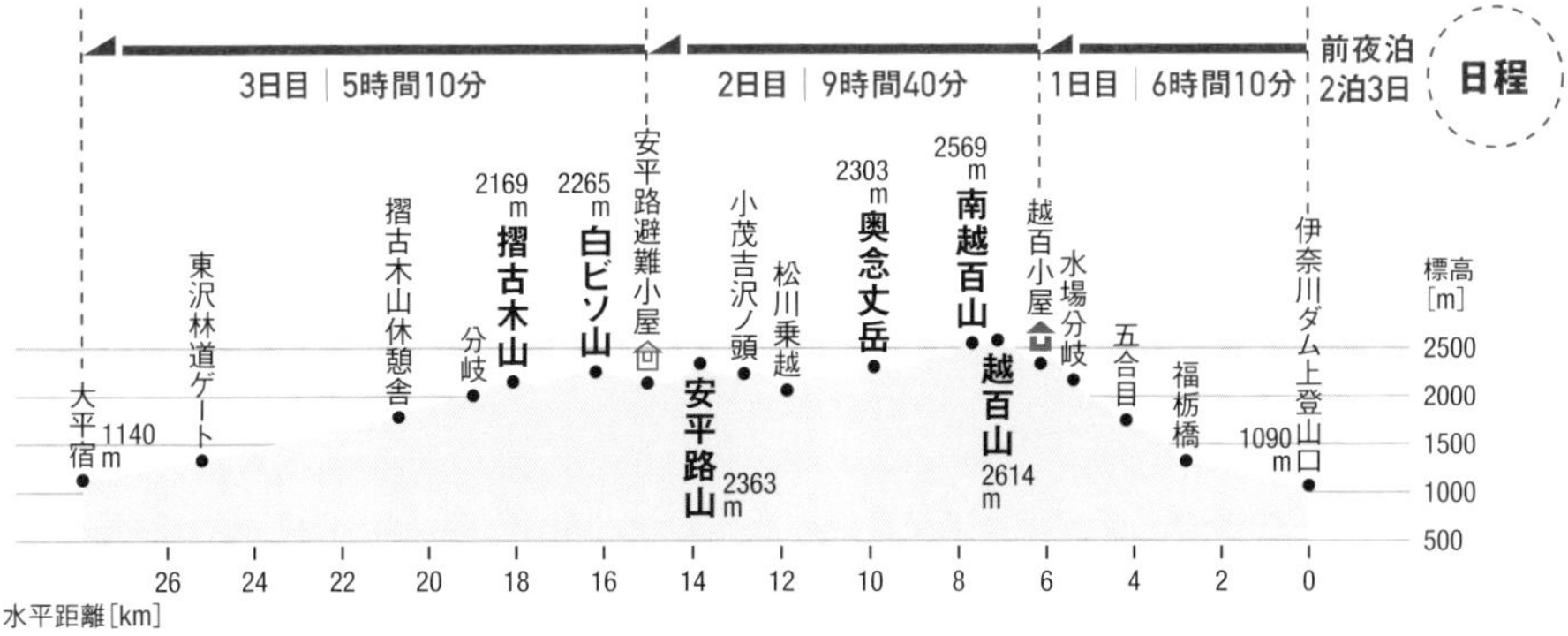

サブコース

大平宿から摺古木山

大平宿↓摺古木山休憩舎↓摺古木山山頂周回↓摺古木山休憩舎↓大平宿　7時間55分

Map 6-2A　大平宿

Map 5-3A　摺古木山

コースグレード	中級
技術度	★★★☆☆ 3
体力度	★★★★☆ 4

南部主脈の南端に位置する摺古木山《すりこぎやま》（標高2169m）。山稜は豊かな樹林と様々な花が織りなす光景が自然美豊かに展開し、山頂周辺は「天然公園」とよばれる。

飯田《いいだ》と妻籠《つまご》を結ぶ大平《おおだいら》街道、その核心をなす**大平宿**《じゅく》の一角にある水道屋という屋号の民家の前が登山口だ。舗装された東沢《ひがしざわ》林道へ入り、黒《くろ》川沿いに進む。やがて未舗装の荒れた道となり、一般車両通行止めのロープが張られた場所に出る（**東沢林道ゲート**）。数台分の駐車スペースがあり、マイカーの場合はここを起点としてもよい。

その先で左右にからめて高度を上げ、しばらく行くと橋を渡り、右へ大きく迂回するようになる。やがて林道の終点に出る。手前右にトイレが、終点に避難小屋の**摺古木山休憩舎**が立っている。

ここから本格的な登山道がはじまるが、ササが胸の高さまでかぶっていることもある。ゆるやかにクマザサの中を登り、急坂になって100mも登ると丸太のベンチがある。さらに急登が続き、左へトラバースぎみに進むと、左手に展望がきくようになってくる。その先で右へとカーブし、平らな道を行く。

いったん沢へ降り、登りが再びはじまって針葉樹林の中を蛇行し、高度を上げる。わずかな下りから平坦な道となる。緩急まぜながらいくつかの沢を渡り、巨岩の脇を木製のハシゴで越えると、その先に**分岐**がある。右は下山で使う直登コースだ。

直進するとすぐ右手に水量がいちばん多

直登・周遊コース分岐手前の巨岩に架かるハシゴ

直登コースと周遊コースの分岐

写真・文／津野祐次

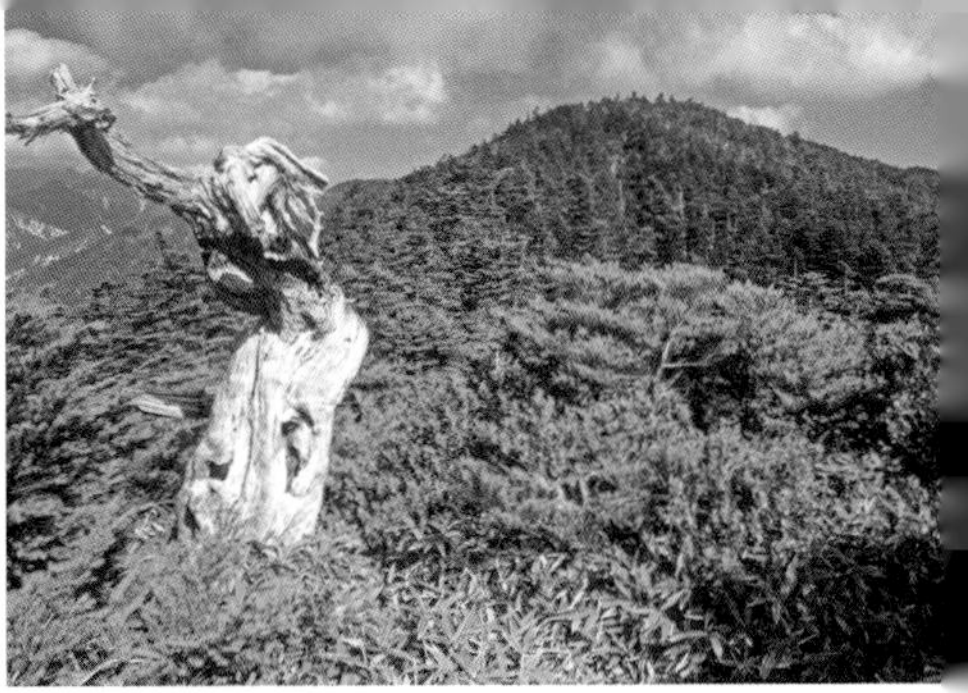

天然公園からの摺古木山。1時間強の登りだ

い沢の水場が現われ、砂地の滑りやすいトラバースと岩場越えが続く。沢を渡って対岸の岩場を数メートル登る。平らになって山腹を進むと、核心部の沢越えがはじまる。流れを避け点在する石を渡り、明るいクマザサの草原を直線的に登る。森の中へ入って足場の悪い道をさらに登り、細い丸太を敷き詰めた道を乗り越えると広場に出る。

そこからは造形的な針葉樹林の中を登り、みごとなシャクナゲ（見ごろは6月）が生育する道を進む。2135mピークを越えて下ると、摺古木自然園の標柱が立つ展望台に出る。木曽駒ヶ岳《きそこまがたけ》から越百山《こすもやま》まで、中央アルプス北部の山々が並んで見える。

展望台で東に進路を変え、小ピークを越えて登り返すと**摺古木山**の山頂だ。樹間越しに越百山や南駒ヶ岳《みなみこまがたけ》が見える。

下山は登路と白《しら》ビソ山《やま》方面の道を分け、南方へと下り、ゆるやかに2164mピークの手前まで登り返す。左手に白ビソ山と安平路山《あんぺいじやま》、南アルプスが見える。ここで道は右へと曲がる。急な斜面をジグザグに下ると開けた草原に出る。針葉樹が点在し、紅葉期は特筆の風景が開ける。

この下で**分岐**に出て、往路をたどる。

摺古木山休憩舎から少し登ると
前方にアザミ岳が見えてくる

プランニング&アドバイス

古きよき時代の民家が点在する大平宿は1970（昭和45）年に集団離村した無人の集落で、古民家での宿泊ができる（詳細は南信州観光公社 ℡0265-28-1747へ）。前半の林道歩きは片道8kmの道のりだが、マイカーなら東沢林道のゲートまで入れ、歩行時間を往復約1時間短縮できる。摺古木山に最短で登るなら分岐から直登コースをたどるといいが、天然公園とよばれる自然園や、展望台から望む景観を見ることはできない。

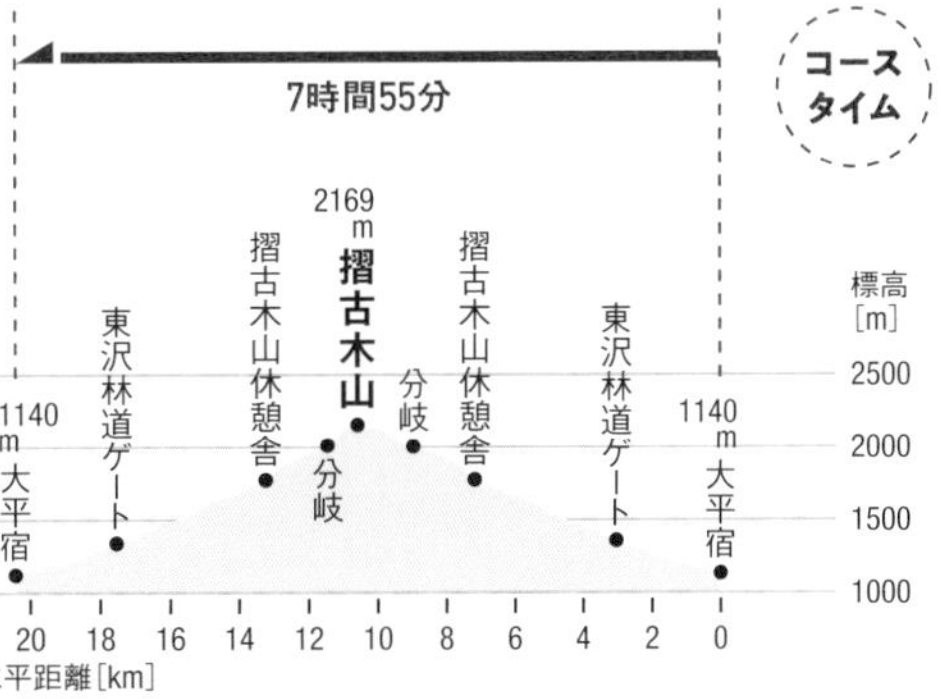

コースグレード｜**初級**

技術度｜2

体力度｜3

前夜泊日帰り

恵那山

黒井沢ルート

神話と歴史に彩られた中ア最南端の日本百名山

1876m地点の先で恵那山の山頂部がはじめて見える

日帰り 黒井沢登山口→野熊ノ池→恵那山（往復）　計6時間50分

恵《え》那山《なさん》（標高2191m）は、天照大神《あまてらすおおみかみ》降誕のとき、胞衣《えな》（エナ＝への緒）を山中へ埋めたことが山名の由来とされる。尾張《おわり》出身の覚明行者《かくめいぎょうじゃ》は御嶽山《おんたけさん》の黒沢《くろさわ》口（P92参照）を開削し、多くの人が登拝できるようにしたが、実は恵那山を道場に修行に励んだという。このことからもわかるように、濃尾《のうび》平野の人々にとって、御嶽山、伊吹山《いぶきさん》とともに恵那山は身近な山であり、厚い信仰を寄せる対象の山でもあった。

明治時代には、イギリス人宣教師で「日本近代登山の父」W・ウェストンが恵那神社から恵那山を踏み、神坂《みさか》峠を経て園原《そのはら》へ降りている。また、『日本百名山』を記した深田久弥《ふかだきゅうや》も本コースを登っている。

黒井沢源流部の沢は苔むして鮮やか。ここは左岸へ

日帰り

黒井沢登山口から恵那山へ

黒井沢《くろいさわ》登山口で恵那山林道を分け、北東へ延びる林道へとゲートを越える。黒井沢左岸の砂地の道を進む。コンクリート橋で右岸に渡り、斜面の崩壊で砂が押し出された箇所を過ぎると古い恵那山登山口の看板がある（**登山道入口**）。林道を分けて右へ入り、木橋を渡ると本格的な登山道となる。

小沢をいくつか越え、岩ゴロの道を行くと、「山頂まで5・5k」の表示板を目にする。このあたりから路面は落ち着き、サワグルミやモミジ、ブナなどの大木の中を登る。林床をクマザサがおおう斜面を曲線を描いて登り、広場に出る。森林管理署の営林小屋が登山者に解放されている。

●黒井沢登山口への恵那山林道は道路の路肩決壊により2021年10月現在通行止め。詳細は中津川市役所ホームページへ。

東西に長い頂稜は苔むす針葉樹の原生林が美しい

黒井沢登山口。しばらくは林道を歩く

写真・文／津野祐次

紅葉の野熊ノ池。ベンチとテーブルがあり休憩に最適

ひと息入れたら出発。ミズナラ、ヒノキなどの巨木の中を蛇行しながら高度を上げ、山腹を横切って沢に下る。ここから急斜度かつ足場の悪い登りがはじまる。石ザレの急登で足もとが湿って滑りやすいうえ、木の根の張り出しや倒木もあり、ペースが上がらない。黒井沢支流の沢を渡り、わずかに高巻くと再び同じ沢に降り立つ。そこから沢筋を登るようになるが、水量はぐんと減って涸れ沢となり、狭い谷の中を登る。

やがて背の高いクマザサの尾根に出る。周囲は秋なら鮮やかに色づいたダケカンバやモミジ、ナナカマドなどが草原に点在し、様々な紅葉と対照的な美風景を醸しだす。

さらに尾根を登ると分岐に出る。左方面はわずか先に**野熊《のぐま》ノ池《いけ》避難小屋**が立ち、小屋をさらに進むと分岐からの直進路と合流する。避難小屋は小粒ながらログハウスづくりで、シラカバやダケカンバが生える周囲の景観とマッチしている。合流したわずか先に雰囲気のよい野熊ノ池がある。

野熊ノ池から流出する沢を飛び越え、わずかに登ってカラマツ林の中をゆるやかに下る。登り返しがはじまり、左右に何回もからめて人工林の中を徐々に進む。右手が開けてくるとカラマツ帯は終わり、南アルプスが後方遠くに連座して見えてくる。

1992mピークからは、ゆるやかに鞍部まで下る。最初は恵那山頂の東南端が、

恵那山頂避難小屋。背後の巨岩は好展望地

四乃宮の脇からの中央アルプスの眺め

恵那山山頂。展望塔が立つが展望はいまひとつ

正面の針葉樹越しに望める。背が低くまばらに立つ針葉樹の趣は、鞍部《あんぶ》から登りはじめてしばらくすると一変し、大きな木々が高さを競う森の中へと続く。恵那山南腹を進んだあと大きく南へ曲がり、弧を描いて北へとって返す。岩がゴロゴロする路面や木の根が容赦なく張り出し、足運びを考えさせられる区間が長い。

右手に沢の水場が現われ、その先で苔むす針葉樹の原生林へと変わる。道は平坦になり、広大な尾根に出ると**恵那山頂避難小屋**が立つ分岐で、小屋の後ろには眺めのよい巨岩が横たわる。分岐を左にとるとすぐに四乃宮で、裏手にアルプスの山々を見渡す展望地がある。四乃宮の先が恵那山の最高地点（２１９１ｍ）だが、最高点の標柱があるのみで展望は得られない。

恵那山頂避難小屋まで戻り、登路を右に分けそのまま進む。わずかに登って小祠を見送り、さらに一段上がると伊邪那岐命《いざなぎのみこと》と伊邪那美命《いざなみのみこと》をまつる恵那神社奥宮がある。その背後が**恵那山**山頂の広場で、1等三角点や阿智《あち》セブンサミットなどの山名標柱、測量櫓を模した展望塔が立っている。

展望を満喫したら**恵那山頂避難小屋**に引き返し、往路を**黒井沢登山口**へ戻る。

プランニング&アドバイス

恵那山へのコースは多岐にわたる。とくに岐阜県側からのコースに歴史があり、江戸、明治の時代までは中津川市川上集落の恵那神社を登山口とする登拝路（現在の前宮ルート）が一般的な正道とされていたが、中津川上流の黒井沢ルートが開削されると、そちらに人気が集中するようになった。コース中には営林小屋と2軒の避難小屋があり、天候の急変時などに心強い。水は前半の沢と上部の水場がある。アクセス路の恵那山林道の通行の可否は、事前に中津川市ホームページを要チェック。また、林道の通行止めが続くと登山道にササがかぶっていることがある。

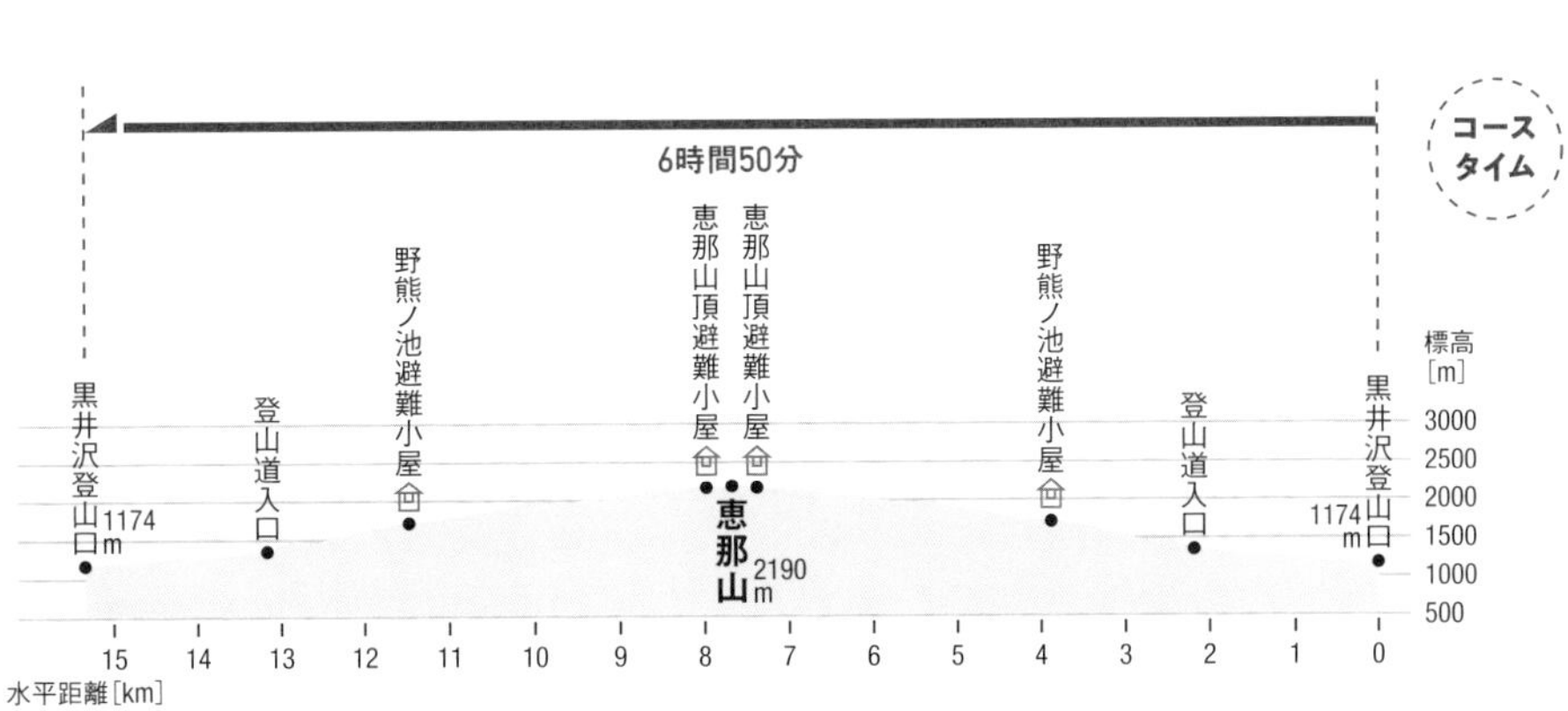

サブコース

神坂神社から富士見台・恵那山

神坂神社↓萬岳荘↓富士見台↓神坂峠↓大判山↓恵那山↓広河原登山口　11時間50分

起点の長野県阿智《あち》村園原《そのはら》は、源義経伝説の駒《こま》つなぎの桜や歌枕の地が多い。東山《とうざん》道の面影が色濃い道を、日本武尊《やまとたけるのみこと》や最澄《さいちょう》らも越えた神坂《みさか》峠へ。神坂峠ルートで天照大神《あまてらすおおみかみ》や木花咲耶《このはなさくや》姫などの神々が宿る恵那山《えなさん》を詣で、最短路の広河原《ひろがわら》ルートで園原へ周回する。

■**1日目**　園原の里を見下ろす山間に立つ**神坂神社**が起点。神社の境内へ入り、本社の左側を進んで林道へ上がると、やがて右手に**登山口**が見える。そこから山道へ入り、ヒノキ林の中を高度を上げる。落葉広葉樹に変わり、やがて左側が大きく崩落した崖上に出る。めざす富士見台《ふじみだい》方面の展望がよい。カラマツ林の中を登り、池ノ平《いけのたいら》や一本《いっぽん》立《たて》、千本立《せんぼんたて》の指導標を見送ると、やがて**萬《ばん》岳《がく》荘**（素泊まり）に着く。

萬岳荘北西側から牧場跡を進み、尾根に出て右折、神坂小屋を見て進むと、広大な**富士見台**の山頂部に出る。恵那山はもちろん、御嶽山《おんたけさん》や北・中央・南アルプスの眺めが抜群だ（ただし富士山は見えない）。

■**2日目**　萬岳荘から車道を南へと歩き、東山道最大の難所だった**神坂峠**で登山道へと入る。クマザサの中を登り千両山《せんりょうやま》に出ると、正面にはじめて恵那山が姿を現わす。左へヘブンスそのはらへの道を分け、**鳥越《とりこし》峠**へ下る。平坦な道を進み、ウバナギの大崩落地を右に見て**大判山《おおばんやま》**まで登る。恵那山が舟底を逆さにした姿で近づいて見える。

Map 7-2D　神坂神社

Map 7-3C　登山者用駐車場

コースグレード	中級
技術度	★★★☆☆　3
体力度	★★★☆☆　3

富士見台への登山口となる神坂神社

23座の日本百名山が見えるとされる富士見台

神坂峠登山口から一段上がると恵那山が現われる

鞍部《あんぶ》までかなり高度を落とし、登り返す。急登が続き、やがて一乃宮の立つ**分岐**に出る。右は中津川《なかつがわ》市川上《かおれ》にある恵那神社への前宮《まえみや》ルート。左への道に入り、恵那山最高点（2191m）、**恵那山頂避難小屋**の立つ黒井沢《くろいさわ》ルート（P76）との分岐を過ぎ、恵那神社奥宮がある**恵那山**山頂に出る。

下山は広河原コースをとる。山頂部独特の苔むした針葉樹林の中を緩急織りまぜて下る。ロープの架かる岩場やハシゴ、木の根が張り出す悪路を下降すると、展望のきくクマザサの広い尾根上を下るようになる。南アルプスを眺めながら下り、シラカバやカエデ類の木立の中、曲線を描きながら道は続く。**1716m地点**の平坦地を過ぎ、カラマツ林の中を蛇行しながら急下降する。ハシゴやロープの架かる箇所もある。

雑木林に出ると、急な下りから石を並べたような階段状の道へと変わる。本谷《ほんたに》川の河原へ降りて吊橋を渡ると**広河原登山口**で、右へ舗装された峰越《みねごし》林道を車止めゲートのある**登山者用駐車場**まで下る。

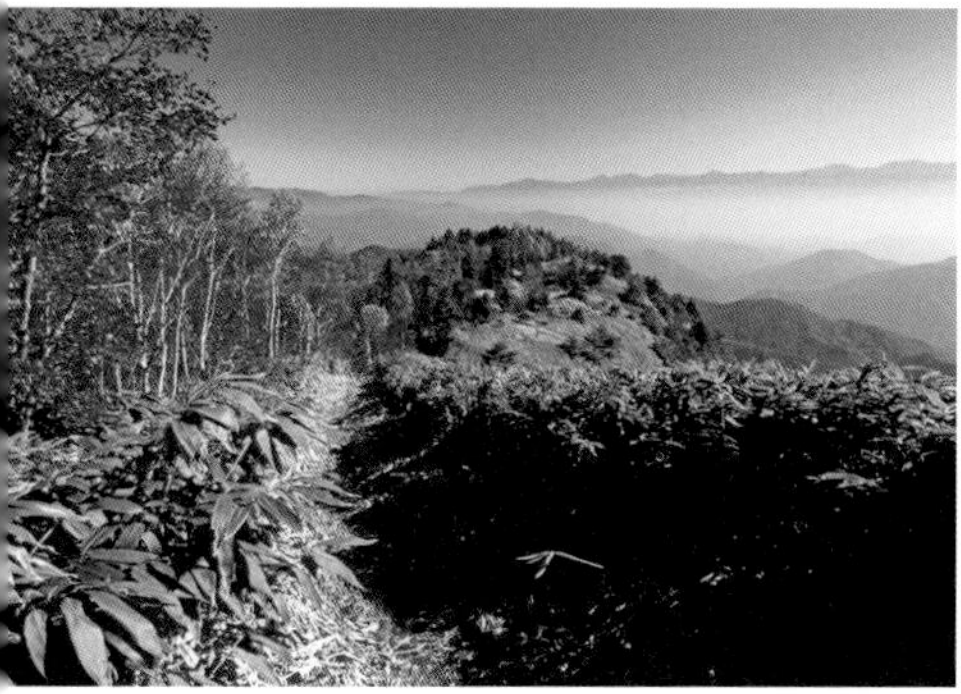

神坂峠ルートの中間点付近。
振り返ると南アルプスが圧巻

プランニング&アドバイス

初心者は富士見台の往復に限定してもいいし、ヘブンスそのはらスキー場（℡0265-44-2311）のゴンドラとリフト、富士見台高原バスを利用すると神坂峠や萬岳荘へ歩かずに上がれる（山麓駅から約1時間）。マイカーは中津川市経由で神坂峠まで入れる。恵那山登頂のみが目的の人は広河原コースの往復が最短コースとなる。広河原ルートは広河原登山口から本谷川を渡る橋が降雨後に流失することがあり、その場合は通行できない（徒渉も不可）。

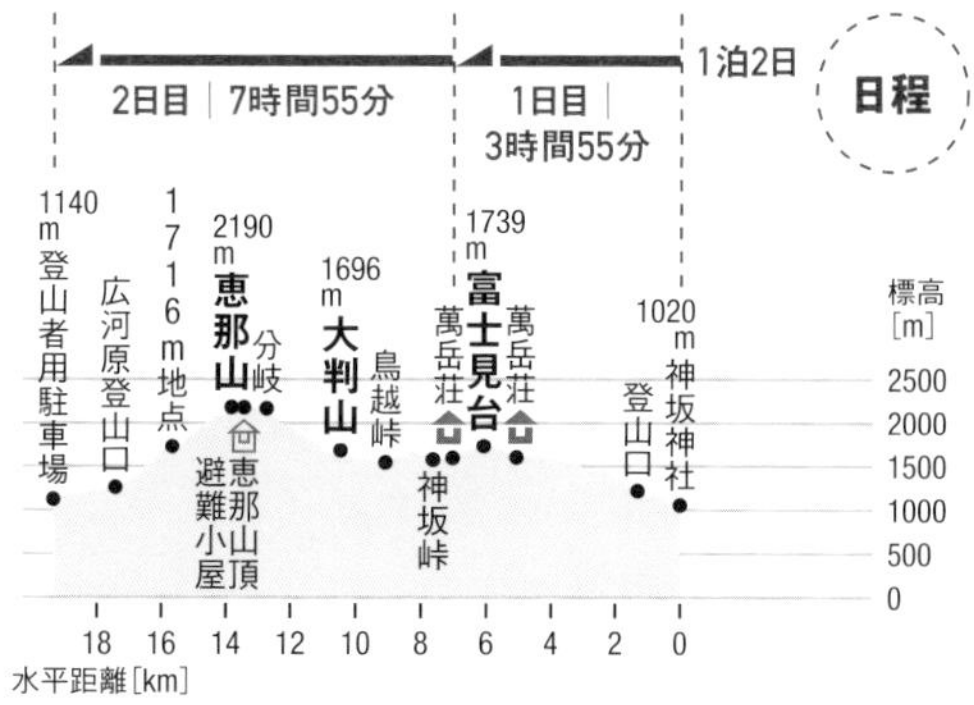

摩利支天乗越からのサイノ河原を隔てた御嶽山最高点・剣ヶ峰（写真／島田 靖）

御嶽山

今も信仰登山が行なわれる
開山1300年の歴史をもつ
長野・岐阜県境の霊山

御嶽山に登る

写真・文／島田 靖

北御嶽はコマクサ群生地が点在し、なかでも継子岳には大群落がある

開田高原・柳又からの御嶽山。山頂部は南北に長く伸びる

山中には不易ノ滝（写真）をはじめとする滝も懸かる。日本最高所の「幻の滝」もある

「日本の屋根」ともいわれ、標高3000m級の山岳を南北120㎞にわたり連ねる飛騨《ひだ》山脈。その最南端に位置し、巨大な山体を形づくっている御嶽山《おんたけさん》（標高3067m）は、日本第14位の高峰である。

通称「北アルプス」といわれる山域は、飛騨山脈のなかでも乗鞍岳《のりくらだけ》以北とされている。なぜ同じ飛騨山脈の一峰である御嶽山が北アルプスに含まれないのかは定かではないが、中部山岳国立公園の範囲が乗鞍岳までであることが考えられる。これは1934（昭和9）年の国立公園指定時に御嶽山が重要なヒノキの産地であることで、当

主要登山道の王滝口と黒沢口は木曽福島駅からのバス路線が利用できる

↓雲上の薪ストーブカフェ「ぱんだ屋」がある五の池小屋

←雪どけ水の中心に丸く残った雪が竜の目のように見える「ドラゴンアイ」。初夏の三ノ池の名物だ

時の帝国林野局が関係したのかもしれない。

また、乗鞍岳と御嶽山の間には野麦《のむぎ》峠と長《なが》峰《みね》峠の2つの峠があり、後者は飛騨山脈中唯一通年通行可能な峠である。こうしたことから、御嶽山は北アルプスから一歩離れた孤高の独立峰だと勘違いされるが、飛騨山脈のなかでも最も巨大な山体をもつ最南端の山であることを認識したい。

■成り立ち

のびやかに裾野を引くコニーデ型の火山である御嶽山は、最高峰の剣《けん》ヶ《が》峰《みね》、継母岳《ままははだけ》、摩利支天山《まりしてんやま》、継子岳《ままこだけ》の4つの峰をもつ。南北に長く連なる頂稜部をなし、火口湖である5つの池とひとつの火口原が存在する。

御嶽山の噴火がはじまったのは、第三紀（およそ6430万年〜180万年前）の初期とされる。最初に摩利支天山の噴火が起き、次に三《さん》ノ池火山が活動を開始。続いてその南の二《に》ノ池、さらに一《いち》ノ池の火口が爆発して複式火山となった。その後四《よん》ノ池が大爆発を起こして五《ご》ノ池がそれに伴って噴出、最後に一ノ池が再び活動して中央火口丘をつくっていった。さらに山頂南部の地獄《じごく》谷が噴出して現在のような形になったのは、およそ5万年前だといわれている。

■植生について

御嶽山は3000m峰であり、周囲に高山がないため、麓から眺める姿が実に秀麗だ。そして植生の垂直分布が判然とし、遠望でもよくわかる。標高1500mあたりまでの山地帯の上に亜高山帯の針葉樹林が黒々としており、2500m以上の高山帯にはハイマツと高山植物の世界が展開している。

山頂部は南北に長く4㎞ほどになるが、噴火口をもつ剣ヶ峰のある最南部の植生は極めて希薄であり、緑が多いのは北部に集中している。近年この北部を「北御嶽」とよび、三ノ池や四ノ池、五ノ池周辺の花を楽しむ人が増えている。北部を代表する花はコマクサで、7～8月には大群落をつくる。

■気候

御嶽山は飛騨山脈のなかでも最も南にあるため、気候的には内陸性の顕著な乾いた気候となっている。積雪量こそ少ないが、雪の降りはじめは早い。また気温も低く、冬季の気象はきわめて厳しいが、強烈な季節風は風衝地を各所につくり、北部のコマクサの群生地を提供している。

三大強風帯といわれる剣ヶ峰南直下の八《はっ》丁《ちょう》ダルミ、剣ヶ峰～継子岳中間のサイノ

御嶽教の聖地だけに各所に神像や霊神碑がある（写真は田の原遥拝所）

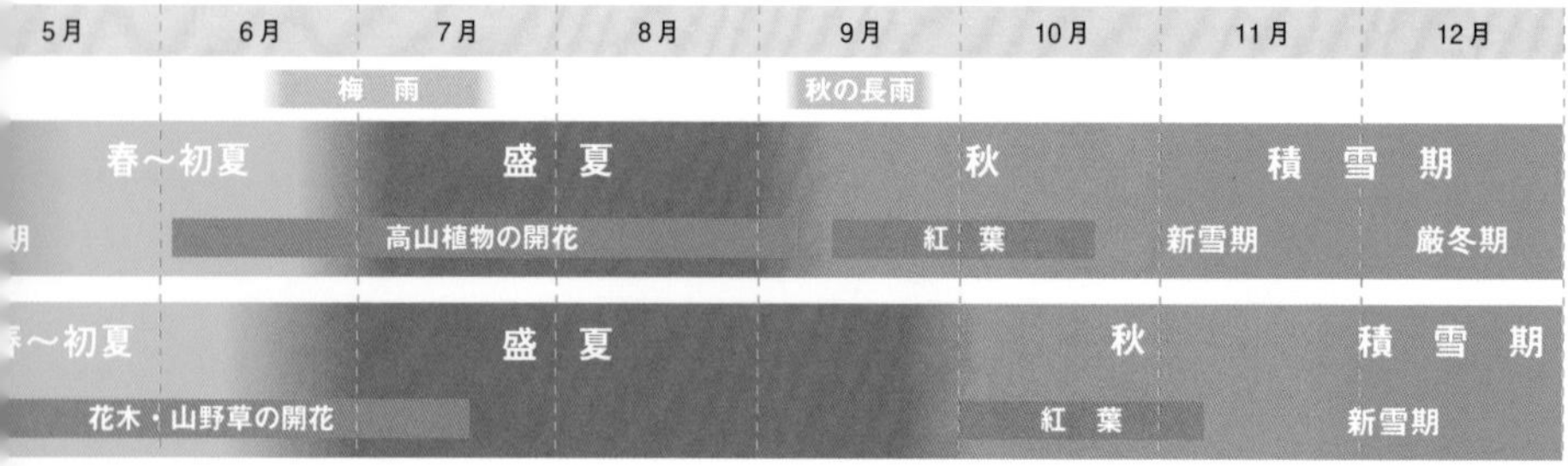

北御嶽エリアの見どころのひとつ四ノ池。花も多い

河原《かわら》、北御嶽の継子岳～飛騨頂上《ひだちょうじょう》あたりでは、丸太の標識が数年で半分ほどに削り取られてしまうほどのすさまじさだ。そのため登山シーズンは7月から10月初旬と短く、紅葉が終わると山は冬に入る。

登山道と山小屋

登山道は長野県側の黒沢口《くろさわ》、王滝口《おうたき》、開田口《かいだ》、岐阜県側の小坂《おさか》口と日和田口《ひわだ》の5本。最高点の剣ヶ峰に短時間で立てる王滝口と黒沢口が中心で（小坂口も利用者が多い）、その他の道は森林管理署の巡回路を利用したもので、長い道のりになる。

黒沢口はロープウェイを利用して標高約2150mの飯森高原《いいもりこうげん》駅まで上がれるうえ各合目ごとに営業小屋があり、御嶽教（P109コラム参照）の信者を含め一般登山者も安心して登山ができる。

王滝口は登山口となる標高約2180mの田《た》の原《はら》まで車道が通じており、最短時間で山頂に立てる（2021年現在王滝頂上止まり）。避難小屋はあるが営業小屋はなく、日帰り登山としての利用が多い。

岐阜県側の小坂口は登山口に濁河《にごりご》温泉（標高約1780m）の旅館街があり、また山頂部にも営業期間の長い五の池小屋があるので、余裕のある登山が楽しめる。

山小屋は基本的に7月（五の池小屋は5月下旬）から10月10日前後の営業で、宿泊の際は予約を入れておく。

噴火の影響

御嶽山といえば63名の犠牲者を出した2014年9月の噴火の記憶が新しい。2018年に一部の登山道が開放されたが、通行可能期間が限定された道や今も通行止めの区間があり、登山の際は当該自治体などのホームページで現況を確認しておく（噴火についてはP97のコラムも参照）。

剣ヶ峰山頂直下に立つ避難用のシェルター

御嶽山の登山シーズン

頂稜部
標高 2700～3000m
亜高山帯・高山帯

登山口
標高 1500～2000m
樹林帯・亜高山帯

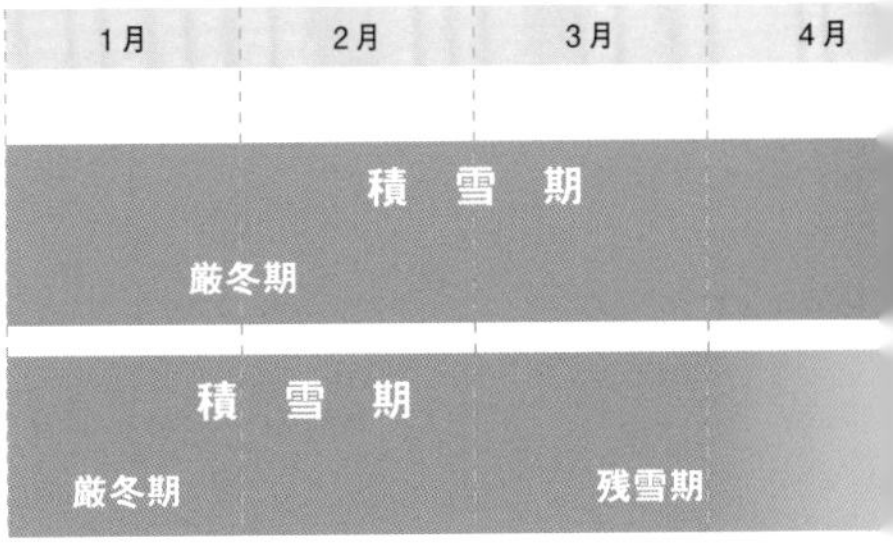

王《おう》滝《たき》口は、黒沢《くろさわ》口（P92コース13参照）から遅れること7年の1792（寛政4）年に武蔵《むさし》の普寛《ふかん》行者によって開かれた、御嶽山で2番目に古い登山道だ。この道の特徴は、御嶽山の登山口の中で最も高所にある標高約2180mの田《た》の原《はら》まで車道が通じていること。登山口からは登山道が一望でき、頂稜部南端の最高点・剣ヶ峰《けんがみね》（標高3067m）まで直接登り着くことができる最短の道として、一般登山者に人気の高いコースとなっている（2021年現在九合目先の王滝頂上《おうたきちょうじょう》止まり）。登山口近くの田の原天然公園は湿原が点在し、湿原をめぐる木道が縦横に延びている。

田の原から1時間ほどで森林限界に達するため、大半は眺望を楽しみながらの道となる。またコース中にはまごころの塔などの印象的なモニュメントが各所に点在し、御嶽が信仰の山であることが実感できる。

山頂直下の八丁《はっちょう》ダルミからは草木ひとつない荒涼とした風景となり、地獄《じごく》谷からは今なお噴煙が上がっている。

●本コースの王滝頂上〜剣ヶ峰間は2021年10月現在通行止め（23年に開通の見込み）。また、王滝頂上への登頂も7月上旬〜10月中旬に限られる。詳細は王滝村役場ホームページへ。

鳥居や石碑が立つ田の原の王滝口登山口

名前どおり赤い土が露出した「あかっぱげ」

写真・文／島田 靖

鳥居が立つ大黒天からめざす剣ヶ峰（左）を望む

コースグレード	初級
技術度	★★☆☆☆ 2
体力度	★★☆☆☆ 2

御嶽最高点・剣ヶ峰への最短コースを往復する

日帰り 田の原→金剛童子→王滝頂上→剣ヶ峰（往復）　計5時間

日帰り

王滝口から剣ヶ峰へ

田の原に建設中のビジターセンター（2022年以降完成予定）脇が登山口で、左側に御嶽山登山口の石碑がある。石の鳥居をくぐると、道は広い田の原の中をまっすぐに延びている。車道とも見紛うばかりの広い道だ。田の原天然公園は直径1㎞もの広い平原。右手に大黒天《だいこくてん》の社があり、多くの人はここで登山の無事を祈願して山に向かう。しばらく進むと右手に遥拝所がある。広い拝殿の外には御嶽山を背にして三霊神の銅像があり、山頂まで登ることができない人は、ここでお参りをして下山する。

広い道はこのあたりから登りとなり、階段も出てくる。正面の斜面に突き当たると大江権現《おおえごんげん》で、木の鳥居をくぐる。ようやく登山道らしい狭い道となって、オオシラビソの樹林の中へと入る。湿度の高い樹林の道は横木を並べた階段状の箇所が多く、降雨時は滑らないように注意したい。20分ほど登るとダケカンバが多くなり、空が開けてくると、赤っぽい土がむき出しになった「あかっぱげ」とよばれる場所に出る。ここで一服していこう。

道はしだいに熔岩がむき出しになってきて、樹林も矮小となってくる。急に視界が開けると、標高2500m弱、森林限界の**金剛童子**《こんごうどうじ》に着く。振り返ると田の原や三笠山《みかさやま》がすぐ下だ。ここからはさえぎるものは何もない。展望を楽しみながら見渡す限りハイマツの中を登ると、すぐに八合目の標識がある。熔岩が敷き詰められたような歩きやすい道を10分ほど登ると、頑丈なつくりの八合目避難小屋が立っている。

富士見《ふじみ》石を過ぎて九合目の石柱を見ると岩から水がしみ出る一口《ひとくち》水に着く。ここから急傾斜になり、ひと登りで**九合目避難小屋**へ。左の王滝奥《おく》の院《いん》への道は、2014

八合目付近からの眺め。中景右は田の原と三笠山

王滝頂上奥社。2021年現在はここで折り返す

年の噴火以降通行止めとなっている。

九合目のすぐ上は社が立つ中央不動《ちゅうおうふどう》で、王滝頂上避難小屋が見えてくる。ひと頑張りで**王滝頂上**だ。避難小屋前の石段を登り鳥居をくぐると、王滝頂上奥社の広い境内に入る。普寛行者が開いた王滝口の頂上奥社で、王滝口の講社の信者にとっての目的地となる。奥社から一歩出ると硫黄の臭いが鼻をつく。正面には剣ヶ峰が目と鼻の先だ。ここから上は荒涼として、草木ひとつも寄せつけない瓦礫の山である。

八丁ダルミの鞍部から登りにかかるころに御神火斎場《ごじんかさいじょう》とまごころの塔が立ち、近くに緊急避難用のシェルターが設置されている。岩のゴロゴロした道を登ること20分ほどで、山頂直下のシェルターが立つ広場に着く。ここには噴火犠牲者の慰霊碑がある。

最後に82段の石段を上がり、木の鳥居をくぐると**剣ヶ峰**山頂にたどり着く。北方に目をやると御嶽山の広い頂稜部が見渡せ、さらに後方には乗鞍岳《のりくらだけ》、穂高《ほたか》連峰、槍ヶ岳《やりがたけ》など北アルプスの山々の連なりを一望する。東側には中央アルプス、南アルプスが連なるすばらしい眺めだ。

帰りは来た道を下山しよう。

王滝頂上神社からの
八丁ダルミと剣ヶ峰

プランニング&アドバイス

標高2180mの七合目・田の原までバスやマイカーで上がれるだけに、王滝口は御嶽山の登山道で最も手軽な道といえる。本コースは一般的な登山者であれば、日帰りでも充分にゆとりのあるコースだ。帰路に王滝奥の院への道や山頂三十六童子めぐりなどの選択ができたが、2014年の噴火以降は通行止めが続き、再開の見込みが立たない。起点の田の原に御嶽山の情報提供などを行なう県立御嶽山ビジターセンターを建設中(2022年以降完成予定)。完成した際は登山の前後に立ち寄ってみたい。本コースは水場(給水施設や自動販売機も)がなく、入山前に用意しておく。

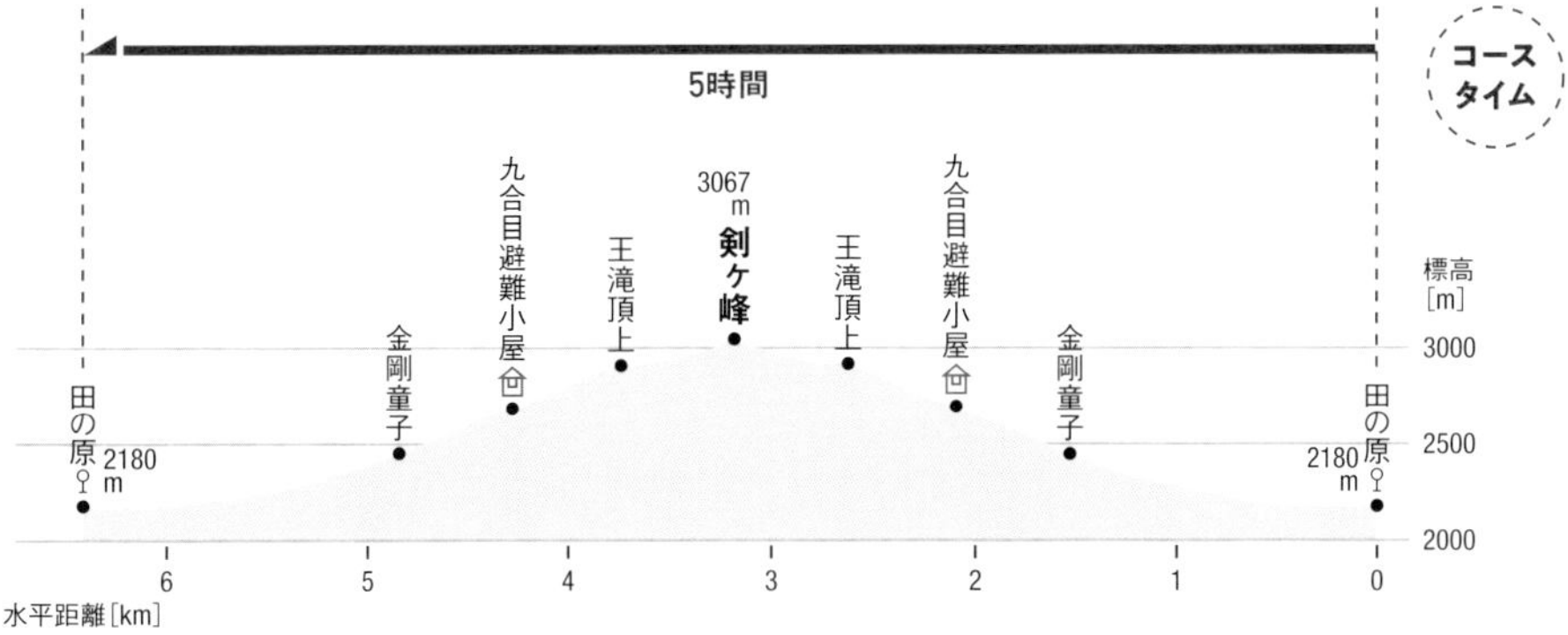

日帰り

黒沢口

剣ヶ峰を背に数多くの霊神碑が並ぶ八合目・金剛童子

コースグレード	初級
技術度	★★☆☆☆ 2
体力度	★★☆☆☆ 2

いにしえの道を ロープウェイ利用で登る

日帰り 飯森高原駅→八合目→九合目覚明堂→剣ヶ峰（往復）　計5時間20分

写真・文／島田 靖

黒《くろ》沢《さわ》口は御嶽教《おんたけ》（P109コラム）の講登山を代表する道で、1785（天明5）年に尾張《おわり》の覚明行者《かくめいぎょうじゃ》によって開かれた、御嶽山《おんたけさん》で最も古い登山道だ。今も白装束の信者の姿を多く見かけ、また六合目から八合目にかけて樹林内のよく踏まれた道に、その面影を感じることができる。

かつては六合目の中《なか》の湯《ゆ》から七合目行場《ぎょうば》山荘へ約1時間かけて登っていたが、1989（平成元）年に御岳《おんたけ》ロープウェイが開業してからは、登山者の大半がロープウェイを利用して登るようになった。標高2150m、ロープウェイ終点の飯森《いいもり》高原駅から七合目行場山荘までは10分とかからない。また、黒沢口は御嶽山のコースで最も栄えただけに、道中には各合目ごとに営業小屋があり、安心して登ることができる。

御嶽山で紅葉が最も美しいのも黒沢口である。9月下旬から10月にかけて、八合目から三《さん》の池《いけ》道にかけてナナカマドが真紅に染まる。そしてこの時期は、このコースが一般登山者でにぎわうときでもある。

●本コースの黒沢十字路〜剣ヶ峰間の通行は7月上旬〜10月中旬に限られる。詳細は木曽町役場ホームページへ。

起点の飯森高原駅。山頂へは約3時間の登り

七合目行場山荘名物のちからもちでエネルギー補強を

日帰り

飯森高原駅から剣ヶ峰往復

鹿ノ瀬《かせ》駅からロープウェイで約15分、終点の**飯森高原駅**に着く。外の広場に出たら、登山道を左に入って水平道を進む。10分ほどで六合目からの旧登山道に合流したら右に折れ、すぐに**七合目**の行場山荘がある。名物のちからもちを食べて登山に備えよう。右手に覚明社があり、その先でしめ縄の張られた谷に架かる橋を渡る。ここは覚明行者の行場だったといわれている。

樹林に入り、登りはじめるとすぐに百間《ひゃっけん》滝への分岐標識がある。このあたりからは

よく踏まれたいにしえからの道（七合目〜八合目間）

苔むした樹陰の中の道となり、昔日の面影を感じながら歩を進める。しだいにダケカンバが混じって少し空が明るくなるとハイマツも見られるようになり、女人堂《にょにんどう》が立つ**八合目**に着く。森林限界だけに展望が開け、北アルプスや東麓の開《かい》田《だ》高原が一望できる。

小屋の一段上にはたくさんの石像や霊神碑が並ぶ。昔はこのあたりを金剛堂《こんごうどう》とよんでいた。右への道は三ノ池へ通じる三の池道（P102コース15参照）で、本道は左へ進み、尾根に登り着く。ここは金剛童子《どうじ》とよばれ、たくさんの講社の霊神碑が立ち並んでいる。

この先は見晴らしがさらによくなってきて、ナナカマドとハイマツの尾根を稜線めざして登る。標高を上げるにつれ眺望はどんどん開けてくる。明治不動《めいじふどう》を過ぎると、黒《くろ》岩とよばれる黒い露岩のある台地に出る。岩の多い道は、このあたりから斜度が急に

御嶽山上の要所・黒沢十字路

御嶽開祖・覚明行者像の立つ九合目覚明堂

1400年の歴史をもつ剣ヶ峰山頂の御嶽神社奥社

強くなる。美しいオンタデの群落を見て、右手の岩稜上に立つ石室《いしむろ》山荘を過ぎてさらに登っていくと、廃小屋がある。この小屋の左上が**九合目覚明堂**で、二《に》ノ池畔で入定された覚明行者の像が立っている。

ここから岩尾根を回りこみ、右に二ノ池への道を分ける。少し行くと黒沢十字路で、右は二ノ池、左は八丁《はっちょう》ダルミ（2021年現在通行止め）へ通じている。ここは直進し、一《いち》ノ池の外輪尾根をたどる。福仙《ふくせん》菩薩《ぼさつ》を過ぎ、剣《けん》ケ《が》峰《みね》をめざして登ると山頂下の広場に出る。避難用のシェルターが3基並んでいる。

慰霊碑の脇から82段の石段を登り、鳥居をくぐって境内に入ると、正面に御嶽神社奥社が立つ**剣ケ峰**に着く。山頂からは北アルプス、中央アルプスなどの名だたる山々が一望できる。

下山は往路を戻るが、ロープウェイの最終便に間に合うよう、遅くとも14時前には山頂を発つようにしたい。

プランニング&アドバイス

御岳ロープウェイは平日は8時30分からの運行なので、1日の行程としては剣ヶ峰を往復するだけで、あまり余裕がない。六合目中の湯を起点にすれば時間の制限がなく、早立ちができるメリットがある（本稿の七合目へ約1時間）。六合目は駐車場が広く、バス停や登山指導所、トイレもある（中の湯旅館は撤去された）。また、この六合目からの道は、最も歴史を感じさせる雰囲気のあるもの。秋なら剣ヶ峰から二ノ池～サイノ河原経由で三ノ池（開田頂上）へ、三の池道で八合目女人堂に戻るプランもおすすめ（P102参照）。三の池道の下部では御嶽屈指の紅葉が楽しめる。

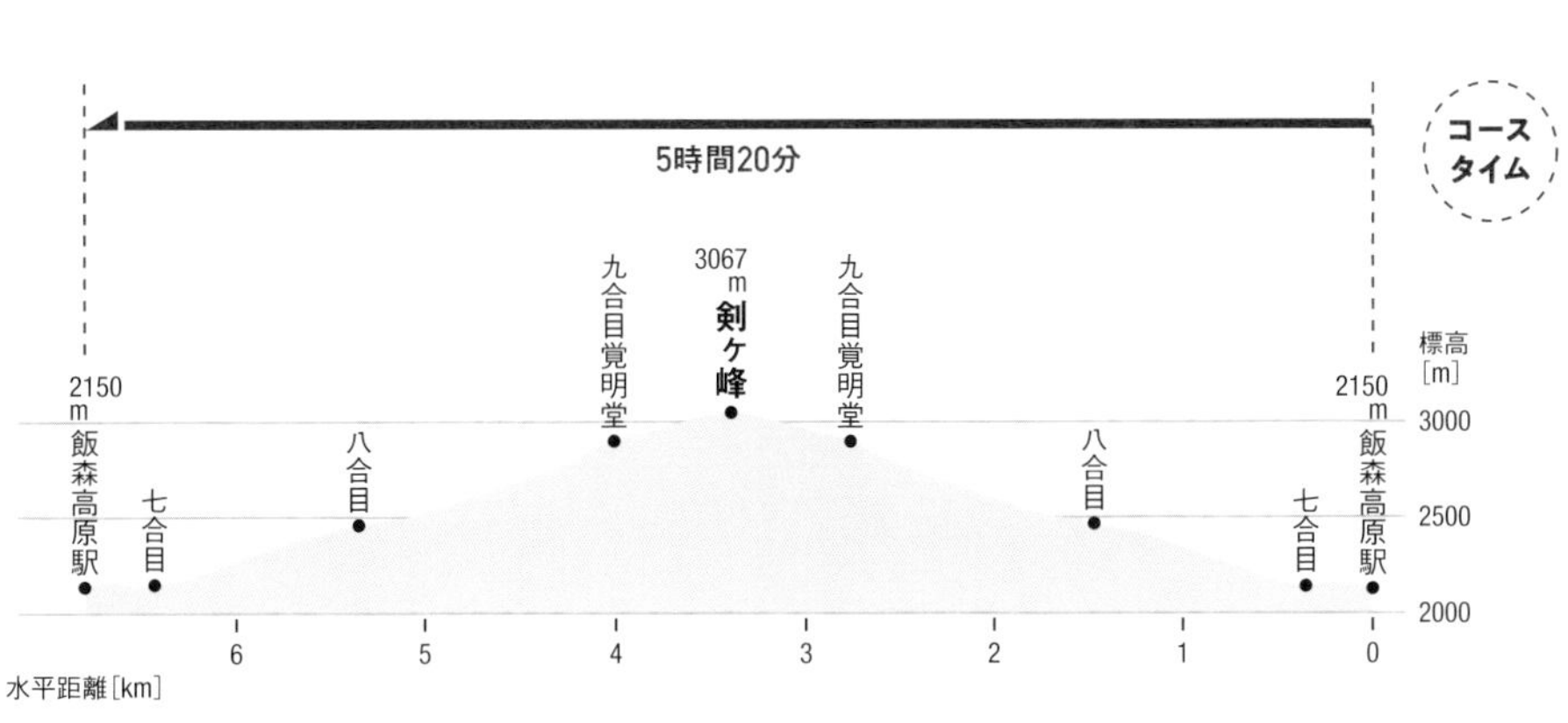

サブコース

油木美林と百間滝

百間滝入口バス停↓百間滝展望所↓六合目中の湯バス停　3時間25分

黒沢《くろさわ》口四合目の百間《ひゃっけん》滝口からヒノキの原生林が広がる油木《あぶらぎ》美林と御嶽山《おんたけさん》最大の滝といわれる百間滝を経て、六合目にいたるのが本コース。道はよく整備され、下部には神秘的な不易《ふえき》ノ滝、こもれびの滝もある。

ＪＲ木曽福島《きそふくしま》駅からのバスを**百間滝入口バス停**で下車する。ここには広い駐車場もある。遊歩道に入り白《しら》川の橋を渡ると、すぐにこもれびの滝が見えてくる。登山道はこの先の擬木の長い階段を登り、油木尾根に取りつく。道は樹齢３００年の木曽ヒノキの純林の中を進む。油木美林とよばれるだけあって、木曽でも数少ないヒノキの原生林はみごとな美しさである。

コメツガが混じり出してきたあたりで尾根を右に大きく回りこんだら、**百間滝展望所**に出る。深く切れこんだ断崖を隔てて、正面に百間滝が、その下が雄蝶《おちょう》ノ滝、右が女蝶《めちょう》ノ滝、さらに左に大正《たいしょう》ノ滝と４つの滝の競演が見られる。

滝見学を満喫したら避難小屋の百間滝小屋先にある分岐で七合目への道を分け、右の六合目中《なか》の湯《ゆ》への道に入る。少し下ってトラバース道を進み、途中２回ほど谷を渡りながら行くと、**六合目中の湯バス停**に登り着く。剣ヶ峰《けんがみね》に行くなら、先述の分岐を七合目に行くとよい。コメツガの美しい林の中の道だ（展望所から約２時間）。

マイカーの場合は百間滝を往復するか、六合目中の湯から木曽福島駅行きのバスで百間滝入口バス停に戻るのもよい（20分）。

Map 8-4C　百間滝入口バス停

Map 8-3C　六合目中の湯バス停

コースグレード	初級
技術度 ★★☆☆☆	2
体力度 ★★☆☆☆	2

木曽ヒノキの原生林を行く油木美林遊歩道

コースの見どころのひとつ百間滝。落差は50ｍほどだが迫力は充分

コラム4

御嶽山の噴火

御嶽山《おんたけさん》の噴火といえば、死者・行方不明者63名を生じた2014（平成26）年のものが今も鮮烈な印象を残す。

有史以来噴火の記録がなかった御嶽山が突如として大噴火を起こしたのは、1979（昭和54）年10月25日未明のこと。今まで死火山とされてきた御嶽山が噴火したことで死火山や休火山という言葉がなくなり、火山学において根底から火山の定義を覆す事態となった。御嶽山の火山活動はしだいに収束したが、登山規制が解除されたのは4年後のことだった。

（上）2021年現在も噴煙を上げ続ける地獄谷　（下）剣ヶ峰山頂直下に設置された災害慰霊碑

その後1991（平成3）年と2007（平成19）年にごく小さな噴火があったが、登山規制を行なうほどではなかった。

そして、2014年9月27日午前11時52分、あの大噴火が起こる。この日は快晴の土曜日、そして折しも紅葉の最盛期を迎えていた。ちょうど山頂近くに登山者が到達する時刻とも重なり、多くの犠牲者が生じた。水蒸気爆発のため一瞬空は漆黒の闇になり、無数の火山礫が逃げまどう登山者に降りそそいだ。とくに剣《けん》ヶ《が》峰《みね》南直下の八丁《はっちょう》ダルミは火口から近いうえ逃げ場になるような場所がなく、犠牲者が多く出た。

4年後の秋にようやく黒沢《くろさわ》口（P92参照）のみ剣ヶ峰まで行けるようになったが（2021年現在では五《ご》の池《いけ》小屋方面から二《に》ノ池経由でも登頂可）、最短コースの王《おう》滝《たき》口（P88参照）は九合目の王滝頂上《ちょうじょう》止まりで、全通は2年後の2023年の予定。

噴火後に山頂の2つの山小屋は撤去され、コンクリート製の3基のシェルターが建設された（この場所に慰霊碑も建設されている）。王滝頂上の山小屋も撤去されて約150人が収容できる避難小屋が設置されたほか、八丁ダルミにはシェルターが建設中。このように避難施設は整ったが、各自でも入山の際はヘルメットの携行を推奨している（黒沢口・石室《いしむろ》山荘ではレンタルあり）。また、登山時は山頂付近での滞留は短時間に留めたい。

王滝頂上山荘跡の避難小屋とシェルター（シェルターは上部の八丁ダルミ付近に移設中）

写真・文／島田 靖

開田高原から望む春の御嶽山

前夜泊1泊2日

開田口

原生林内の静かな山歩きを満喫するロングコース

コースグレード | 中級

技術度

体力度

1日目	開田口登山口→開田頂上→継子岳→五の池小屋　計7時間15分
2日目	五の池小屋→二ノ池→剣ヶ峰→開田頂上→開田口登山口　計7時間5分

御《おん》嶽山《たけさん》東麓の木曽《きそ》町開田《かいだ》地区は、高地ゆえに気候は冷涼で、しかも御嶽山の火山灰土のため土地はやせて農作には不向きだった代わりに、昔からそばの収穫がさかんであった。現在も開田地区には各所においしいそば店が点在し、10月には開田高原そば祭りが開催される。

本稿の開田からの道は、旧営林署の見回りのためにつけられたものだ。開田地区は地蔵《じぞう》峠をはじめ城山《しろやま》展望台、西野《にしの》集落（右ページの写真）、九蔵《くぞう》峠、柳又《やなぎまた》集落など裾野を引いた御嶽山の絶好のビューポイントがあり、そこからの眺めはすばらしい。それだけに開田に御嶽教の信仰登山の道がないのは不思議に思うが、開田には御嶽神社の里宮がなく、開田の道者たちは黒沢《くろさわ》口の里宮に属していたと考えられる。

開田口は御嶽登山道の中でも最も長いだけに、それ相当の体力が要求される。それだけに、下山後の御嶽明神《みょうじん》温泉（P191）での入浴は山の疲れをほぐしてくれる。

1日目 開田口から継子岳、五の池小屋へ

開田口登山道への交通手段はJR木曽福《きそふく》島《しま》駅からタクシーか、マイカーを利用する。マイカーは国道19号の木曽市街から県道20号に入り、途中マイアスキー場方面への道へ左折、開田高原キャンプ場先の三叉路（登山道の大看板あり）を左に入って曲折する林道を進む。1軒のペンションを過ぎしばらく行くと、左に御嶽山登山道入口の看板が立つ**開田口登山口**に出る。登山口の50m先に広い駐車場がある。

登山道に入って5分ほどで鳥居がある四合目で、清水が湧き出している。最後の水場なので補給しよう。エンレイソウなどの咲く急斜面をジグザグに登り、広葉樹が混じる樹林の中を行くと五合目に着く。

五合目からはシラビソの茂る尾根を左に巻き、少し進んだところで涸れ沢を渡り左手の尾根に取りつくが、南側は谷が深く切

●本コースの黒沢十字路〜剣ヶ峰間の通行は7月上旬〜10月中旬に限られる。詳細は木曽町役場ホームページへ。

六合目付近では苔むした原生林内をたどる

開田口登山口。登山届を出して出発する

写真・文／島田 靖

れこんでいる。明るくなった急な尾根を登っていくと、ようやく六合目に着く。標高２０００ｍ、昔はここを刃利天《とうりてん》とよんだ。

　樹林はコメツガに変わり、左からの尾根に移る。さらに左に寄りながら進むと、地形は複雑になり、小さな登り返しをくり返すと平坦地に出る。ハクサンシャクナゲなどが目につくようになり、樹高も低くなってくる。右の小さな涸れ沢を渡ると**七合目避難小屋跡**に着く。

三ノ池は御嶽山中の5つの山上池では最大のもの

　七合目から様相ががらっと変わる。オオシラビソは低くなり、ハイマツ、ナナカマドなどが混じってくる。涸れ沢沿いの道の両側はシャクナゲが茂る熔岩帯になり、30分ほどで八合目に着く。左の尾根を乗り越すと、視界は開けて森林限界に出る。再び涸れ沢に入り、左岸沿いの急な道を登り続ける。このあたりはナナカマドも多く、秋には紅葉が美しい。沢沿いにはアオノツガザクラ、チングルマなどのお花畑が続く。登るにつれて、御嶽山固有種のキソアザミのみごとな大群落が見られる。

　三《さん》ノ池稜線直下を左側にトラバース気味に進み、三ノ池南端に出る。白竜《はくりゅう》教会の社と三ノ池避難小屋の立つ**開田頂上**《かいだちょうじょう》である。三ノ池は満々と水をたたえ、北方に大きく広がっている。池には白竜が棲むといわれ、水は御神水とされている。

　今日は剣ヶ峰《けんがみね》に行かず、継子岳《ままこだけ》経由で五《ご》の池《いけ》小屋に泊まろう。継子岳へは**三ノ池**の東縁を北へ進む。少し登ると台地状になって足も軽くなる。池の北端から下ると**四《よん》ノ池**の東端に着く。池とはいっても水はなく、内部に小川が流れ、クロユリやチングルマ、ハクサンイチゲなどが咲く、火口壁に囲ま

開田口の終点となる三ノ池畔・開田頂上

荒涼とした景観が広がるサイノ河原

れた別天地だ。その小川を渡って、継子二《に》峰《ほう》に向かう。このあたりはコマクサも多く、ライチョウにもよく出会うところだ。

急斜面を登ると講社の社がある継子二峰に着く。継子岳本峰へはたわんだ尾根を行くが、鞍部には最大のコマクサ群落がある。

展望抜群の**継子岳**山頂に着くと、日和田《ひわだ》口の道（P106コース16参照）が合流する。ここから飛騨頂上《ひだちょうじょう》に向かう。途中、針の山や岩小屋、岩のトンネルをくぐって行くと、またコマクサの大群落が広がる。飛騨頂上の御嶽神社奥社に着いたら、そのすぐ下が今日の宿、**五の池小屋**である。

2日目 剣ヶ峰に立ち往路を下る

小屋の南側の台地は、ご来光を見るのに絶好の場所。朝起きたらぜひ外に出てみよう。朝食を済ませ、剣ヶ峰へ向かう。小屋の先で巻き道との分岐があり、右へと入る。**摩利支天乗越**《まりしてんのっこし》からチシマギキョウの多い坂を下ると**三ノ池乗越**。少し下るとサイノ河原《かわら》で、石を積み上げた塔が無数に点在する。サイノ河原を突っ切り、熔岩壁を登ると二《に》ノ池への広い斜面に出る。二ノ池と**二ノ池山荘**の間を通り、途中、黒沢口との分岐を右に行き、覚明《かくめい》入定の地から尾根上に登ると黒沢十字路に出る。そこから外輪尾根を**剣ヶ峰**の山頂まで登る。

帰路は往路を戻るが、五ノ池や継子岳には寄らず、サイノ河原から**三ノ池乗越**を越えて右の巻き道に入り、**開田頂上**へ下るのが近道である。**開田口登山口**へは長丁場であるが、ゆっくり安全に下ろう。

プランニング&アドバイス

開田口は山頂部へ上がる5本の登山道で最も長丁場のものだけに、剣ヶ峰までの日帰りは無理である。日帰りの場合は、三ノ池の開田頂上往復が適当であろう。1泊を予定できれば、本稿で紹介した五の池小屋泊ではなく、二ノ池山荘などに宿泊すれば朝早立ちして剣ヶ峰の山頂でご来光を拝むことができる。また、マイカー利用でなければ剣ヶ峰から黒沢口（P92参照）を下山にとれば変化がつけられる。その場合は御岳ロープウェイ鹿ノ瀬駅からJR木曽福島駅行のバスに乗車する（ロープウェイやバスはP178「登山口ガイド」参照のこと）。

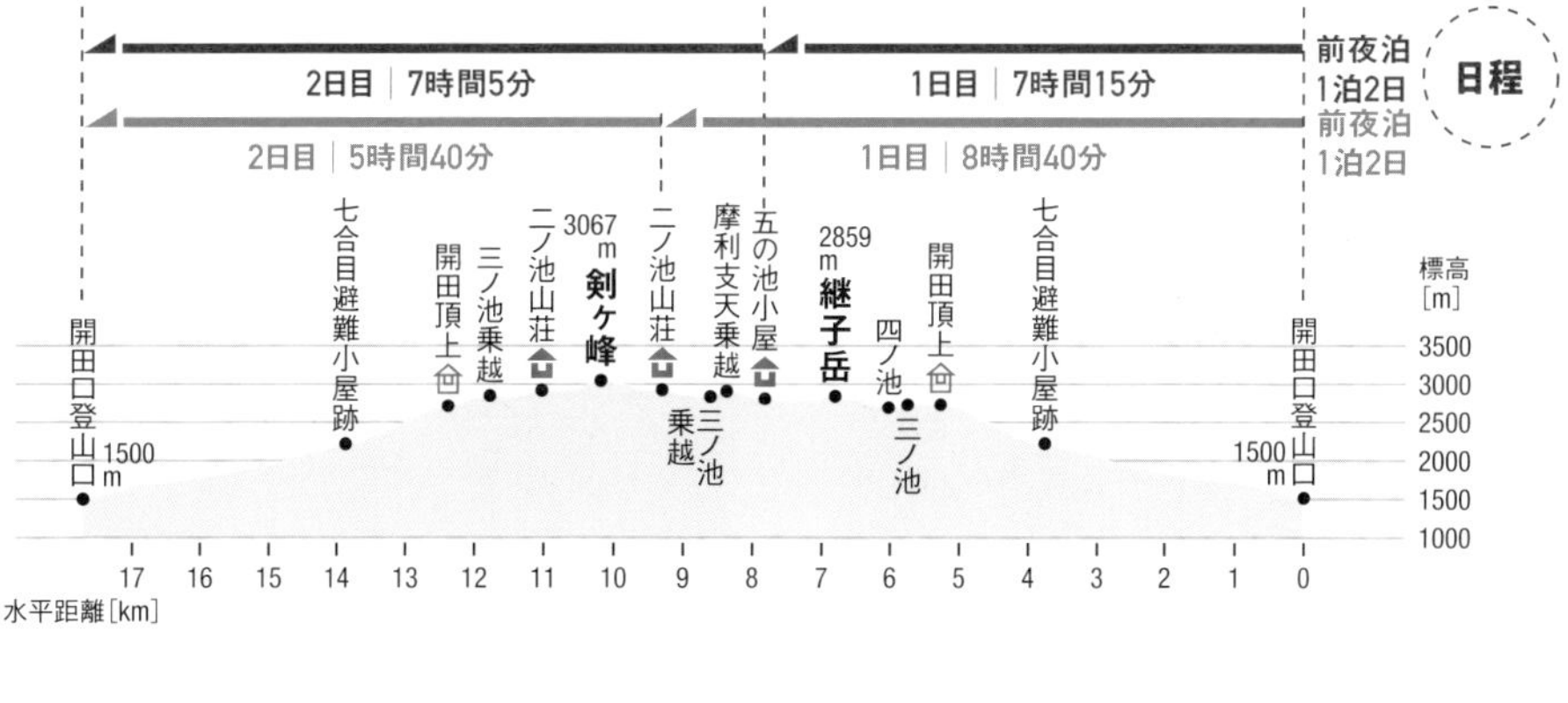

北御嶽周遊

前夜泊1泊2日

岩が剣のように林立した
継子岳直下の「針の山」

夕日に照らされた五ノ池と摩利支天山

写真・文／島田 靖

御《おん》嶽山《たけさん》は複合火山ということもあり、いくつもの火口をもち、その外輪の高みがいくつかの峰として名称がついている。山頂部は南北に長く、ほぼ一列に火口が並び、その長さはおよそ4㎞におよぶ。それに対し東西は約1・5㎞と幅がなく、北面からの山容は継子岳《ままこだけ》の後ろに重なってしまうため、単調な三角形をなし、地元の高山《たかやま》市日和田《ひわだ》地区の名前をとって「日和田富士《ふじ》」と称される。

また、山頂部の5つの池はそれぞれに味わいのある風景をつくっているが、最高点の剣ヶ峰《けんがみね》のある南部は噴火口があるため植物はきわめて貧弱で、北に寄るほど花や緑が多くなる。摩利支天山《まりしてんやま》より北の地域は、3つの池（五《ご》ノ池、四《よん》ノ池、三《さん》ノ池）やコマクサの大群生地、お花畑などとともにライチョウも見られ、しかも眺望もよく、ゆっくり楽しめることから、近年「北御嶽《きたおんたけ》」とよばれる注目エリアとなっている。

本稿では五《ご》の池《いけ》小屋をベースに北御嶽をめぐる、充実コースを紹介する。

●本コースの黒沢十字路～剣ヶ峰間の通行は7月上旬～10月中旬に限られる。詳細は木曽町役場ホームページへ。

摩利支天乗越からの北御嶽全容（中景やや左が五ノ池、左奥は継子岳、右が三ノ池）

コースグレード | **初級**

技術度	★★☆☆☆	2
体力度	★★☆☆☆	2

3つの山上池をめぐる花と展望の山頂周遊

1日目	飯森高原駅→剣ヶ峰→二ノ池→五の池小屋	計5時間25分
2日目	五の池小屋→継子岳→開田頂上→八合目→飯森高原駅	計4時間

1日目
黒沢口から剣ヶ峰に登り五の池小屋に宿泊

黒沢口（P92コース⑬）で**剣ヶ峰**の頂に立ち、一《いち》ノ池《いけ》外輪尾根を下って黒沢《くろさわ》十字路を左へ。覚明《かくめい》入定の地を過ぎると二《に》ノ池畔に**二ノ池山荘**が立っている。

二ノ池山荘からサイノ河原《かわら》に下ると無数の石塔が立ち並び、足もとにはイワギキョウ、イワツメクサなどの花たちが迎えてくれる。ここから白竜教《はくりゅう》の避難小屋が立つ**三ノ池乗越**《いけのっこし》を経て、チシマギキョウの咲く道を**摩利支天乗越**へ登る。天気がよければ、ここから**摩利支天山**を往復してもよい。

摩利支天乗越を過ぎると、五ノ池や飛騨《ひだ》頂上《ちょうじょう》、継子岳、四ノ池、三ノ池の北御嶽全容が見渡せる（P102〜103の写真）。摩利支天山の北斜面を下り**五の池小屋**へ。小屋には展望デッキやカフェがあり、コーヒーや薪ストーブで焼いたシフォンケーキ、ピザがいただける。小屋の裏には飛騨頂上神社奥社が立ち、周辺はコマクサの大群生地。南側に行けば三ノ池が満々と水をたたえ、背景として中央・南アルプスや八ヶ岳《やつがたけ》のシルエットが水墨画のように広がる。夕方には西の空の雲海がみごとだ。

2日目
継子岳と四ノ池、三ノ池を経て三の池道で黒沢口へ

翌日は早起きして、南側の丘の上でご来光を見よう。朝食を済ませたら出発する。

小屋の北側の道を継子岳へ向かうと、すぐにコマクサの大群落に出会う。少し先で岩のトンネルをくぐり、花の多い道を行くと左手に岩小屋がある。その先で岩ばかりの小山を越えるが、すべての岩がとんがっており「針の山」とよばれる。そこからひと登りで剣ヶ峰を望む**継子岳**だ。広い山頂で、

三ノ池。池の水は御神水とされる神聖なもの

小川が流れ、お花畑が広がる四ノ池

下山路の三の池道は御嶽屈指の紅葉の名所

周囲はコマクサの花が多い。

ここから継子二峰《にほう》へ岩の多い道を下ると、鞍部《あんぶ》に御嶽山最大のコマクサ群生地がある。このあたりは強風帯でもあり、線状構造土の中をコマクサがピンク色に染めている。

講社の社がある継子二峰から東側に開田《かいだ》高原を眺めながら尾根を下ると、四ノ池から流れ出る川に出る。この川は3段80mの幻の滝となって東面に水を落としているが、断崖のため現地からは見ることができない（ロープウェイ飯森《いいもり》高原駅で見ることができる）。熔岩壁に囲まれた**四ノ池**は水こそないが全体がお花畑で、ライチョウの住処にもなっている。

秋には紅葉が楽しみなクロマメの木の中の道を**三ノ池**の北端へと登り、池の東側を半周する。三ノ池は白竜教の聖地。白竜が棲むといわれ、初夏にはおおわれていた雪がとけて巨大なドラゴンアイが出現する（P85の写真）。

三ノ池南端の**開田頂上**《かいだちょうじょう》からは、秋にはみごとな紅葉が見られる三の池道をたどる。途中の崩壊地を慎重に通過して黒沢口の**八合目**女人堂《にょにんどう》へ。あとは黒沢口を**飯森高原駅**へと下る（黒沢口はP92コース13参照）。

プランニング&アドバイス

御嶽山は日帰り登山として剣ヶ峰だけをめざす登山者が大半で、メイン登山道である王滝口（P88）や黒沢口（P92）から入山した場合はほとんど南部だけの登山に終わってしまう。そこで、剣ヶ峰から少し北へ足を延ばし、対照的な顔をもつ北御嶽のすばらしさに触れてほしい。本稿では黒沢口を起点・終点としたが、王滝口（一部通行止め）や小坂口（P110）を起終点としてもよい。その場合、前者は開田頂上から三ノ池乗越に出て剣ヶ峰へ、後者は開田頂上から五の池小屋に戻るとよい。

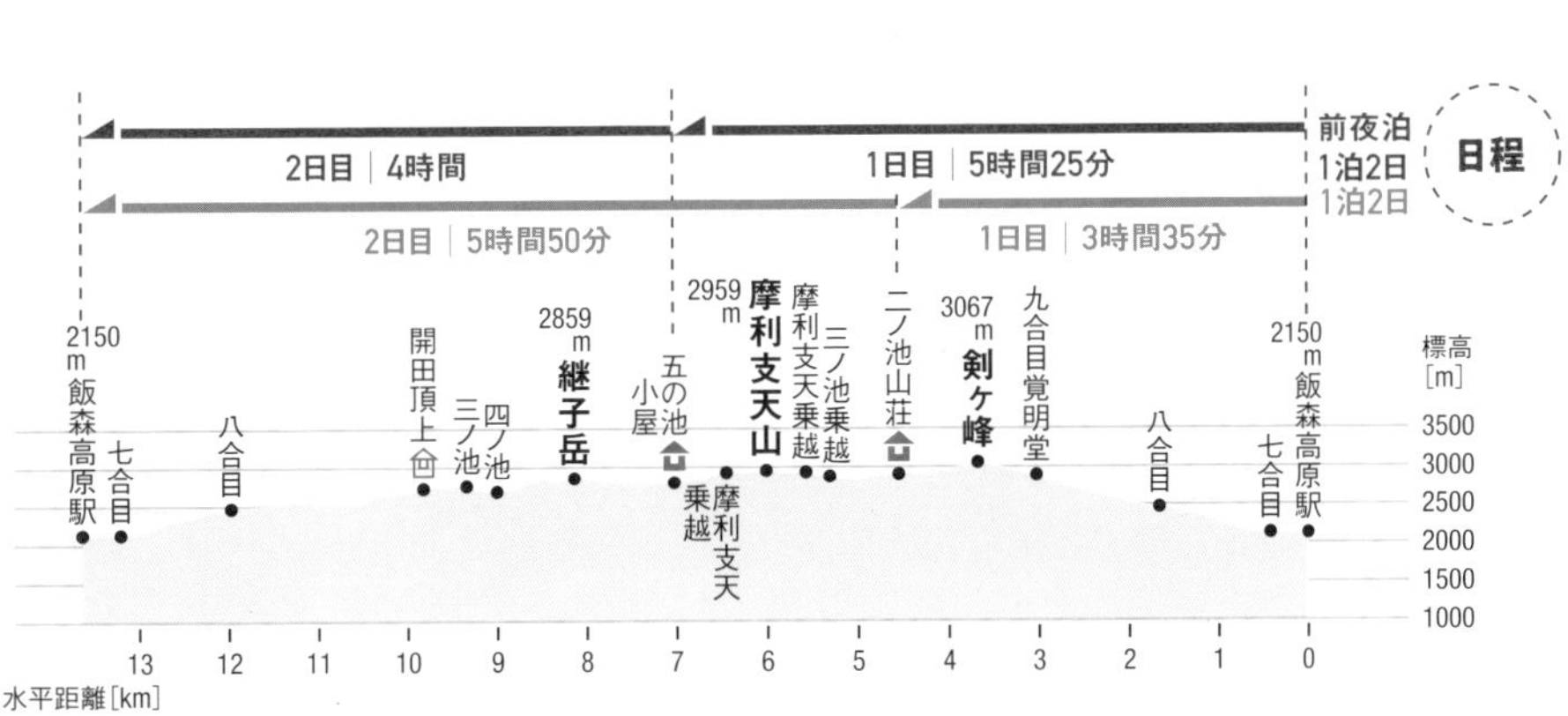

「日和田富士」の別称どおりの美しい三角錐状をなす北面からの継子岳

日帰り

日和田口

北麓のスキー場を起点にコマクサ咲く雲上の花園へ

コースグレード｜中級

技術度｜★★★☆☆ 3

体力度｜★★★★☆ 4

日帰り｜チャオ御岳→ゴンドラ駅分岐→継子岳（往復）　計7時間50分

日《ひ》和田《わだ》口は、「日和田富士《ふじ》」と称される山頂部北端の継子岳《ままこだけ》（標高2859m）北面を登るコースで、開田《かいだ》口（P98コース14参照）と同様本格的な登山となる。登りごたえのある道で、とくに上部は急登が続き、かなりの体力を要する。

しかし中腹には「幽林」と例えられる雰囲気のよい亜高山帯の原生林、コース上部の「木無《きな》し」はその名のとおり森林限界となっており、岩盤が露出した広い涸れ沢には花が咲き乱れ、秋には紅葉が美しい場所。さらに上部には見晴《みは》らし岩やコマクサ群落がある登《のぼ》り尾《お》など、思いのほか見どころの多いコースだ。

日和田口の下部は年々ササの繁茂が激しくなり、ほとんど道の形をとどめていない。今後改善される見込みもないため、本稿では日和田口登山口から西に5㎞ほど進んだチャオ御岳《おんたけ》スノーリゾートを起点にスキー場内を登り、標高2300m地点で日和田口に合流するコースを紹介する。

日帰り

チャオ御岳から継子岳往復

国道361号の高山《たかやま》市高根《たかね》町日和田高原から県道463号に入り、途中の柳蘭《やなぎらん》峠から県道435号を濁河《にごりご》温泉方面に向かうと、**チャオ御岳スノーリゾート**（2021年現在休業中）がある。広い駐車場に車を停め、センターハウスに回りこんでスキー場正面に出ると、ゴンドラステーション（ゴンドラは運休中）がある。その右から入り、踏み跡をセンターコースからイーストコースに移る。コース中央の道をひたすら登っていくと、乗鞍岳《のりくらだけ》を正面に望む**ゴンドラ山頂駅**の広場に着く。

左手の登山道入口では、セリバシオガマやイチヤクソウなどの花が導いてくれる。この道は原生林観察路とよばれ、太古の昔からの姿をそのままとどめている。野鳥のさえずりを聞きながら、樹林帯の中の苔むした道を南東に向かってトラバースしていくと、1時間弱で日和田口との合流点・**ゴ**

苔むした樹林をたどる原生林観察路

大きな岩盤がおおう森林限界の「木無し」

写真・文／島田 靖

ンドラ駅分岐に着く。

ここから急斜面の登りとなる。左手の谷を渡るあたりで樹高が低くなり、ダケカンバが目立つようになる。やがて空が開けてきて、熔岩がむき出しになって続く道を、足もとにコイワカガミやモミジカラマツを見ながら急激に高度を上げていくと、左手の尾根上に出る。標高はおよそ２５００ｍ、このあたりが森林限界となる。

尾根を乗り越すと、日なたぼっこができそうな大きな岩盤のある広い沢に出る。地元の人たちが「木無し」とよぶところである。アオノツガザクラやチングルマ、ハクサンイチゲなど花がいっぱいで、ハイマツの緑の上を涼風が吹き抜ける。秋にはナナカマドの紅葉が美しいところだ。

木無しをあとに左岸沿いに進む。キバナシャクナゲやハクサンイチゲの咲く道を、急激に高度を上げていく。途中の見晴らし岩では下界の景色を楽しみたい。やがて右手の尾根に登りつく。「登り尾」とよばれる場所で、コマクサが広く群生している。

あとは砂礫の尾根を登ることわずかで、広い**継子岳**山頂に着く。眼下には千間樽《せんげんだる》高原がパノラマのように広がり、眼前には四《よん》ノ池、その南に三《さん》ノ池を通して剣ヶ峰《けんがみね》が正面に座る。北に目をやれば乗鞍岳が迫り、その向こうには北アルプスの山々などの大パノラマが展開する。

帰りは来た道を戻るが、急斜面の尾根の下りに気をつけたい。

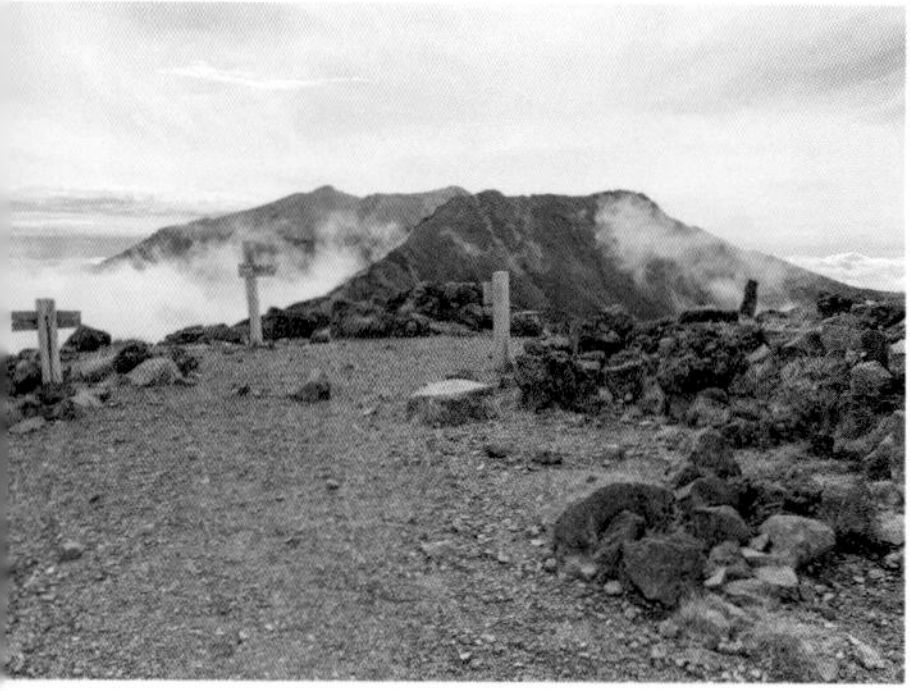

広い継子岳の山頂。晴れていれば360度の大展望が楽しめる（背景は剣ヶ峰方面）

プランニング&アドバイス

チャオ御岳スノーリゾートは2019年以降休業が続き、ゴンドラの運行や売店などの営業も行なっていない（センターハウス前に登山届箱あり）。また、コース中にトイレや水場もない。本稿は継子岳の往復だけで8時間近い行程だけに、かなり忙しない。そこで五の池小屋で1泊し、北御嶽の池めぐりを組み合わせるか（P102）、マイカーでなければ小坂口（P110）で濁河温泉に下り、汗を流して帰るプランをおすすめする。

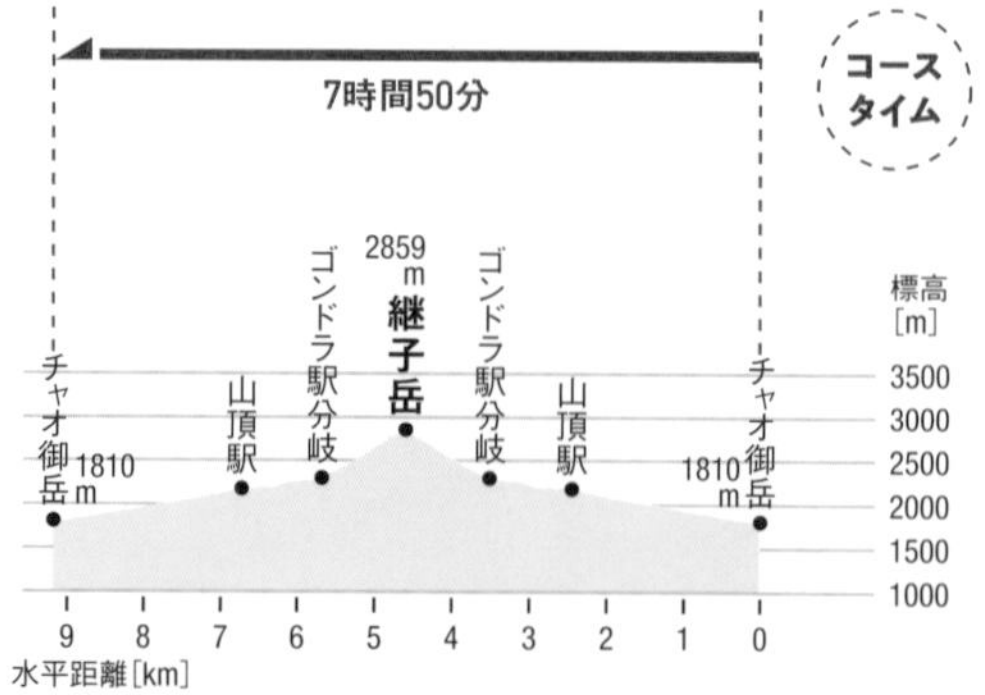

コラム5

御嶽教

御嶽山《おんたけさん》にはじめて登った人なら、登山道脇のおびただしい数の霊人碑や山頂部の各講社のモニュメントの数々に驚かされるだろう。また、3000m峰の山頂の神社といえばたいがいは祠程度のものだが、御嶽山頂の剣《けん》ヶ《が》峰《みね》には立派な神社が鎮座し、他の山とはひと味違う独特の雰囲気をもっている。これは、御嶽山が今も白装束の信者による宗教登山が絶えない信仰の山であることによる。

　御嶽山の開山は古い。文武天皇の702（大宝2）年6月に信濃《しなの》国司・高根道基が頂上奥社を創建し、その後925（延長3）に白川少将重頼が山頂に神殿を再建。

六根清浄の掛け声とともに登拝する信者一行

修験者による御嶽登拝がさかんに行なわれるようになったのは室町時代の中期ごろからといわれ、かつての道者たちは木曽《きそ》谷一円にわたっていたという。

　当時の登拝は3月ごろから精進潔斎《けっさい》（肉食や飲酒を断ちひたすら修行に専念すること）に入り、6月12・13日の黒沢口《くろさわ》・王滝《おうたき》口の両御嶽神社里宮の祭礼後に両神官先達のもと登りはじめ、御嶽の山頂を極めて下山した。この潔斎は滝行などを含み、百日にもおよぶ厳しいものだった。

　こうした時流のなか、御嶽を他国の人々にも解放したいとの願いから、恵那山《えなさん》などで修行を積んだ尾張《おわり》の行者・覚明《かくめい》が神官や代官の反対にあいながら住民の支援を得て、水行のみの軽潔斎による登拝を行なったのは1785（天明5）年のこと。これにより開かれたのが現在の黒沢口だ。その7年後には武蔵《むさし》の修験者・普寛《ふかん》が王滝村民の援助のもと、王滝口を開いた。

　この2人の行者は、一般庶民に御嶽山を開放し御嶽信仰を全国に広めた、「御嶽教中興の祖」であるといえる。

（下）御嶽最初の登山道・黒沢口を開いた覚明行者像　（左）木曽谷を見下ろすように立つ黒沢口・金剛童子の霊神碑

写真・文／島田 靖

五の池小屋のご来光。宿泊してぜひ拝みたい（右は三ノ池）

御嶽北西麓の山のいで湯から花と池の頂稜部をめざす

コースグレード｜中級

技術度｜★★☆☆☆ 2

体力度｜★★★☆☆ 3

1日目 濁河温泉→のぞき岩→五の池小屋　計3時間30分

2日目 五の池小屋→二ノ池→剣ヶ峰→五の池小屋→濁河温泉　計6時間

写真・文／島田 靖

小《お》坂《さか》口の歴史は古い。黒沢《くろさわ》口が開かれた時代に、村人の案内とともに覚明《かくめい》行者《ぎょうじゃ》が登ったとの記録がある。この道は、飛騨《ひだ》側で唯一の御嶽《おんたけ》信仰の道として開かれた。登山口の濁河《にごりご》温泉街の上には多くの霊神碑の立つ御嶽神社飛騨里宮が、飛騨頂上《ちょうじょう》には奥社が置かれている。明治のころの登山道は濁河から摩利支天山《まりしてんやま》の北面尾根につけられたが、上部で強風に悩まされることが多く、大正後半に現在の草木《くさき》谷沿いの樹林帯の中の道がつくられたとされる。

濁河に「嶽《たけ》の湯」が開かれたのが１８８３（明治16）年。この温泉が重要な登山拠点となり、飛騨側から登る人が増えていったといわれる。今日の濁河温泉は6軒の旅館が並ぶ温泉街となったが、標高１８００ｍの高所にある温泉街は全国的にも貴重なものだ。

宿泊地となる飛騨頂上の五《ご》の池《いけ》小屋は、御嶽山《おんたけさん》では数少ない北アルプススタイルの山小屋である。また、小屋の周辺はコマクサがみごとな大群落をつくっている。

小坂口の登山口は濁河温泉街の最奥にある

オットセイ岩。小坂口はほかにも奇岩が多い

●本コースの黒沢十字路〜剣ヶ峰間の通行は7月上旬〜10月中旬に限られる。詳細は木曽町役場ホームページへ。

1日目
濁河温泉から五の池小屋へ

濁河温泉街終点の登山口には、登山届のボックスやバイオトイレが設備されている。以前は草木谷に架かる嶽《たけ》橋を渡って登山道へ入っていたが、近年の豪雨で草木谷の仙《せん》人《にん》橋が流失し通れなくなった。そのため、登山口からは濁河の原生林遊歩道を歩き、左手の尾根上に登りきると右に折れて新道に入り、原生林の尾根道を進めばやがて右手から旧道が合流する。ここからは急斜面の続く登山道に入る。樹林の中の道は、御嶽山特有の横木を敷き詰めた道である。

　ネズコの大木があるところが七合目。樹林の中の登りが続き、右手に折り重なった巨岩が現われる。最も上の岩がジョーズ岩で、さらに山腹を巻くように登って右の尾根の上に出たところが**湯《ゆ》の花《はな》峠**だ。峠地形ではないが、右下の草木谷からの湯の香が通り抜けることから名づけられた。

　樹木はコメツガに変わり、尾根を登ってカエル岩を過ぎると、左から胡桃《くるみ》島《しま》口（P115参照）が合流する。すぐ先が**のぞき岩避難小屋**で、右手にあるのぞき岩の上に立つと、摩利支天山中腹の幻の滝（P114参照）が眺められる。

　よく整備された道を登っていくと、足もとにはカニコウモリ、マイヅルソウなど樹陰の花たちが迎えてくれる。のぞき岩から40分ほどで**八合目お助《たす》け水**だが、名前だけで水はない。

　ここからは急激に樹高も低くなり、太

五の池小屋と飛騨頂上。背後の山は継子岳（遠景は北アルプス南部）

小坂口最高点・飛騨頂上神社奥社（標高2811m）

い幹のダケカンバが出てきたところでハイマツ帯に変わり、森林限界に出る。標高2500m、ようやく下界の景色が見えてくる。

道は摩利支天山の鞍部《あんぶ》をめざし、継子岳の西斜面を右に斜上していく。あたりがコマクサの群落になると、やがて稜線にたどり着く。左の高みには飛騨頂上神社奥社がある。その下が今夜の宿泊地・**五の池小屋**だ。小屋の前には五ノ池があり、池の周りでは色とりどりの花が咲き競う。五の池小屋は手づくりケーキが味わえるカフェや展望デッキなどがある、人気の山小屋だ。時間が許せば、継子岳《ままこだけ》から四《よん》ノ池、三《さん》ノ池まで散策してきたい（P102コース15参照）。それぞれの池には周回コースがある。

2日目 五の池小屋から剣ヶ峰を経て濁河温泉へ下る

朝は夜明け前に起き、小屋東側の小高い丘に登ってご来光を見るのもよい。ここからは三ノ池、四ノ池、五ノ池の3つの池を見ることができる。

朝食を済ませたら、剣ヶ峰《けんがみね》へ向かう。すぐ先の摩利支天山は巻き道を通らず、右の摩利支天乗越《のっこし》への道を登る。摩利支天山の北斜面を斜めに登ると、小社のある**摩利支天乗越**に出る。剣ヶ峰方面の景色が美しい（P82〜83の写真）。眼下のサイノ河原《かわら》を見下ろすと、ここが最初に起きた摩利支天火

火山灰で埋まった二ノ池畔にある霊場

チシマキキョウ（摩利支天乗越〜三ノ池乗越間）

避難小屋が立つ三ノ池乗越からの剣ヶ峰

山の火口であったことが想像できる。この原には西に向かって小川が流れ、岩壁から兵衛《ひょうえい》谷源頭に流れ落ちる水が10mほどの滝をつくっている。標高2800mの高さにあり、日本最高所の滝といわれている。

摩利支天乗越から三《さん》ノ池《いけ》乗越に向かって下る。このあたりはチシマギキョウが多い。アルマヤ天《てん》との鞍部、**三ノ池乗越**には、サイノ河原避難小屋がある。ゆるく坂を下ると石塔が無数にあるサイノ河原に出て、ここから10mほどの壁のような岩場を登る。この壁は摩利支天火山の火口壁の一部といわれている。上の広い平原に出ると、イワギキョウやイワツメクサが多く咲いている。

まっすぐ進んで**二《に》ノ池《いけ》山荘**に着く。小屋前の二ノ池は日本最高所の湖沼である。

池の中の道を歩き、黒沢口への分岐を右に行くと覚明入定の地があり、ここから尾根上に上がると黒沢十字路に出る。一《いち》ノ池《いけ》外輪尾根を登り、シェルターのある広場を通過、神社の長い石段を上がって鳥居をくぐると**剣ヶ峰**に到着する。山頂の北端に立てば二ノ池や摩利支天山、継子岳が眺められ、来た道と山頂部の地形が確認できる。

山頂から往路を引き返す。**三ノ池乗越**からは摩利支天山東面の巻き道を下るほうが早いが、三ノ池乗越北面の岩場は要注意。

プランニング&アドバイス

登山口である濁河温泉への玄関口はJR中央本線木曽福島駅またはJR高山本線飛騨小坂駅だが、路線バスはいずれも廃止されたため、タクシーかマイカーでのアクセスとなる。小坂口の山頂は五の池小屋が立つ飛騨頂上だが、最高点の剣ヶ峰をめざすなら1時間半以上のプラスとなるので、五の池小屋に泊まることをおすすめする。それにより、ご来光を見ることはもちろん、北御嶽の花や池めぐりを存分に楽しむ時間的余裕がもてる。また、運がよければライチョウに出会うチャンスもある。

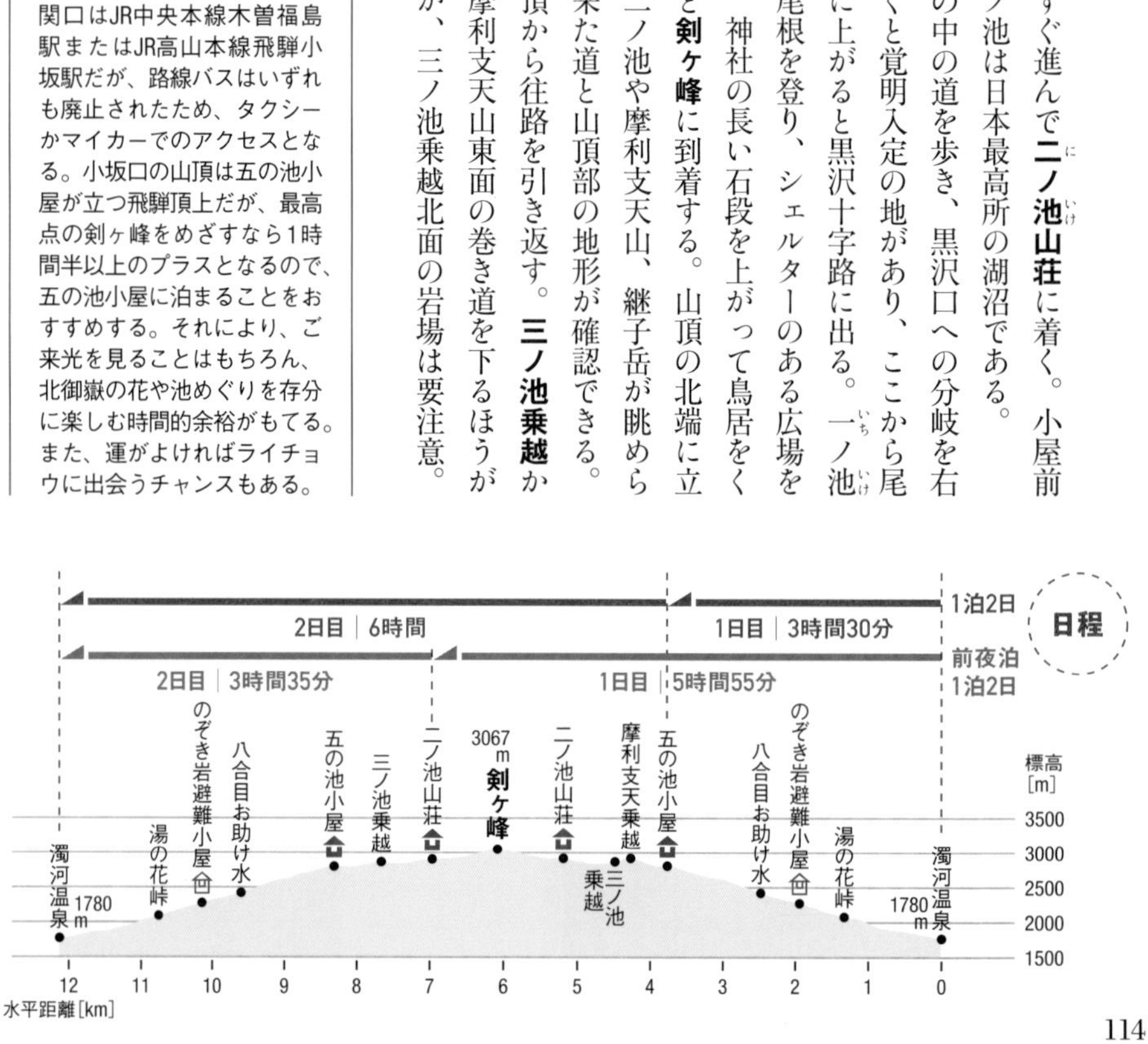

サブコース

胡桃島口

胡桃島ロッジ↓のぞき岩避難小屋　2時間

胡桃島《くるみしま》口は、ロッジが立ち並ぶ御嶽山《おんたけさん》北麓の胡桃島キャンプ場から小坂《おさか》口にあるのぞき岩付近に合流するもので、その昔は、高山《たかやま》方面から秋神《あきがみ》川に沿って登る登山道として、秋神口とよばれていた。終始樹林帯の中のゆるやかな登りがこのコースの特徴である。登山口へのバスはなく、JR木曽《きそ》福島《ふくしま》駅かJR高山本線飛騨小坂《ひだおさか》駅からタクシー、あるいはマイカーを利用する。

胡桃島キャンプ場にはテントサイトとコテージがあり、貸しテントや寝具、洗濯機など設備が充実している。シャワーはないが、濁河《にごりご》温泉までは車で10分ほどなので、マイカーの場合は足を延ばすとよい。胡桃島口は小坂口と比べて距離にして300m長いだけなので、朝立ちなら剣ヶ峰《けんがみね》往復も可能。山頂でゆっくりしたいなら、五《ご》の池《いけ》小屋に宿泊し、北御嶽の花と池を楽しみたい（P102コース15参照）。

胡桃島ロッジの奥が登山口。右手には御嶽山北面を見渡す展望台があるので、立ち寄ってみよう。胡桃島口の登山道はダケカンバの疎林からはじまり、オオシラビソの林内に入っていく。急坂を登るようになると、原生の森の様相がはっきりしてくる。すぐになだらかな登りになり、小さな谷川を渡るとやがて右方向に進むようになって、あたりの樹相がコメツガに変わってくる。右手の沢に架かる木の橋を渡って、さらに右に斜上すると、明るく空も開けてきて、右手から小坂口（P110コース17参照）が合流する。5分ほどで**のぞき岩避難小屋**に着く。

Map 8-1A 胡桃島ロッジ

Map 8-2A のぞき岩避難小屋

コースグレード	初級
技術度	★★☆☆☆ 2
体力度	★★☆☆☆ 2

コース下部はオオシラビソの林の中を行く

登山道入口にあるコテージ群。前泊に最適

写真・文／島田 靖

石徹白道・御舎利山付近からの白山主峰部（写真／栂 典雅）

白山

多くの「ハクサン」を
冠する植物や
石川県の郷土の花クロユリなど
花の山として名高い
「北陸の名峰」

白山に登る

写真・文／梅典雅

日本百名山の一峰で、古くから富士山《ふじさん》、立山《たてやま》とともに日本三霊山とされてきた白山《はくさん》は、北アルプス連峰などから遠く離れ、独立峰といわれることも少なくない。一方で白山は、石川・富山・岐阜・福井・滋賀の各県にまたがる両白《りょうはく》山地の盟主であり、南北70kmにおよぶ山系は白山連峰とも称される。ここでは、標高2702mの主峰・御《ご》前峰《ぜんがみね》や大汝峰《おおなんじみね》、剣ヶ峰《けんがみね》を中心に、四塚山《よつづかやま》、別山《べっさん》、白山釈迦岳《はくさんしゃかだけ》などを含む山体を総じて白山ととらえ、山麓の各登山口から上部を対象とした。

■成り立ち

白山は、1659（万治2）年の小規模な噴火以来、目立った活動はしていないが、いつ噴火してもおかしくない活火山である。ただし、山体の土台を成すのは、古い火成《かせい》岩や恐竜化石も産出する1億数千年前の堆積岩などである。白山火山の活動は30～40万年前にはじまり、その中心は加賀禅定道《かがぜんじょうどう》の天《あま》池付近にあったとされる。およそ10万年前には、地獄《じごく》谷あたりに古《こ》白山火山とよぶ標高3千mにおよぶ成層火山があり、清浄ヶ原《せいじょうがはら》や北弥陀ヶ原《きたみだがはら》はその名残りという。

現在見られる山頂部一帯の峰や火口湖、室堂平《むろどうだいら》から南竜ヶ馬場《みなみりゅうがばんば》にかけての緩斜面などは、3～4万年前にはじまったとされる新白山火山の活動によるものである。これらの火山地形や大半の登山口にある温泉は、白山火山がもたらす恩恵ともいえよう。

■自然

白山は「花の名山」として名高い。室堂平や中宮《ちゅうぐう》道のお花松原《はなまつばら》に代表されるクロユリ群落のみごとさは日本屈指であり、随所に見られる多種多彩なお花畑も魅力だ。ただし、ハクサンコザクラなど白山にちなむ名の植物が約20種（P134コラム参照）もあるが、これは白山に珍しい植物が生育することが早くから知られていたからであ

中宮道・お花松原のクロユリ群落

チブリ尾根から望む5月の白山主峰部

白山山上の登山拠点・室堂センターと御前峰

大汝峰からの白山山頂部（中央：御前峰、左：剣ヶ峰・翠ヶ池）

かつての禅定道の起点のひとつ平泉寺白山神社（福井県勝山市）

御前峰山頂の白山比咩神社奥宮（背景は別山と室堂）

木場潟（石川県小松市）から望む早春の白山

り、白山に固有というわけではない。

白山には原生的なブナ林が広く残っており、ツキノワグマやニホンカモシカ、ニホンザル、希少なイヌワシ・クマタカなど多くの動物が高い密度で生息している。

このような自然の豊かさから、白山地域は国立公園のほか、森林生態保護地域やユネスコの生物圏保存地域（日本名＝エコパーク）のひとつにもなっている。

■歴史

山名のとおり夏でも雪を頂き、平野部からもよく目立つ白山は、水の神や漁労・航海の守り神として古くから崇められ、『万葉集』や『古今集』などには、雪の象徴「越《こし》のしらね・しらやま」として詠まれている。

その白山は、越前《えちぜん》の修行僧・泰澄《たいちょう》が717（養老《ようろう》元）年に開いたとされ、平安時代の初期には、越前・加賀・美濃《みの》の各馬場（信仰の拠点、現在の平泉寺《へいせんじ》白山神社、白山比《ひ》咩《め》神社、長滝《ながたき》白山神社）から、登拝のための禅定道が開かれていたという。また、神仏習合説による本地仏として、御前峰に十《じゅう》一面《いちめん》観音、大汝峰に阿弥陀如来《あみだにょらい》、別山に聖《しょう》観音がまつられ、三所《さんしょ》権現と称された。

修験の山だった白山も江戸時代には武士や文人・学者など様々な人に登られ、白山信仰の広まりとも相まって全国に知られるようになる一方、今でいう入山・宿泊料が地元の重要な収入だったことから、領有権をめぐる馬場間の争いがたびたびあった。

明治の神仏分離政策により神の山となった白山は登山の大衆化に伴い、1962（昭和37）年の国立公園指定以降、登山道や宿泊施設などの整備が進む。『日本百名山』の著者・深田久弥《ふかだきゅうや》（石川県加賀市出身）がはじめて白山に登ったのは1918（大正7）年で、市ノ瀬《いちのせ》から越前禅定道を登っている。

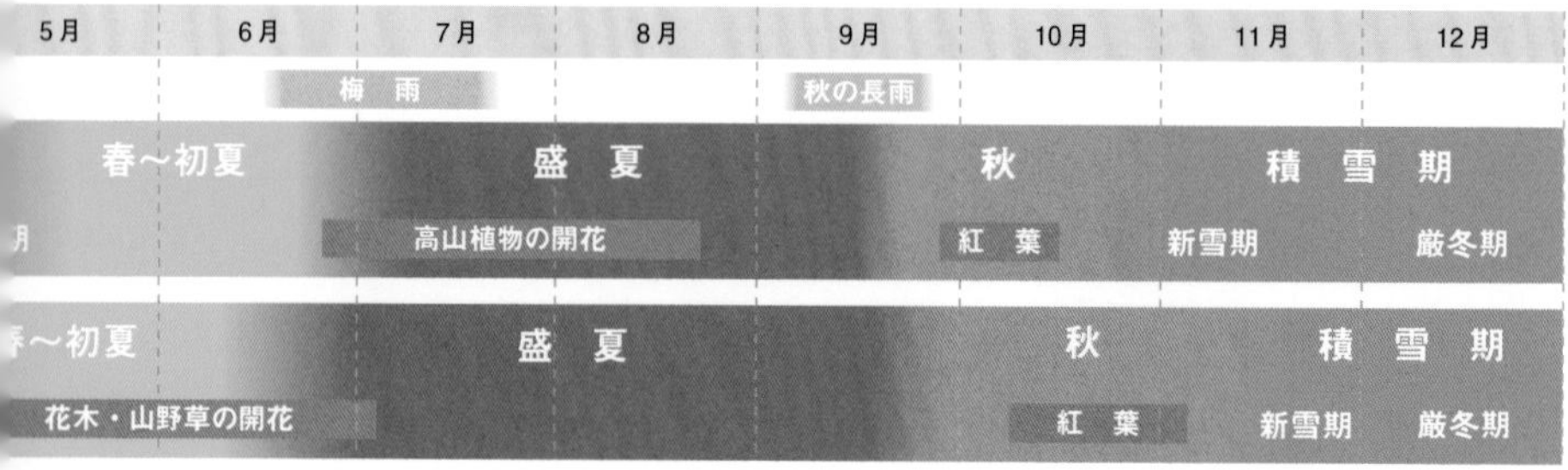

■登山道と登山シーズン

白山の登山道は、山麓の登山口起点のものだけでも十数本あり、距離の長いものは20kmを超える。しかし、登山者の約7割は石川県側の別当出合《べっとうであい》からの砂防《さぼう》新道を利用しており、周回できる観光《かんこう》新道と合わせて8割以上、3番目に多い岐阜県側の大白川《おおしらかわ》からの平瀬《ひらせ》道を加えると9割以上となる。これら3本の登山道は、いずれも室堂までの距離が6〜7km、標高差は概ね1200mであり、初心者の利用も多い。とくに砂防新道は整備が行き届き、水場やトイレが随所にあるので、子ども連れや中高齢者にも安心だ。

その他のロングコースは、いずれも自然が豊かで、長い信仰の歴史を有する禅定道など白山ならではの魅力もあり、途中までの日帰り登山によく利用されている。

白山の登山シーズンは例年5月1日の春山開きにはじまるが、残雪が多く、白山室堂の営業も素泊まりのみなので、一般向けではない。7月1日の夏山開き以降は別当出合までのバスも運行され、通常営業となる室堂に加え南竜《なんりゅう》山荘の営業もはじまる。

本格的な夏山シーズンは、高山の花が見ごろとなる7月中旬から約1カ月である。10月初旬〜中旬の紅葉シーズンにも登山者は多いが、それ以降は冬山の装いとなり、深い雪と長いアプローチを要する冬期の登山は、ごく少数の熟練者に限られる。

白山の山小屋は、前述の白山室堂が5月1日（2021年は6月11日）から10月15日ごろ、南竜山荘が7月1日から10月15日まで営業している（いずれも公営）。また、室堂平には個室タイプの白山雷鳥《らいちょう》荘（民営）があるほか、南竜ヶ馬場の野営場にはキャビンもある（いずれも宿泊の際は要予約）。その他はすべて避難小屋となる。

なお、白山は活火山であることから、岐阜および石川の県条例により、火口域から4kmの範囲内に登山するときは登山届の提出が義務づけられている（罰則規定あり）。

ロングコースでは避難小屋の活用も重要になる

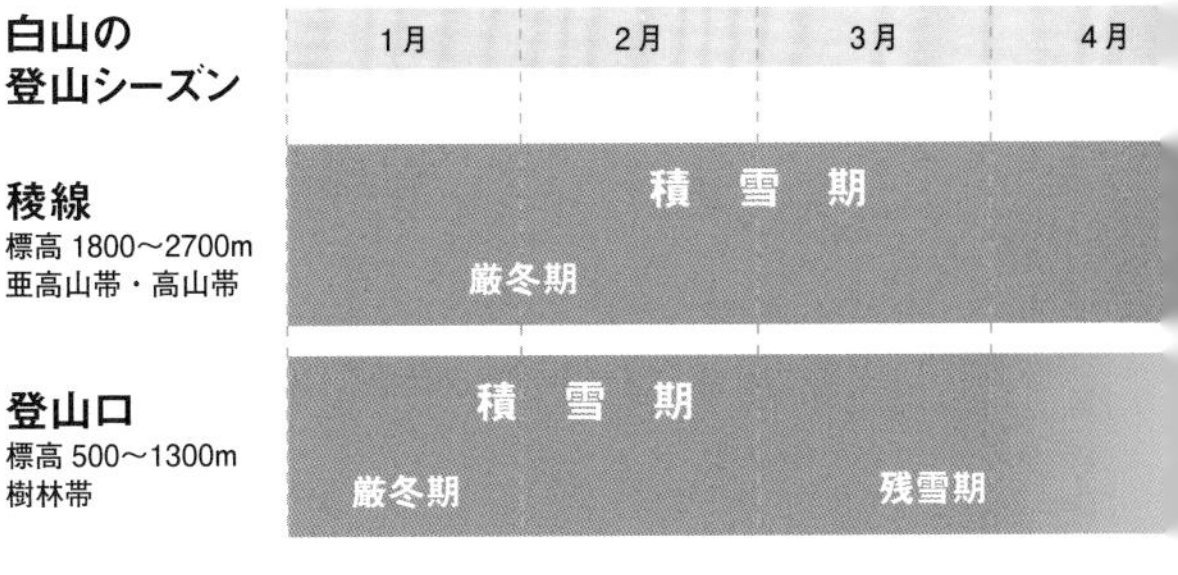

白山を代表する花のひとつクロユリと白山最高峰・御前峰（室堂から）

1泊2日

御前峰

砂防新道 観光新道

整備が行き届いた最短コースで花と大展望の頂をめざす

コースグレード	初級
技術度	★★☆☆☆ 2
体力度	★★☆☆☆ 2

1日目	別当出合→南竜道分岐→黒ボコ岩→室堂	計4時間
2日目	室堂→御前峰→千蛇ヶ池→室堂→黒ボコ岩→殿ヶ池→別当出合	計4時間50分

写真・文／栂 典雅

白山《はくさん》は近年日帰り登山が増えているが、ここで紹介するような、室堂《むろどう》に1泊するパターンが依然として主流を占めている。それは、クロユリやハクサンコザクラなどの高山植物が豊かな室堂平《むろどうだいら》を散策し、翌朝に山頂から仰ぐお日の出（ご来光）やお池《いけ》めぐりといった白山の魅力を最も手軽かつ余裕をもって楽しめるからであろう。

登路の砂防《さぼう》新道は名が示すとおり、もとは砂防工事の作業道で、下部はやや趣に欠ける。しかし、十数本を数える白山の登山道のなかで室堂・山頂部への最短コースであり、トイレや水場が随所にあるなど、整備が行き届いているので、子ども連れから中高齢者まで安心して歩くことができる。

下山路の観光《かんこう》新道は、1200年の歴史を有する越前禅定道《えちぜんぜんじょう》の一部であり、お花畑が美しく展望もよい。距離は登路の砂防新道と大差ないが、水場はなくトイレは避難小屋のみ。急坂もあるので、初級コースとはいえ安易に選択せず、とくに悪天時は避けるべきだ。

観光新道との分岐点、黒ボコ岩（後方は別山）

休憩の人でにぎわう甚之助避難小屋

1日目
別当出合から砂防新道を登って室堂へ

　起点となる**別当出合**《べっとうであい》は、バスなら休憩舎前で下車となるが、マイカーの場合は下の駐車場から階段道を10分ほど登らなくてはならない。休憩舎では登山届（P121参照）の記入・提出をしていこう。

　鳥居をくぐり、吊橋を渡って少し行くと、登り専用の道となる。いきなり急な階段はこたえるが、ここは呼吸を整え、ゆっくり登るしかない。下り専用道との分岐を過ぎれば、ブナ林の中のゆるやかな道に変わり、水場とトイレがある**中飯場**《なかはんば》に着く。

　ここから先は単調な登りが続くが、白い花のセンジュガンピや紫色のハクサンカメバヒキオコシ（8月）が多く見られるのは、このコースならでは。白い幹のダケカンバ、さらに針葉樹のオオシラビソが目立つ風景に変わり、亜高山帯に登ってきたことが実感されよう。花の種類もしだいに多くなり、右手に別山を望むようになると**甚之助**《じんのすけ》**避難小屋**は近い。小屋には水と水洗トイレがあり、ベンチで昼食をとる人が多い。

　南竜《なんりゅう》**道分岐**に着くと視界が開け、別山《べっさん》方面の眺めがよい。一帯はハクサンフウロやイブキトラノオ、シモツケソウなどが咲く。

　ここから道は山腹を巻きながら、数本の小沢を渡る。幅の狭いガレやザレの道であり、7月中ごろまで雪が残ることもある。滑落や落石に要注意だが、ミヤマ

市ノ瀬岩屋俣谷探勝路・白山パノラマ展望台から白山の展望

ダイコンソウやタカネマツムシソウ、ウスユキソウなどが見られ、８月以降はタテヤマアザミやハクサントリカブトが彩りを添える。

最後の沢からお花畑の中の十二曲《じゅうにまが》りを登り、わずかに流れる延命水《えんめいすい》を過ぎれば観光新道との分岐点・**黒《くろ》ボコ岩**に達する。

ハクサンフウロ咲く室堂平からの御前峰

黒ボコ岩から一歩、弥陀ヶ原《みだがはら》に足を踏み入れた途端に広がる風景は、とても感動的だ。コバイケイソウやナナカマドなどが咲く平坦な弥陀ヶ原の先に主峰の御前峰《ごぜんがみね》がなだらかな姿を見せる。快適に木道を歩き、**エコーライン**と合流して最後の登り、五葉《ごよう》坂をひと頑張りすれば**室堂**に到着だ。

ビジターセンターで宿泊の受付をすませたら、周辺をゆっくり散策してこよう。標高２４５０ｍの室堂平一帯は、白山を代表する花といえるクロユリやハクサンコザクラをはじめ、ハクサンフウロ、クルマユリ、コイワカガミなど多彩なお花畑が広がる。とくに東側の周回園路や西側のお池めぐりコースを進んだ水屋尻《みずやじり》雪渓周辺は、クロユリやハクサンコザクラが群生する、見逃せないポイントだ。

また、自然解説員によるミニ観察会（無料）に参加するのもおすすめだ。夕食後に展望台から雲海に沈みゆく夕陽を眺めるのも、ここならではの楽しみである。

白山山中の主要施設・室堂センターと御前峰

御前峰山頂で北アルプスからの日の出を迎える

白山第三峰の剣ヶ峰と火口湖のひとつ翠ヶ池

2日目

山頂から火口湖をめぐり観光新道で別当出合へ

室堂では、日の出の1時間前、白山比咩《ひめ》神社祈祷殿《きとうでん》の太鼓が鳴らされる。これを合図に、防寒具とヘッドランプを身につけて御前峰の山頂に向かう。雲海のはるか彼方、北アルプスからの日の出を万歳三唱で迎えると、神官が奥宮で日供祭《にっくさい》を執り行なう。**御前峰**山頂からの展望はすばらしく、北アルプスや乗鞍岳《のりくらだけ》、御嶽山《おんたけさん》をはじめ、奥美濃《おくみの》や加越《かえつ》などの山々から日本海まで望まれる。

山頂から室堂へは往路ではなく、自然解説員によるガイドも行なわれているお池めぐりコースで戻るとよい。イワウメ（7月）やツガザクラ、ミヤマキンバイ、イワギキョウなどを愛でながら、蒼い水をたたえる紺屋《こんや》ヶ池から最も大きな翠《みどり》ヶ池へとめぐる。このあたりは、残雪時やガス時に道を間違えやすく、注意が必要だ。

血《ち》ノ池先の**お池めぐり分岐**を左にとると、白山を開いた泰澄大師《たいちょうだいし》が千匹の悪蛇を万年雪で封じこめたと伝わる千蛇《せんじゃ》ヶ池に出る。ここから室堂への近道もあるが、時間が許せば、右の山頂池めぐりコースをそのまま行くほうが花も多くおすすめである。

御前峰から望む朝焼けの大汝峰

木道が敷かれた弥陀ヶ原を行く（背景は御前峰）

観光新道・馬のたて髪のお花畑

室堂で朝食をすませたら**黒ボコ岩**まで下り、観光新道に入る。千蛇ヶ池と同様、千匹の蛇が埋められたという蛇塚《じゃつか》のあたりから、シナノキンバイやミヤマキンポウゲ、ニッコウキスゲなどのお花畑が広がる。馬《うま》のたて髪《がみ》とよばれるガレ場は、8月上旬ごろ、ハクサンシャジンやタカネマツムシソウ、タカネナデシコ、シモツケソウなどが咲き乱れ、色彩豊かなことでは白山のお花畑のなかでも一、二を競うほどだ。別山方面や白山釈迦岳《はくさんしゃかだけ》の眺めもよい。**殿ヶ池《とのがいけ》避難小屋**はトイレがあるのみだが、天候悪化時には心強い。ハクサンオミナエシなどの花が見られるやせ尾根を通り、仙《せん》人窟《にんいわや》を経て長い階段を下ると**別当坂《べっとうざか》分岐**に着く。直進する越前禅定道（P129参照）と分かれ、沢状の急な坂を下る。濡れて滑りやすく、毎年転倒事故が発生する危険箇所だけに、充分に注意して下りたい。

傾斜がゆるくなり、トラバース道から工事用車道を見て、ブナ林を下れば**別当出合**に戻り着く。

プランニング&アドバイス

別当出合へは金沢駅や松任駅からバスの便があるが、運行は7月以降であり、時期により便数も変わる。また、7月上旬から10月10日前後の週末を中心に交通規制が敷かれ、マイカーは約6km下の市ノ瀬に駐車してシャトルバスで別当出合へ入ることになる（P179「登山口ガイド」参照）。別当出合着が遅くなる場合は、白峰地区や市ノ瀬（白山温泉）での前夜泊のほか、時間によっては南竜山荘泊とする手もある。その場合は翌日に展望歩道などで室堂へ登るとよい（P141参照）。また、山中での2泊プランであれば、別山や大汝峰などに足を延ばすこともでき、充実した山旅となる。

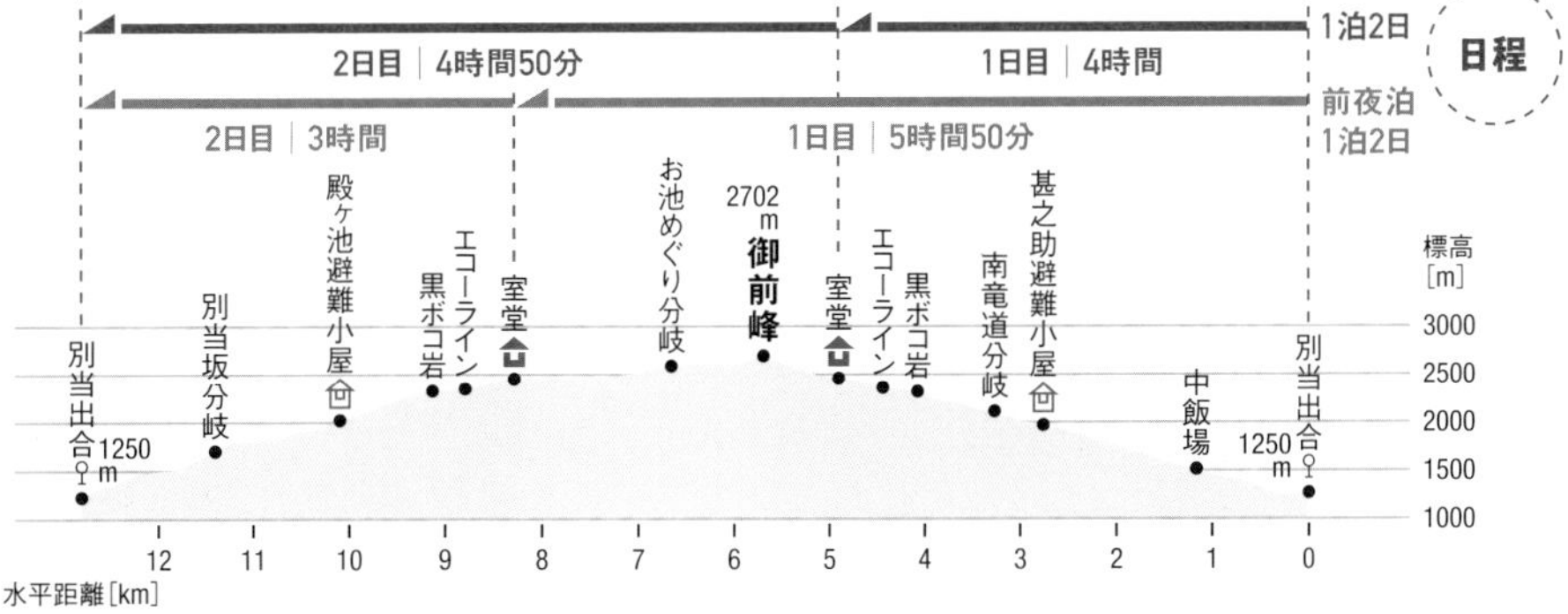

サブコース

エコーラインから室堂へ

南竜道分岐↓エコーライン分岐↓砂防新道合流点↓白山室堂　1時間35分

Map 12-3C 南竜道分岐

Map 12-3C 白山室堂

コースグレード｜初級

技術度｜★★☆☆☆　2

体力度｜★☆☆☆☆　1

エコーラインは、砂防《さぼう》新道（P122コース18参照）をそのまま登るより少しだけ距離が長いが、開放的な風景とお花畑が魅力のコースだ。近年は道が改修され、歩きやすさ・安全性も向上した。

なお、P122コース18で紹介しているコースのうち、観光《かんこう》新道を使わない場合は、登りか下りのどちらかをこのエコーライン経由とするのがよいだろう。ただし、エコーラインの分岐から上の急な斜面には、7月上旬まで残雪のあることが多く、とくに下りは滑落に要注意。軽アイゼンがあるとよいだろう。

南竜《なんりゅう》道分岐で砂防新道と分かれ、東のほうへ行くのが南竜道。「水平道」ともよばれるように高低差は小さいが、分岐からすぐのところにある崩壊箇所は足もとに注意を払いたい。

別山《べっさん》方面を望む展望台から少し下ると**分岐**があり、左の道がエコーラインだ。直進する道は10分ほどで南竜山荘に着く。

南竜《みなみりゅう》ヶ馬場《がばんば》（通称、南竜）の平原や別山を眺めながら、ニッコウキスゲやコバイケイソウが咲くお花畑の中を登る。ジグザグが終わり、しだいに傾斜がゆるくなると、ハクサンコザクラやチングルマ、アオノツガザクラなどが見られるようになり、白山《はくさん》主峰の御前峰《ごぜんがみね》が近くなってくる。

弥陀《みだ》ヶ原《がはら》の末端からは平坦な木道となり、五葉《ごよう》坂の下で**砂防新道コース**に合流し、**室《むろ》堂《どう》**へと登る。

チングルマ咲くエコーライン。奥は御前峰

エコーラインから望む別山（右）へと続く尾根

サブコース

越前禅定道を下る

別当坂分岐↓剃刀窟↓指尾↓湯の谷林道↓市ノ瀬バス停　3時間

　このルートは、旧道と称して昭和40年代までは使われており、その後、廃道となっていたが、1999（平成11）年に復元整備されたものである。「白山《はくさん》（越前《えちぜん》）禅定道《ぜんじょうどう》」とも表記されているが、ここでは「越前禅定道」とした。白山からの下山路として使う場合、距離が長く、終盤に急坂もあり、やや中級者向けとなる。また、別当出合《べっとうであい》から観光新道を登り、市《いち》ノ瀬《せ》へ下山する日帰りコースとしてもよく利用される。

　観光《かんこう》新道の**別当坂分岐**《べっとうざか》（P122コース18参照）から、慶松平《けいまつだいら》をめざして階段の道を下る。慶松平には、明治のころまで慶松室《むろ》とよばれる建物があり、そこに十一面観音《じゅういちめんかんのん》がまつられていた。慶松平から急な五輪《ごりん》坂を下り、天井壁《てんじょうかべ》とよばれる岩壁上部のガレたやせ尾根を歩く。ハクサンシャクナゲとホンシャクナゲが両方見られる場所だ。

　随所に階段が設置されているが、踏み板の幅が狭いので足もとに充分注意しよう。大きな岩も多く、そのひとつ**剃刀窟**《かみそりいわや》は、白山開山の師・泰澄大師《たいちょうだいし》が剃髪したところと伝えられる。鞍部から少し登り返すと**指尾**《さしお》に着く。御前峰《ごぜんがみね》、大汝峰《おおなんじみね》、別山《べっさん》のいわゆる三所《さんしょ》権現が望まれる遥拝の場だったようだ。

　数本のヒノキの大木を見て、なだらかなブナの尾根をたどる。六万山《ろくまんやま》から急な斜面を下り、降り立った**湯**《ゆ》**の谷**《たに》**林道**を横切ってさらに下れば、登山口の標識がある県道33号白山公園線に出る。あとは舗装路を20分ほど歩けば**市ノ瀬バス停**に着く。

Map 12-3B　別当坂分岐
Map 12-4A　市ノ瀬バス停

コースグレード	中級
技術度 ★★★☆☆	3
体力度 ★★☆☆☆	2

ヒノキやゴヨウマツなどの大木が多い尾根道

泰澄が剃髪した場所とされる剃刀窟。破壊された仏像が残る

写真・文／栂 典雅

秋の平瀬道上部から望む御前峰

コースグレード | **初級**

技術度 ★★☆☆☆ 2

体力度 ★★☆☆☆ 2

1泊2日

平瀬道

ブナ林と展望が魅力の岐阜県側のメインコース

1日目	平瀬道登山口→大倉山避難小屋→室堂　計4時間20分
2日目	室堂→御前峰→千蛇ヶ池→室堂→平瀬道登山口　計4時間40分

平《ひら》瀬《せ》道は岐阜県側からの一般コースであり、石川県側最短コースの砂防新道（P122コース18参照）より距離は1kmほど長いものの、標高差はほとんど変わらない。しかも、登山口からすぐにはじまるブナ林や北アルプス連峰などの眺望、そしてお花畑と、魅力満載のコースだ。

また、登山口の大白川《おおしらかわ》ダム周辺には、白《はく》水《すい》湖畔に休憩・飲食ができるレイクサイドロッジと露天風呂、ブナ林の中のキャンプ場などのほか、名瀑・白水《しらみずの》滝への散策など、登山以外の楽しみや見どころも多い。さらに、世界遺産の白川郷《しらかわごう》合掌集落も近いので、周辺の観光を組みこんだプランとするのもおすすめだ。

いいことずくめのコースだが、初心者向けにマイナス面をあげるなら、コース途中にトイレや水場がなく、アクセスもよいとはいえない。バス便が少ないうえ、最寄りバス停から登山口へはマイカーかタクシーのみ。工事で通行止めになることも多い。

1日目 大白川から平瀬道で室堂へ

平瀬道登山口には、「室堂《むろどう》まで6・9km」と表示された大きな標柱が立ち、その先に登山届（P121参照）の記入・提出ができる休憩所がある。トイレは、レイクサイドロッジのある一段下（ダム側）にあり、どちらにも駐車スペースがある。

休憩所から、すぐに大木も混じる立派なブナ林に入り、ジグザグに登っていく。2km地点を示す道標から先はダケカンバの林となり、林越しに別山《べっさん》への尾根や白水湖が見えてくる。湖面の白みがかった青色は温泉水の硫黄分によるもので、大白川の名は白濁した川の水に由来するという。風向きによっては硫黄の臭いが漂ってくる。

標高1900mを超えるとダケカンバがまばらに生えるなだらかな尾根道となり、行く手に御前峰《ごぜんがみね》と剣《けん》ヶ峰《みね》がふたこぶ状になって望まれる。振り返れば、北アルプスの峰々や乗鞍岳《のりくらだけ》、御嶽山《おんたけさん》も見えてこよう。山

御前峰を背にする大カンクラ雪渓

標高2030m地点に立つ大倉山避難小屋

写真・文／栂 典雅

コース下部はみごとなブナ林の登り

頂から大きくえぐられた山肌を見せるのは、三方崩山《さんぽうくずれやま》の奥に連なる奥三方岳《おくさんぽうだけ》である。

　やがて大倉山《おおくらやま》に達するが、道は山頂を通らず、山頂付近を示す道標から少し下ったところにログキャビン風の**大倉山避難小屋**がある。水やトイレはないが、携帯トイレを使うスペースが用意されている。

　小屋から登り返した斜面は、ニッコウキスゲやイブキトラノオ、ハクサンフウロなどのお花畑で、白山《はくさん》には分布が限られるグンナイフウロも見られる。右手に**大《だい》カンクラ雪渓**を望む地点を過ぎると、道はやせ尾根となり、タカネマツムシソウやタカネナデシコ、マルバダケブキなど色とりどりの花が迎えてくれる。ただし、左側がザレた崩壊地や急な階段もあるので、慎重に通行しよう。

　ここを過ぎると階段の道に変わり、ヨツバシオガマやコイワカガミ、ミヤマキンバイなどのほか、ハイマツの間にはキヌガサソウも見られる。盛り上がった御前峰を仰ぎ見ながら、岐阜・石川の県境尾根を越えて**展望《てんぼう》歩道との分岐**に着く。宿泊地の**室堂**へは万才谷《まんざいだに》雪渓の上部を渡り、左手に別山を眺めながらお花畑が広がる室堂《むろどう》平《だいら》を10分ほど行くと到着する。

　ビジターセンターで受付をすませたら、

平瀬道登山口近くの白水滝（落差72ｍ）

紅葉の室堂平から別山を望む

平瀬道上部のお花畑と白水湖

周辺を散策するとよい。ポイントは、歩いてきた道から御前峰のほうに周回する園路沿いと、西側のお池めぐりコースを進んだ水屋尻《みずやじり》雪渓周辺である。ともに白山を代表するクロユリやハクサンコザクラをはじめ、様々なお花畑が楽しめる。自然解説員によるミニ観察会も行なわれているので、参加するとよい（無料）。

2日目 山頂をめぐり往路を下る

白山では、お日の出（ご来光）を拝する登山者が多い。日の出の1時間前に鳴らされる白山比咩《ひめ》神社祈祷殿《きとうでん》の太鼓を合図に、防寒具とヘッドランプを身につけ**御前峰**山頂に向かう。帰りはお池《いけ》めぐりコースで**室堂**に戻るとよい（P122コース18参照）。

朝食をすませたら往路を下山するが、県境から下ったところの崩壊地の通過には、充分に注意しよう。

プランニング&アドバイス

国道156号の平瀬大白川口バス停から平瀬道登山口（大白川）への県道451号白山公園線は約13kmもあるだけに、マイカー以外は平瀬からのタクシー利用が現実的（P180「登山口ガイド」参照）。大白川着が遅くなる場合は、平瀬あたりの宿泊施設、もしくは大白川の白山ブナの森キャンプ場（要予約・℡090-6380-1790）での前夜泊となろう。また、山中2泊とし、2日目に別山を往復して南竜山荘泊（P136コース20参照）、翌日に下山するのもよい。登山口近くの白水湖レイクサイドロッジは売店や食堂としての営業で、宿泊はできない。また、露天風呂にはシャワーなどの設備はない。

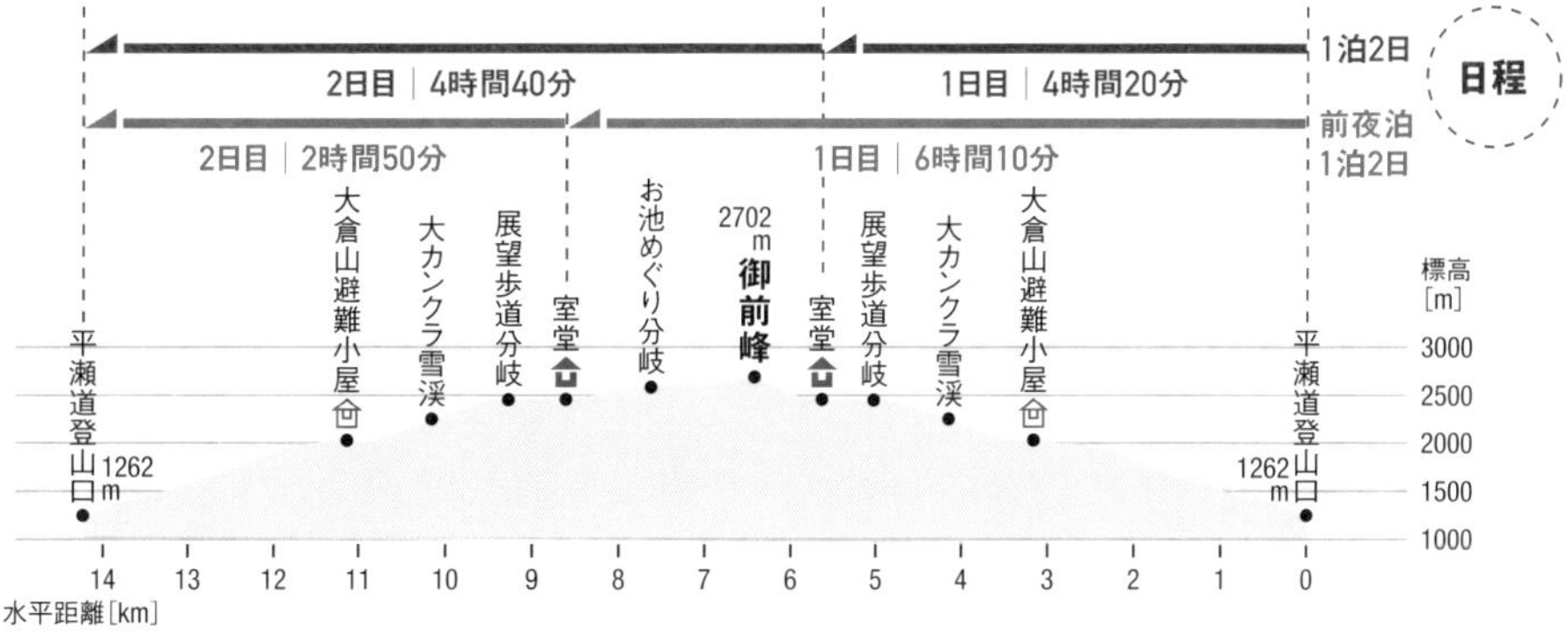

コラム6

「ハクサン」の名がつく花々

約250種の高山植物が生育するといわれている白山。江戸時代から何人もの学者がこの山に登り、はじめて見る珍しい植物に「ハクサン」の名を冠したという。

ここに紹介する14種のほかにもハクサンサイコやハクサンカニコウモリ、ハクサンハタザオ、ハクサンスゲ、ハクサンイチゴツナギの5種の植物がある。

また、オヤマリンドウのオヤマ（御山）は白山を指すといわれている。

本州日本海側の山岳多雪地帯に分布するハクサンコザクラ（室堂平にて）

ハクサンタイゲキ

トウダイグサ科。あまり目立つ花ではないが、よく見るとおもしろい形をしている。山地帯～亜高山帯の草地に生え、観光新道や釈迦新道、三ノ峰周辺などで見られる。
花期：6月下旬～7月

ハクサンイチゲ

キンポウゲ科。イチゲは「一華」の意であるが、ふつう数個の花が花茎の先端につく。四塚山や別山周辺などの草地斜面に生え、シナノキンバイと混生することも。
花期：6月下旬～7月

ハクサンシャクナゲ

ツツジ科。花は白色から紅色をおび淡緑の斑点がある。径は約3cmで先端が5裂。一方、山地帯に生えるホンシャクナゲの花は径約5cmで、先端は7裂。
花期：6～7月

ハクサンオミナエシ

オミナエシ科。茎は高さ20～60cm。葉は対生し、長さ・幅とも3～10cmで掌状に切れこんでいる。花冠は直径約5mm。おもに観光新道の尾根などの岩場に咲く。
花期：7～8月

ハクサンボウフウ

セリ科。この仲間には似たものが多く識別が難しい。本種は、高さが30cm前後で、葉は細かく裂けない。花は径約3mmと小さい。高山帯の草地に多い。
花期：7～8月

ハクサンチドリ

ラン科。主に亜高山帯の草地に生える。花は1.5cmほどの唇形花で先端が尖っているのが特徴。テガタチドリは花が小さくて先端が尖らず、密集してつく。
花期：6月下旬～7月

写真・文／栂 典雅

ハクサンシャジン

キキョウ科。和名は白山沙参。花は数個ずつ2、3段に輪生し、葉も輪生する。亜高山帯の砂礫地などに生えるが、白山では観光新道や平瀬道の上部に多く見られる。
花期：7月中旬〜8月中旬

ハクサンコザクラ

サクラソウ科。白山を代表する花で、基準標本の産地が白山。学名にもhakusanがつく。亜高山帯から上の湿地に群生し、室堂平や南竜ヶ馬場などに多く見られる。
花期：7月〜8月上旬

ハクサンオオバコ

オオバコ科。高さ7〜18cmで、10〜20個の小花が穂状につく。がくの先端や雄しべの葯（やく）が赤みを帯びる。亜高山帯の湿地に生育し、白山では南竜周辺に多い。
花期：7〜8月

ハクサンカメバヒキオコシ

シソ科。名のカメバ（亀葉）は、葉の形が亀に似ていることによる。高さ40〜100cmで、花は小さく多数つく。砂防新道の中飯場から上部によく見かける。
花期：8〜9月

ハクサントリカブト

キンポウゲ科。猛毒植物。本種はタカネトリカブトとリョウハクトリカブトの雑種とされ、白山にはこの3種があるが、識別は難しい。南竜道などの草地に生える。
花期：8月

ハクサンフウロ

フウロソウ科。亜高山帯から上の草地に生える。白山では広い範囲に見られる。グンナイフウロは、花が横向きにつき、釈迦新道や平瀬道、三ノ峰など分布が限られる。
花期：7月中旬〜8月中旬

石川県の郷土の花・クロユリも白山を代表する花のひとつ

ゴゼンタチバナ

ミズキ科。亜高山帯から高山帯の林床や道縁に生える。花弁のように見えるのは総苞片で径約2cm。「ゴゼン」の名は白山の主峰・御前峰からとされる。
花期：6〜7月

ハクサンアザミ

キク科。花は横向きにつき、総苞片が反り返るのが特徴。葉の切れこみは浅く、基部は茎を抱いている。おもに山地帯の谷沿いや湿気の多い草地に生える。
花期：8〜10月

ニッコウキスゲが咲く油坂の頭から別山の北峰・御舎利山（中央右奥）を望む

コースグレード｜中級

技術度｜★★★☆☆ 3

体力度｜★★★★☆ 4

白山屈指の
ブナ林とお花畑、
展望を満喫する
三山めぐり

前夜泊1泊2日

別山・市ノ瀬道

釈迦新道

1日目	市ノ瀬バス停→チブリ尾根→別山→南竜山荘　計7時間40分
2日目	南竜山荘→室堂→御前峰→大汝峰→釈迦岳前峰→市ノ瀬バス停　計9時間25分

別《べっ》山《さん》は主峰部から離れていながら、古くから御前峰《ごぜんがみね》・大汝峰《おおなんじみね》と合わせた白《はく》山三所《さんさんしょ》権現として信仰を集めてきた。

市《いち》ノ瀬《せ》からチブリ尾根をたどる別山・市ノ瀬道は、白山でも有数の規模と自然性の高さを誇るブナ林をはじめ、主峰部の展望が魅力。また、白山釈迦岳《はくさんしゃかだけ》を経て市ノ瀬にいたる釈迦新道は、白山では生育地が限られる高山植物種を含む多彩なお花畑が楽しめる。良好なブナ林もあり、釈迦岳前峰《ぜんぽう》からの主峰部の眺めは特徴的だ。

ここでは、別山・市ノ瀬道からお花畑が連続する石徹白道《いとしろ》（昔の美濃禅定道《みのぜんじょう》、南縦走路ともいう）をたどり、南竜ヶ馬場《みなみりゅうがばんば》、室《むろ》堂《どう》、御前峰・大汝峰を経て釈迦新道を下るという、白山中核部の自然と信仰の三山を味わい尽くすという充実の周回コースを紹介する。

ただし、2日間とも距離が長い中級コースとなるので、初心者は避けたほうがよいだろう。

●本コースのうち、釈迦新道（七倉山分岐〜市ノ瀬間）は2021年10月現在通行止め。詳細は石川県白山自然保護センター℡076-255-5321へ。

1日目　市ノ瀬から別山に登り南竜ヶ馬場へ

市ノ瀬バス停から砂防工事用車道をしばらく歩いて岩屋俣谷川《いわやまただに》を渡る。ここからはほぼ車道に並行し、ドロノキなどの河畔林の中に歩道がつけられている。30分ほどで、道標が立つ猿壁《さるかべ》堰堤左岸の**登山口**だ。

トチノキやサワグルミ、カツラなどの大木の中を登っていくと、しだいにブナが多くなり、やがて原生的なブナの林となる。

登山口から尾根に出るまでのあいだに、数本の沢を渡る。最後の水場は標高1260mの**上段床**《かみだんとこ》（標識あり）だが、干天が続くと流れが細くなる。水を汲むなら、ここより標高で60mほど下、道のすぐ左にある湧き水が冷たくておいしくおすすめだ。

尾根に出ると白山の主峰部や天井壁《てんじょうかべ》が望まれる。ブナ林からオオシラビソやダケカンバの林となり、ササユリやニッコウキスゲなどが咲く笹原を登れば、高みに立ち眺

チブリ尾根の下部はブナ林が広がる

春のチブリ尾根避難小屋と御前峰

写真・文／栂 典雅

めのよい**チブリ尾根避難小屋**に着く。

小屋からのなだらかな尾根はしだいに傾斜を増し、オオシラビソなどの低木林からハイマツの中をつづら折りに登って、御舎利山《おしゃりやま》に達する。山頂からは御前峰など主峰部とそれに続く稜線が見渡せる。すぐ下の**御舎利山分岐**に下り、ザックを置いて別山まで往復しよう。分岐からの石川・岐阜県境稜線の道は、平安時代に開かれたとされる三禅定道のひとつ、美濃禅定道である。

非常時に利用できる岩室を見て、ハイマツやハクサンシャクナゲの中の平坦な道をたどる。地を這うツガザクラやミネズオウなどもこのあたりで見逃せない花たちだ。祠がある**別山**山頂からは、白山主峰部はもちろん、北アルプスなどの大展望が広がる。

御舎利山分岐に戻り、東斜面を巻きながら下る。御前峰をバックにニッコウキスゲなどのお花畑が美しいところだ。県境稜線は、大屏風《おおびょうぶ》とよばれる切り立った岩稜が続く。樹木のある西側を巻く部分は危険こそ感じないが、ガレ場の下りや残雪のある7月までは要注意である。

尾根が平坦になると、天《あま》池という池塘があり、傍らには六兵衛《ろくべえ》室とよばれる昔の室（宿泊施設）の石垣が残る。周辺はハクサンコザクラやハクサンイチゲなどのお花畑となっている。

さまざまな花を見ながらゆるく登り、**油坂《あぶらさか》の頭《かしら》**に達する。御前峰が大きく眺められ、南竜《なんりゅう》山荘も眼下に見える。ここから急斜面の油坂をジグザグに下り、赤《あか》谷を渡る。油坂から赤谷の一帯は、7月中ごろまで残雪があり、滑落や踏み抜きに注意しよう。

赤谷から南竜ヶ馬場（通称「南竜」）へ登り返し、ハクサンコザクラやイワイチョウが咲く湿原の木道を歩く。キャンプ場からの道と合流し、橋を渡れば**南竜山荘**に着く。

受付をすませたら、周辺を散策してこよう。標高2000mに広がる南竜は、豊か

別山山頂から縦走路越しに望む秋の白山主峰部

ハクサンコザクラが咲く天池

大汝峰からの御前峰（右）と剣ヶ峰

で清冽な水が流れ、ゆったりした山での時間を過ごしたい人に人気がある。花も多く、自然解説員による観察会のほか、夜には高山植物などのスライド上映や星空観察会が行なわれることもある（いずれも無料）。

2日目 御前峰と大汝峰に登り釈迦新道を下って市ノ瀬へ

この日は長丁場になるので、なるべく早立ちしたい。室堂へは昔の美濃禅定道でもあるトンビ岩コースが最短である。登るにつれて展望が開け、昨日越えてきた別山の秀麗な山容が印象的だ。トンビ岩からはハイマツの中の平坦な道になり、**室堂**に着く。

室堂から**御前峰**を経て、**お池《いけ》めぐり分岐**のT字路を右折する（この間Ｐ１２２コース18参照）。**大汝峰南分岐**で道は三方に分かれ、直進が大汝峰山頂への道。岩が重なる急登だが、20分ほどの辛抱だ。白山第二峰である**大汝峰**山頂にも祠があり、火口湖群と御前峰、剣《けん》ヶ峰《みね》の景観がすばらしい。

山頂から北へ下った**大汝峰北分岐**で巻き道と合流し、ハイマツの樹海の中を下った鞍部には、大きな岩の上部に水をたたえたお手水鉢《ちょうずばち》がある。右手には崩壊が進む赤茶けた火《ひ》の御子峰《みこみね》と地獄《じごく》谷が望まれ、道沿いの平坦地には古い時代にあった加賀《かが》室の石垣が草に埋もれている。

ここから七倉山《ななくらやま》の山腹を登り返し、ハクサンイチゲやシナノキンバイ、ミヤマキンポウゲなどのお花畑を横切って**七倉山分岐**に達する。七倉の辻《つじ》ともいわれるように十字路になっており、釈迦新道は左をとる。

釈迦新道をしばし下ると、ニッコウキスゲやハクサンフウロなどのお花畑が広がる。

荒涼とした地獄谷・火の御子峰（大汝峰北面から）

水をたたえたお手水鉢からの四塚山方向の眺め

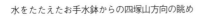

この先白山釈迦岳にかけては、ウスユキソウやオオサクラソウ（花期7月上旬）など、白山では分布が限られる植物が見られる。

白山釈迦岳手前の鞍部・**湯《ゆ》の谷乗越《たにのっこし》**付近には水流があり、7月上旬にはミズバショウやリュウキンカが咲く。道は三角点のある白山釈迦岳山頂は通らず、細長い池のほとりから道標が立つ**釈迦岳前峰**に登る。山頂からの眺めは、湯の谷に落ち込む鎧壁《よろいかべ》の絶壁の上に御前峰と大汝峰が並ぶという特異なもので、ここならではの景観だ。

前峰をあとにオオシラビソやダケカンバの林からブナ林へと下るが、このブナ林もなかなか見ごたえがある。途中の**水場**は干天が続くと涸れることもある。道標がある**湯の谷林道登山口**に出たら車道を歩くが、**越前《えちぜん》禅定道分岐**で再び山道に入る。杉林を抜け、大きな標識が立つ県道33号白山公園線に出れば、**市ノ瀬バス停**は近い。

観光新道から見た紅葉の白山釈迦岳

プランニング&アドバイス

1日目の長い登りや体力に不安がある場合、砂防新道経由で南竜山荘泊とし（P122・128参照）、別山を往復するプランが考えられる。所要時間はほぼ同じながら、登り口となる別当出合の標高が市ノ瀬より約400m高く、山荘での水分補給と荷物のデポができるのがメリット。山中3日の行程が組めるのであれば、2日目は室堂泊とし、その日に御前峰と大汝峰に登り、お池めぐりなどもゆっくり堪能。3日目は山頂部を最短ルートで越え、釈迦新道から市ノ瀬に早めに下山も可能だ。なお、別山・市ノ瀬道は南竜山荘、釈迦新道は室堂にそれぞれ宿泊しての下山コース、あるいはともに市ノ瀬からの日帰り登山としての利用も多い。

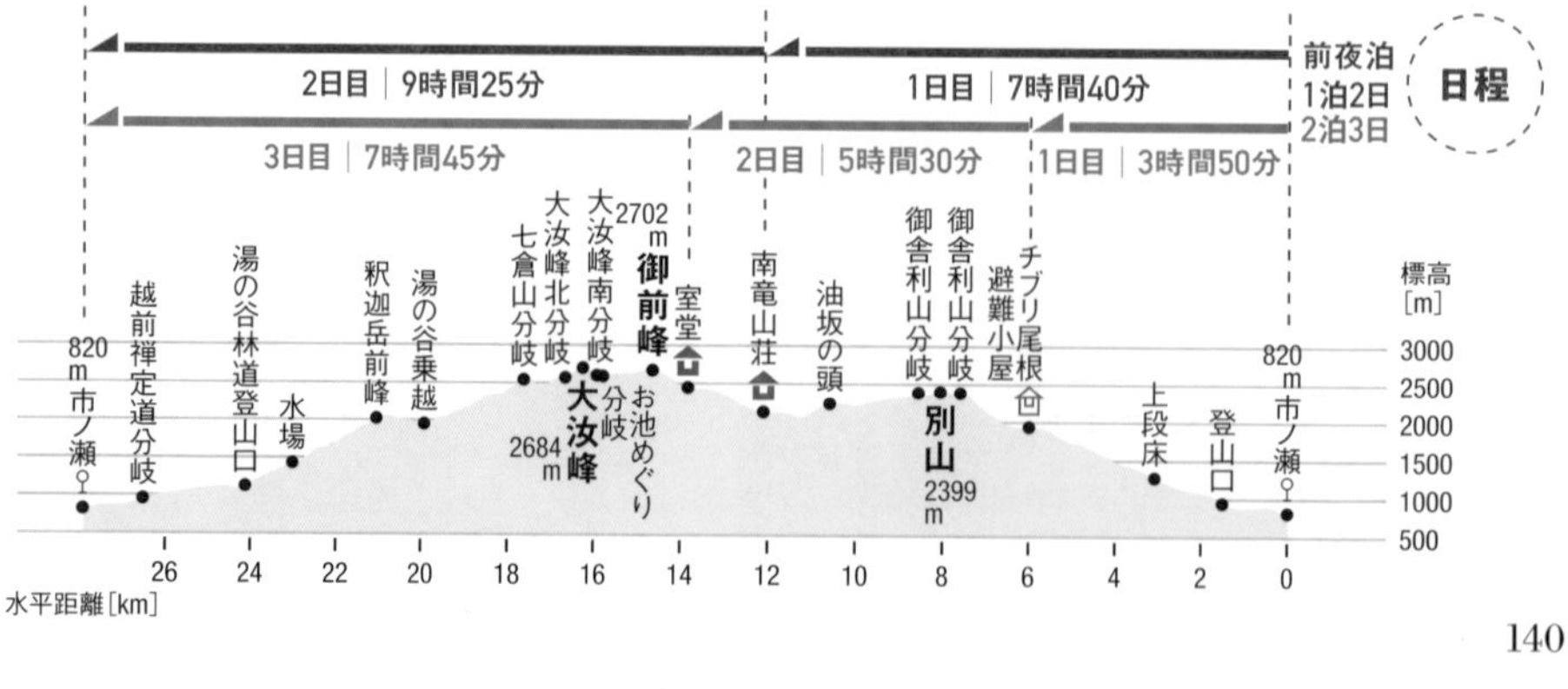

サブコース

展望歩道を登る

南竜山荘↓アルプス展望台↓平瀬道・展望歩道分岐↓室堂　2時間

石川・岐阜の県境稜線をたどるこのコースは、名のとおり北アルプスなどの眺望が優れた人気コースであるが、メインコース（P136参照）で紹介しているトンビ岩《いわ》コースより20分は余計に見ておく必要がある。当日中の釈迦《しゃか》新道下山に多少なりとも不安を感ずるのなら、通行は避けたほうがよいだろう。

南竜《なんりゅう》山荘からキャンプ場への橋を渡る手前で左に折れる。ニッコウキスゲが咲く笹原に木道が続く、高原情緒豊かな場所だ。

沢の源頭からオオシラビソ林を登り、県境尾根に取り付けば、ほどなくアルプス展望台に着く。東の斜面はオタカラコウやカライトソウなどのお花畑となっていて、北アルプスのほか、眼下に大白川《おおしらかわ》ダムの白水《はくすい》湖も望まれる。ここはまた、南竜山荘泊の登山者がお日の出を拝するために訪れる場所にもなっている。

展望とハクサンコザクラやチングルマなどの花を楽しみながら登ると、**平瀬《ひらせ》道との分岐**に出る。あとはお花畑の中の平坦な道を**室堂《むろどう》**へと向かう（平瀬道分岐〜室堂間はP130コース19参照）。

なお、このコースは室堂に泊まった登山者が翌日に南竜《みなみりゅう》ヶ《が》馬場《ばんば》経由で砂防《さぼう》新道（P122コース18参照の逆コース）を下山する際に使われることも多いが、7月中旬までは急斜面の残雪に難渋することもあるので、軽アイゼンを携帯するなどし、滑落への充分な注意が必要である。

Map 12-3C 南竜山荘

Map 12-3C 白山室堂

コースグレード	初級
技術度	★★☆☆☆ 2
体力度	★★☆☆☆ 2

北アルプスや御嶽山などを望むアルプス展望台

コントラストが鮮やかな展望歩道上部の紅葉

写真・文／栂 典雅

しかり場分岐付近から望む初夏の白山

コースグレード	中級
技術度	★★★☆☆ 3
体力度	★★★★☆ 4

1泊2日

加賀禅定道

伝説や遺跡に白山信仰の歴史を偲ぶ

1日目	別当出合（または大白川）→室堂　計4時間（4時間20分）
2日目	室堂→御前峰→四塚山→しかり場分岐→白山一里野バス停　計9時間5分

白山《はくさん》の北面に延びる加賀《かが》禅定《ぜんじょう》道は、越《えち》前《ぜん》、美濃《みの》の禅定道とともに平安時代後期には開かれていたとされる白山信仰の登拝路であり、1200年もの歴史を有する。昭和初期には市《いち》ノ瀬《せ》からの登山道整備に伴い廃道となったが、1987（昭和62）年に復元された。ハライ谷口〜檜新宮《ひのしんぐう》間の道が谷沿いから尾根に付け替えられたほかは、ほぼ古道を踏襲している。

昔の宿泊施設「室」の石垣をはじめ、信仰に関する遺跡や地名・伝説が随所に残り、白山信仰の歴史を心と体で感じながら歩くことができる。また、広大なハイマツの樹海や山稜を彩る高山植物群落、ブナ林などの自然も豊かで、展望にも恵まれている。

下山地の白山一里《いちり》野《の》温泉は、スキー場やホテルや民宿、立ち寄り温泉などがある国民保養温泉地である。バスの待ち時間に入浴していくのもよいし、2日目の行程が長いだけに、ここで1泊して帰途に就くこともおすすめだ。

●白山一里野温泉は2020年末以降の山腹崩落による源泉引湯管破損のため、21年10月現在も温泉が供給されない状態が続いている。

1日目 別当出合から砂防新道経由で室堂へ

石川県側の白山のメイン登山口・**別当出合《べっとうであい》**から、最短コースの砂防《さぼう》新道で**室堂《むろどう》**へ。または、砂防新道よりも時間は少しかかるが、花と展望の観光《かんこう》新道で室堂へ（ともにP122コース18）。あるいは岐阜県側の白川《しらかわ》村大白川《おおしらかわ》からの平瀬《ひらせ》道（P130コース19）で室堂に入るのもよい。

2日目 室堂から御前峰、四塚山を経て白山一里野へ

室堂からは**御前峰《ごぜんがみね》**を経て**七倉山《ななくらやま》分岐**へ向かうが、長いコースゆえに、室堂をできるだけ早く立ちたい（七倉山分岐へはP136コース20を参照）。

七倉山分岐から少し下り、ハクサンイチゲやハクサンコザクラなどのお花畑の中を**四塚山《よつづかやま》**へ登る。北竜《きたりゅう》ヶ馬場《ばんば》ともよばれる四

北アルプスを背景に石積み塚が並ぶ四塚山山頂

四塚山北端から加賀禅定道の尾根を望む

写真・文／栂 典雅

塚山山頂部の平坦面には、階状土という周氷河地形が見られ、山名の由来である数基の石積み塚がある。昔の曼荼羅《まんだら》絵図には、ここで大汝峰《おおなんじみね》を伏し拝む人が描かれているものもあり、これらの塚は何らかの宗教的な理由によって成されたものと思われる。また、麓の村人に悪さをする老婆と3匹の化け猫を、行者が念力でこの塚に封じこめたという伝説もある。

四塚山（背後）から約2時間の下りで天池へ

四塚山をあとに、ハイマツの中の長く急な長《なが》坂を下る。先述の曼荼羅絵図には、長坂の下に瓶割《かめわり》坂の名が見える。山で酒を売って儲けようと女人禁制を犯して登ってきた婆さんが神の怒りに触れ、かついできた酒の瓶が割れたのがその名の由来で、累々たる石片がそれだという。坂を下った鞍部には**油《あぶら》池**とよばれる池塘がある。池の端から南へ下ると水が得られるが、涸れていることもある。

鞍部から道は東斜面を巻く。花の美しいところだが、8月上旬まで残雪上を歩くこともあり、滑落やガスのときの道迷いに要注意だ。尾根に出れば**天《あま》池**があり、その先には昔の宿泊施設・天池室（後年、加賀室ともよばれた）の石垣が残っている。

少し下ると尾根が広く平坦になり、池塘が点在する草地の中の木道を歩く。昔は花《はな》園《ぞの》（天園《あまぞの》）とよばれていたように、ニッコウキスゲやイワイチョウなどが見られる。また、標識にしたがい右に分岐する道をしばらく行った展望台からは、白山の滝では最大級の百四丈《ひゃくよじょうの》滝を眺めることができる。

分岐に戻り、オオシラビソの林を抜けて**美女坂《びじょざか》の頭《かしら》**に出る。美女坂は、白山一の難所ともいわれるほど両側が切れ落ちた急坂だけに、充分に注意したい。地名の由来は、

天候急変時に心強い奥長倉避難小屋

樹林の中にひっそりとたたずむ檜新宮

先述の強欲な酒売り婆さんが連れてきた美女が神の怒りで岩にされたというもので、本来の名は美女岩《びじょいわ》坂である。

美女坂を下り、奥長倉山《おくながくらやま》に登り返して山頂を過ぎると**奥長倉避難小屋**がある。小屋からは、高低差の大きくない登り下りが続く。1661mの三角点峰・長倉山《ながくらやま》（地形図では口長倉《くちながくら》）を経て急なやせ尾根を下り、ブナ林の中を登り返すと**しかり場《ば》分岐**である。直進するのは加賀新道とよばれる道で、白山一里野温泉スキー場のゴンドラ山頂駅にいたる（山頂駅へ1時間30分）。

分岐で右の檜新宮参道を少し行ったところからは、白山山頂部と歩いてきた長い尾根が見渡せ、感慨もひとしおだろう。さらに下ると、ヒノキやダケカンバの大木に囲まれて檜新宮の祠がひっそりと立っている。昔は一帯に幾多のお堂が立ち並んでいたという。この先、「にちょうとぎ」の標識から左へハライ谷の源頭めがけて数分下れば、御仏供《おぶく》水とよばれる湧き水がある。

往時の禅定道は、ハライ谷をそのまま下っていたが、現在は尾根道になっている。ブナ林からスギの植林地を抜けて県道の**ハライ谷登山口**に下れば、あとは車道を約30分で**白山一里野バス停**に着く。

丸石谷に水を落とす百四丈滝（落差約90m）

プランニング&アドバイス

室堂から一里野へは下り主体ながら約20kmの距離があり、それ相応の経験や体力を有する中級者向けだ。奥長倉避難小屋泊なら行程的には楽であるものの、シュラフや食料・水の持参が必要。できるだけ当日の時間・体力の軽減を図るなら、前日に御前峰と大汝峰に登頂し、当日は室堂から千蛇ヶ池への近道や大汝峰の巻き道を使えば40分は短縮できる。秋の土曜・休日などに白山一里野スキー場（℡076-256-7412）のゴンドラリフト（所要5分）が運行していれば、加賀新道を下山してこれに乗る手もある。また、カタクリの花とブナの新緑が美しい春や紅葉の季節には、一里野からしかり場分岐までの日帰り周回登山も楽しい。

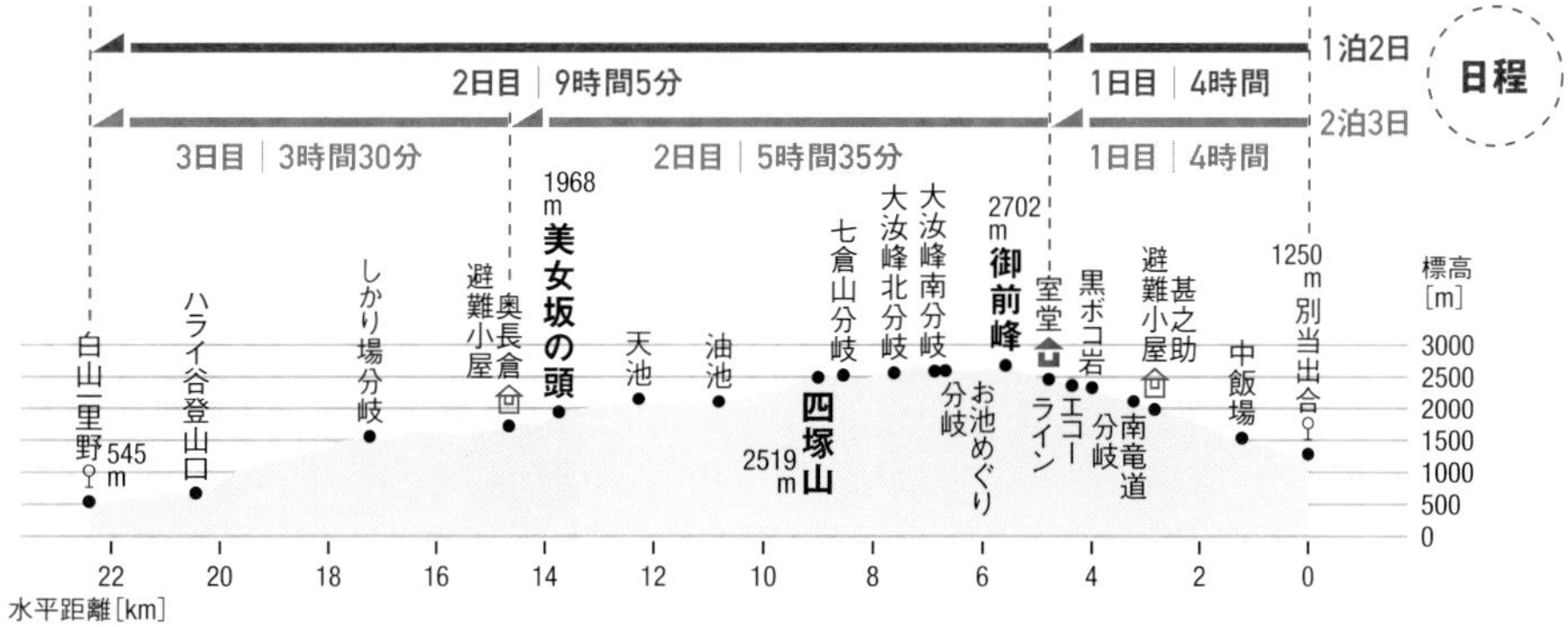

サブコース

楽々新道

七倉山分岐↓縦ヶ丘↓小桜平↓丸石谷林道登山口↓新岩間温泉↓白山一里野バス停　7時間5分

Map 12-2C 七倉山分岐

Map 10-1A 白山一里野バス停

コースグレード	中級
技術度	★★★☆☆ 3
体力度	★★★★☆ 4

楽々《らくらく》新道は縦ヶ丘《もみがおか》で岩間《いわま》道と分岐し、小《こ》桜平《ざくらだいら》を経て新岩間《しんいわま》温泉に下る道である。岩間道よりあとに開設され、岩間道に比べて楽ということで名づけられたらしいが、決して「楽々」とはいかないことは心しておこう。

七倉山《ななくらやま》分岐からすぐ東にある七倉山に登り、山頂の直下を巻いてハイマツの中を下る。鞍部《あんぶ》の一帯は、ハクサンフウロやミヤマダイコンソウなどのお花畑となっている。

鞍部からは、尾根の西斜面に広がる**清浄《せいじょう》ヶ原《がはら》**の上部に道がつけられている。ハイマツやオオシラビソ低木林内のなだらかな道は、やがて急なガレ場の見返坂《みかえり》の下りとなる。8月上旬ごろまで残雪のあることが多く、滑落やルートの見定めに注意が必要だ。

赤茶けた地獄《じごく》谷や火《ひ》の御子峰《みこみね》、北アルプス連峰などの眺めがよく、振り返れば、大汝峰《おおなんじみね》が望まれる。傾斜がゆるくなると岩間道との分岐・**縦ヶ丘**に着くが、通行止めが続いている岩間道の入口にはロープが張ってある。分岐から左の楽々新道を下っていくと右手に小桜平が開け、避難小屋の赤い屋根が見える。

小桜平は笹原の中に低木や池塘・草地を配した景勝の地で、名の由来であるハクサンコザクラやイワショウブなどの花が見られ、紅葉も美しい。また、北アルプスや白《はく》山《さん》北方稜線上の笈《おいずる》ヶ《が》岳《たけ》・大笠山《おおがさやま》などの山々を眺められる。小屋は登山道から少し入ったところにあり、前の溝に水がゆるく

小桜平〜キリドメ間はオオシラビソなどの針葉樹が多い

針葉樹林内に池塘が点在する小桜平

流れているときは煮沸して飲用できるが、流れていないこともよくある。

小桜平の先からキリドメあたりにかけては尾根が細く、オオシラビソやコメツガ、ゴヨウマツ、ヒノキなどの針葉樹が多い樹林が続く。傾斜は総じてゆるやかだが、急で滑りやすい部分も随所にあるので、注意して歩こう。**キリドメ**から先はブナやミズナラ林の中の坂道となり、長い下りにそろそろ飽きるころ、**丸石谷《まるいしだに》林道登山口**に出る。

あとは車道を20分ほどで一軒宿の山崎《やまざき》旅館（21年10月現在休業中）が立つ**新岩間温泉**に着く。バス停がある**白山一里《はくさんいちり》野《の》**までは、さらに1時間30分を要する。

小桜平避難小屋からの黎明の北アルプス

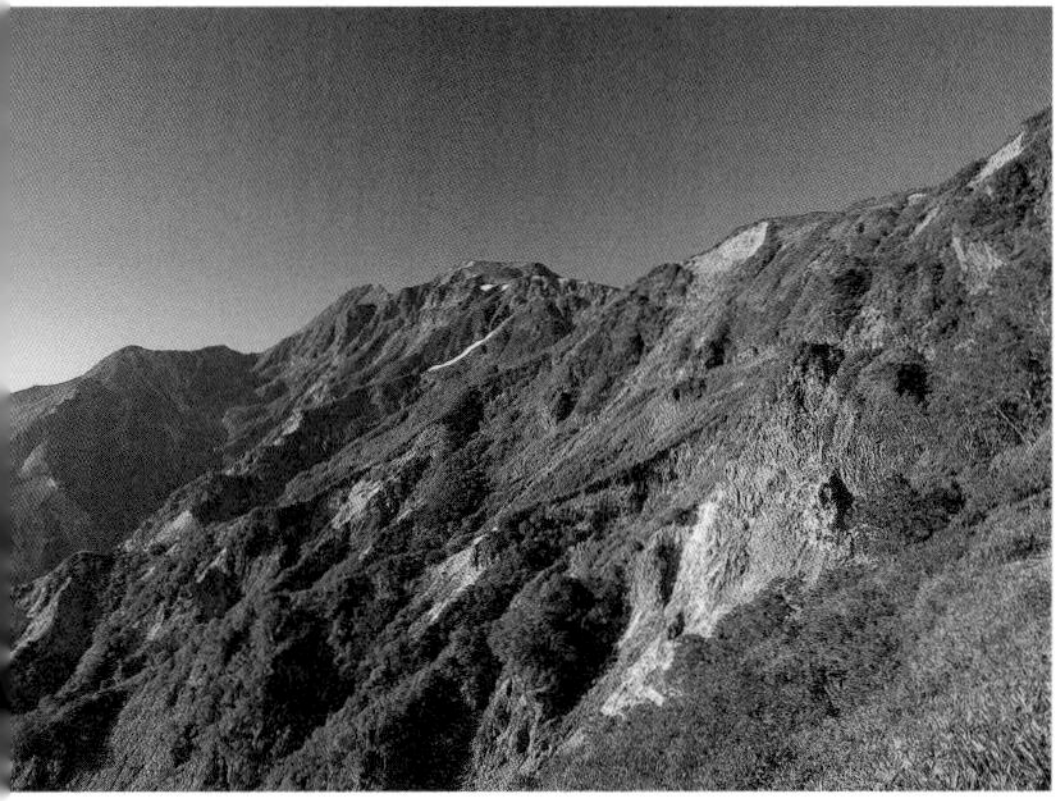

見返坂の下りから大汝峰を振り返る

プランニング&アドバイス

本コースは加賀禅定道（P142）に比べれば短い時間で登山口まで下れるものの、新岩間温泉からの交通手段が問題。あらかじめ車をデポしておくか、白山市鶴来などのタクシー会社に手配しておくしかないだろう（山崎旅館に宿泊の場合は白山一里野まで送迎可）。なお、岩間温泉元湯〜新岩間温泉間の県道53号は崩壊により当分のあいだ通行不可になっており、それにより岩間道の樅ヶ丘〜岩間温泉元湯間も通行できない。

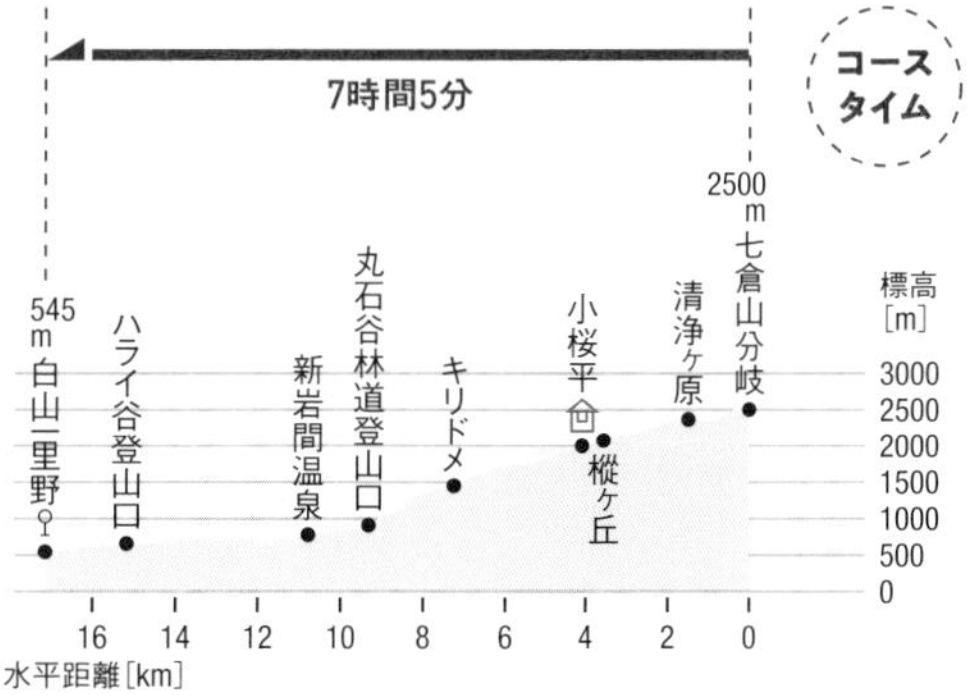

中宮道

2泊3日

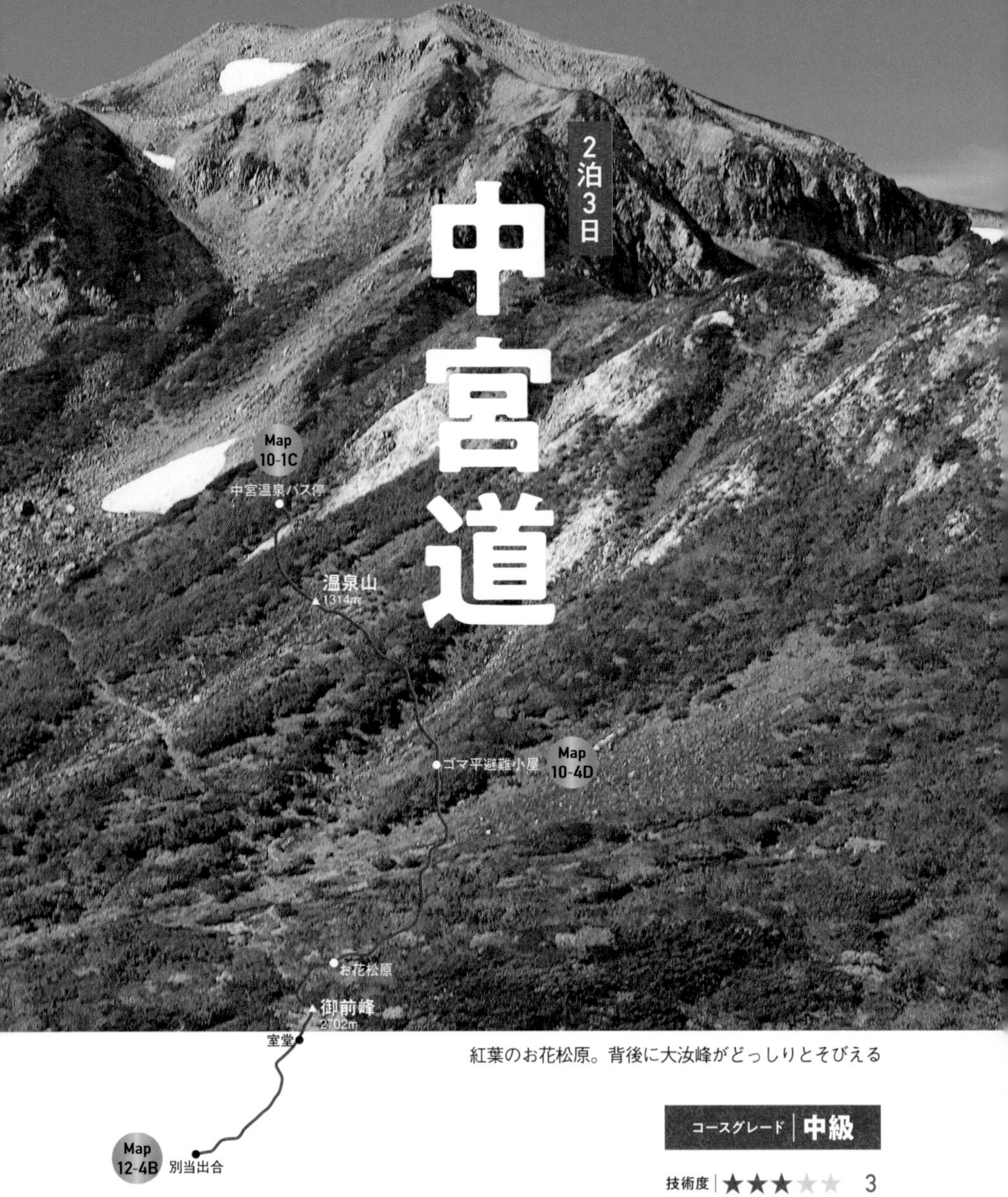

紅葉のお花松原。背後に大汝峰がどっしりとそびえる

コースグレード	中級
技術度	★★★☆☆ 3
体力度	★★★★☆ 4

1日目	別当出合（または大白川）→室堂　計4時間（4時間20分）
2日目	室堂→御前峰→お花松原→ゴマ平避難小屋　計5時間40分
3日目	ゴマ平避難小屋→温泉山→中宮温泉バス停　計5時間20分

写真・文／栂 典雅

クロユリ大群落や
ブナ林を満喫
山麓の名湯で締める

自然が豊かなことで知られる白山《はくさん》のなかでも、その比類なき景観やスケール感、奥深さなどを最も実感できるのが、山頂部から中宮《ちゅうぐう》温泉にいたる全長約20㎞のロングコース・中宮道であろう。

大汝峰《おおなんじみね》東面のカール（圏谷）と見まごうばかりの開けた眺望は秀逸。お花松原《はなまつばら》のクロユリや北弥陀ヶ原《きたみだがはら》のハクサンコザクラなど、白山を代表する植物が広がるお花畑も格別だ。また、ダケカンバやオオシラビソ林から深いブナ林や紅葉が美しいカエデ・ツツジ類の低木林まで、移り変わる植生の妙を堪能できるのも本コースならでは。訪れる登山者もごく少ないので、白山の本来の自然を静かに思う存分味わいたい人には絶好のコースであろう。ただし、野生動物も数多く生息し、クマに遭遇する可能性もあるので、充分な注意を払いたい。

さらに、下山したその場所に古くからの霊泉として知られる中宮温泉があるのもうれしい。かけ流しの温泉に浸かって、充実した白山の山旅を締めくくりたい。

ハクサンコザクラ咲くヒルバオ雪渓

白山最大の火口湖・翠ヶ池

1日目

別当出合から砂防新道経由で室堂へ

石川県側の**別当出合**《べっとうであい》から最短コースの砂《さ》防《ぼう》新道で**室堂**《むろどう》へ。または、砂防新道よりも時間は少しかかるが、花と展望の観光《かんこう》新道で室堂へ（ともにP122コース18を参照）。あるいは岐阜県側の平瀬《ひらせ》道（P130コース19参照）で室堂に入るのもよい。

2日目

室堂から御前峰、お花松原を経てゴマ平へ

室堂から**御前峰**《ごぜんがみね》を経て、**大汝峰南分岐**へ向かう（P136コース20参照）。

大汝峰南分岐からは、イワギキョウやイワツメクサが生える砂礫の道を行く。平坦な道はすぐに急な階段の下りとなり、雪渓（7月ごろまで残る）を渡る。

ミヤマハンノキなどの低木林の中をジグザグに下ると、ヒルバオ雪渓に出る。白山のなかでは比較的遅く（8月中ごろ）まで雪が残る雪渓で、とくにガスがかかっているときはここで迷う登山者が多い。道は雪渓を左下方向に渡ったところの低木林沿いにあり、道標が立っている。通過にあたっては、その年の残雪量にもよるが、雪渓を下り過ぎることのないよう、ともかく慎重に道を見つけることだ。また、早朝には凍っていることもあるので注意したい。

ここから花が多く見られるようになり、なかでも**お花松原**の道標までの一帯に広がるクロユリ群落は、北海道を除く本州の山岳地では随一の密度と規模であろう。アオノツガザクラやハクサンコザクラ、ミヤマキンバイ、ミヤマキンポウゲなども彩りを添え、剣《けん》ヶ《が》峰《みね》や大汝峰をバックにしたお花畑の風景はみごとのひと言につきる。また、ナナカマド類も多く、秋の紅葉の美しさも

お花松原のクロユリ群落は日本屈指の規模

木道が延びる北弥陀ヶ原を行く登山者

群を抜いている。

　お花松原をあとに、鞍部《あんぶ》から岩場を登り返す。このあたりで振り返って眺める大汝峰からお花松原一帯にかけて広がる景色は、まるでカール地形のような広がりと迫力があり、本コース中の圧巻といえよう。

　道は２３４９ｍ標高点にかけてゆるやかになる。両側はハイマツにハクサンシャクナゲなどが混ざる低木林である。余談ながら中宮道が開かれたのは１９３５（昭和10）年で、各地名はその3年前に当時の大聖寺《だいしょうじ》営林署一行が踏査した折に名づけたものだが、お花松原は本来このあたりのハイマツとシャクナゲにちなむ名だという。

　ここを過ぎると**北弥陀ヶ原**が開けてくる。池塘や岩を配したロックガーデンのような湿性草原にハクサンコザクラやイワイチョウ、ニッコウキスゲなどが咲き、木道が設置されている。この先、すさまじい地獄《じごく》尾根の崩壊地を望む地獄覗《のぞき》や、うぐいす平《だいら》の草原など多彩な風景が次々に展開し、飽きることはない。

　オオシラビソやダケカンバの樹林におおわれた間名古《まなこ》の頭《かしら》は大きな岩が積み重なる西側斜面を巻き、**三俣**《みつまた》**峠**を経て笹原から急坂を下れば、北縦走路（Ｐ１５３）との分岐に立つ**ゴマ平**《だいら》**避難小屋**に着く。白山の避難小屋では数少ない水に恵まれた小屋で、水場は北縦走路のほうへ数分行ったところ。

地獄覗から見る地獄谷（仙人谷）・火の御子峰

約25人収容のゴマ平避難小屋

滝ヶ岳周辺のダケカンバ

3日目 ゴマ平から中宮温泉へ

小屋からカエデ坂を下るとブナ林となるが、**滝ヶ岳**《たきがたけ》の西側を巻くあたりは雰囲気のよいダケカンバの林だ。木々の間から遠ざかる山頂部を見やりながら、しだいに深くなるブナ林を下る。大木を混じえた自然度の高い林で、ニホンザルの群れに出会うことも少なくない。シナノキの大木が立つ鞍部から登り返した林の中に、大きな三角屋根の**シナノキ平**《だいら》**避難小屋**がある。

小屋を過ぎると三方岩岳《さんぽういわだけ》や笈ヶ岳《おいずるがたけ》など白山山系北部の山々が望まれる。湯谷頭《ゆのたにのかしら》を巻いていく道は、数回小さな流れを横切るが、いつも流れているとは限らない。**温泉山**から岩のやせ尾根を越え、ブナ林の中の急な清浄坂を下って草地に出る。ブナの尾根からコンクリートの階段を下ったところに登山口の標識がある。湯谷を渡り、舗装路を下れば**中宮温泉バス停**に着く。

清浄坂上の岩尾根から望む白山。白山はこれが見納めだ

プランニング&アドバイス

中宮道は、室堂から登山口まで20km以上。アップダウンもあり、1日で下るのはかなりの健脚向きだ。本稿では、シュラフと食料などを持参してゴマ平避難小屋に泊まる2泊3日コースとし、ゆっくり自然を満喫するプランとした。したがって、初日の宿泊を南竜ヶ馬場とするなど、いくつかのバリエーションが考えられる。ただし、水場のあるゴマ平避難小屋は人気があり、夏や秋の週末には混みあうことが多く、定員を超えることもある。早着を心がけたい。下山地の中宮温泉は立ち寄り入浴もできるが、1泊してゆったりと名湯で疲れを癒やし、翌日の周辺観光と組み合わせるのもおすすめである。

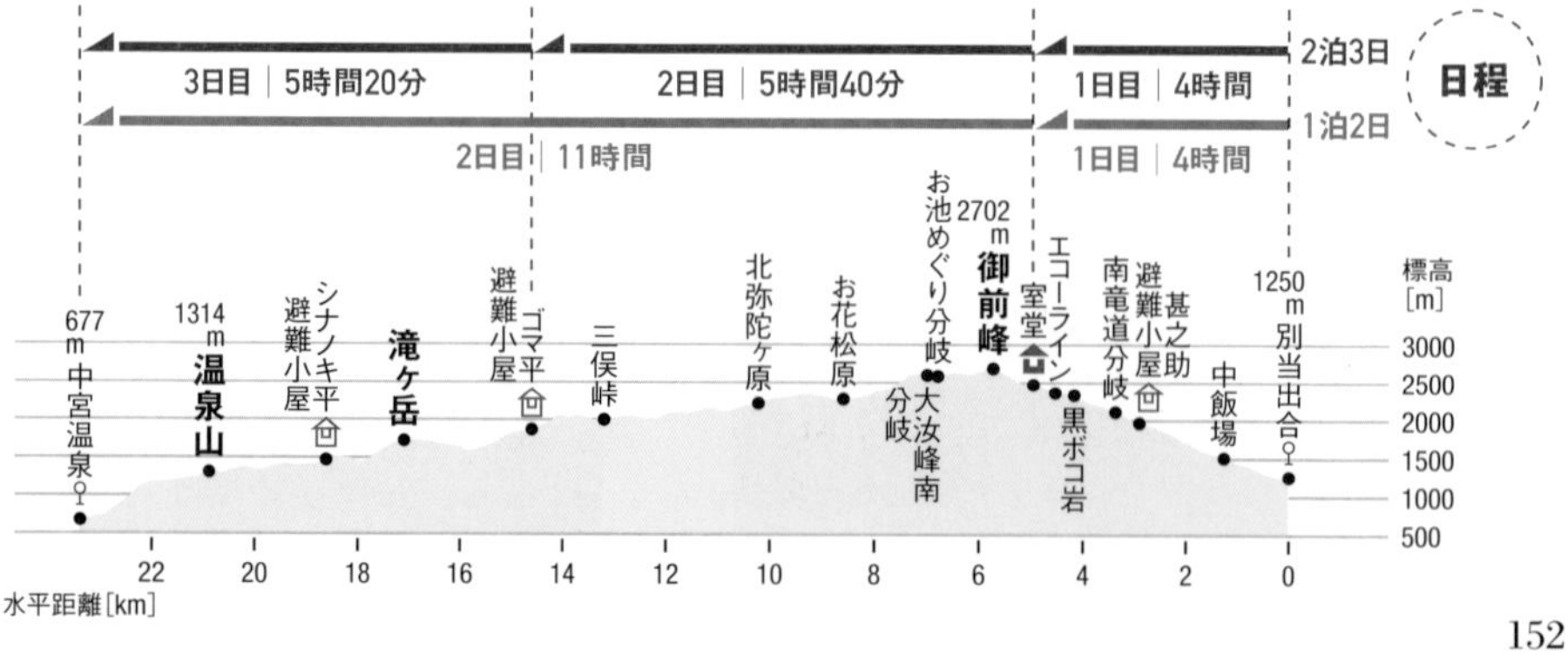

サブコース

ゴマ平から北縦走路、鶴平新道

ゴマ平避難小屋↓妙法山↓鶴平新道分岐↓馬狩↓白川郷バスターミナル　8時間

石川・岐阜の県境尾根をたどるこのコースは「北《きた》縦走路」とよばれている。比較的高低差が少なく、白山《はくさん》主峰部や北アルプスなどの眺望がよい。

ゴマ平避難小屋から、水場を過ぎて少し登り、尾根を巻いてからシンノ谷へ急降下する。周りは樹高の高いオオシラビソの林であり、雪の多い白山では、このようなまとまった針葉樹林を見ることは少ない。鉄製の橋で**シンノ谷**を渡ったら登り返し、念《ねん》仏《ぶつ》尾根と称される尾根に出る。

展望のよい平坦な道を行くと、めざす**妙**《みょう》**法山**《ほうやま》が近づいてくる。山頂まで標高差を感ずるが、登ってみると見た目ほどではない。この道が整備される30年前の１９３３（昭和８）年に、妙法山の山頂で山岳信仰の遺物とされる銅製の経箱が見つかっている。昔、修験者が訪れていたであろうことは、山頂からの眺望のよさからもうなずけよう。

妙法山を越えると、道は再びなだらかになり、**もうせん平**《だいら》に着く。オオシラビソに囲まれた静寂の地で、神庭《かんば》池とよばれる池塘の周りはミズゴケやモウセンゴケにおおわれ、ニッコウキスゲやコバイケイソウなども咲く。

小さなアップダウンを越えて、**野谷荘司**《のだにしょうじ》**山**《やま》に登る。狭い山頂は東側がガレた急崖となっており、眼下に鳩谷《はとがや》ダム湖や白川郷《しらかわごう》の集落などが一望できる。

Map 10-4D　ゴマ平避難小屋

Map 11-1B　白川郷バスターミナル

コースグレード	中級
技術度 ★★★☆☆	3
体力度 ★★★★☆	4

縦走路上の1762m付近からの妙法山（左）と美濃原山

ニッコウキスゲ咲くもうせん平・神庭池

写真・文／栂 典雅

妙法山頂からの白山白川郷ホワイトロード（正面は国見山、その奥は笈ヶ岳と大笠山）

山頂からしばらく下ると、**鶴平《つるへい》新道分岐**に出る。直進する北縦走路は、ハイカーでにぎわう三方岩岳《さんぼういわだけ》を経て、白山白川郷ホワイトロードの三方岩駐車場へと下っていく（左ページコラム参照）。

分岐から鶴平新道に入る。はじめは切れ落ちた急なガレ場に肝を冷やすが、赤頭山《あかずこやま》を下るとミヤマナラやナナカマドなどの低木林となる。秋は紅葉の美しいところだ。

ブナ林に入ると、さらに歩きやすくなり、やがて斜面をジグザグに下って車道に出る。ここには、この道を開いた鶴平氏が眠る大《おお》杉《すぎ》家の墓がある。車道を左に行けば**馬狩《まがり》**の集落跡で、今はトヨタ白川郷自然學校の施設が立ち並ぶ。タクシーに頼らないなら、バス停のある**白川郷**へは車道を1時間ほど歩くことになる。

北縦走路終点・三方岩岳から望む白山（コース外・左ページ参照）

プランニング&アドバイス

北縦走路を室堂から歩くとなると、白山白川郷ホワイトロードの三方岩登山口までででも約20km（ただしホワイトロードは歩行者通行不可）、鶴平新道登山口の馬狩までは20数kmにおよぶ白山最長のロングコースとなる。中宮道（P148参照）同様、白山山頂部を越えての縦走には1～2泊を要するため、そういった利用は限られる。一方、アクセスのよい白山白川郷ホワイトロードや馬狩からの日帰り登山者は多い（左ページコラム参照）。

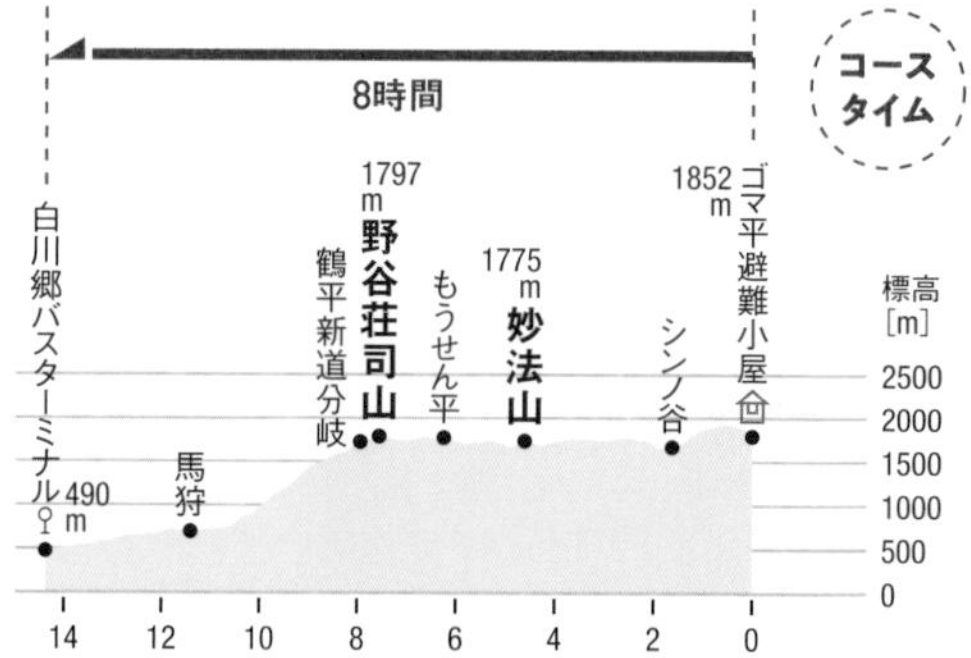

コラム7

白山白川郷ホワイトロード

白山白川郷《はくさんしらかわごう》ホワイトロードは、石川県白山市尾添《おぞう》と岐阜県大野郡白川村鳩谷《はとがや》を結ぶ、延長33・3㎞の有料道路である。1977（昭和52）年に白山スーパー林道の名で開通し、2015（平成27）年から現在の名称に変更された（正式名称は白山林道）。

広大なブナ林や白山の眺望などの景観に優れ、石川県側にはV字を刻む蛇谷《じゃだに》渓谷に沿って、落差86mのふくべの大滝をはじめ個性的な7つの滝があり、新緑や紅葉のシーズンは多くのハイカーでにぎわうスポットとなっている。

落差86mの「ふくべの大滝」

石川県側の料金所手前には、この道路ができる前は秘湯として知られた中宮《ちゅうぐう》温泉のほか、白山の自然や歴史・文化をハイビジョン映像と展示で楽しめる中宮展示館（TEL 076-256-7111、開館9時～16時30分、入館無料・冬期休館）もある。

岐阜県側料金所手前の馬狩《まがり》には、宿泊や食事、自然体験などができるトヨタ白川郷自然學校（TEL 05769-6-1187）があり、ホワイトロードの名称にもなっている世界遺産の白川郷合掌集落も近い。

（上）白川郷合掌集落。（下）三方岩岳の南から望む飛騨岩ピーク

一方、県境の最高地点、三方岩《さんぼういわ》駐車場から北《きた》縦走路（P153参照）のトレッキングも人気がある。奇妙な岩峰やニッコウキスゲなどの花を楽しめる日本三百名山の三《さん》方岩岳《ぼういわだけ》へは登り約50分、さらに1時間で野《の》谷庄司山《だにしょうじやま》の山頂に立てる。健脚ならもうせん平や妙法山《みょうほうやま》まで足を延ばすこともできるが、18時（秋は17時）の閉門前までに料金所を通過する必要がある（ホワイトロードは歩行禁止）。また、馬狩からの鶴平新《つるへい》道（P153参照）を登り、三方岩岳から白川郷展望台を経て馬狩へ下山する周回コースもよい（コースタイム約7時間30分）。

写真・文／栂 典雅

石《い》徹白《としろ》道（南《みなみ》縦走路）は、越前《えちぜん》・加賀《かが》の禅定《ぜんじょう》道とともに、平安時代後期には開かれていたとされる美濃《みの》禅定道であり、昔は「登り千人、下り千人……」と伝えられるほどにぎわったという。

岐阜県郡上《ぐじょう》市上在所《かみざいしょ》の白山中居《はくさんちゅうきょ》神社から「いとしろの大杉」のある今清水《いましみず》社跡までの間は廃道状態のため、古道をたどることは困難であるが、今清水社跡から別山《べっさん》、南《みなみ》竜ヶ馬場《りゅうがばんば》（南竜《なんりゅう》）、トンビ岩《いわ》コースを経て室堂《むろどう》に達するルートは、ほぼ昔の禅定道のとおりである。それだけに、この道にも昔の宿泊施設である室の遺跡や信仰に関する地名・伝説が多く、はるか昔の登拝者を偲びながら、千年を超えて登られ続けてきた信仰の道を体感することができよう。

また、眺望にも優れ、南竜ヶ馬場から三《さん》ノ峰《みね》にかけて連続するお花畑や銚子ヶ峰《ちょうしがみね》一帯に広がるササの草原は、この道ならではの風景だ。下山後はスギの巨木に囲まれた霊験あらたかな白山中居神社に参拝して、長い山道の旅を締めくくろう。

いにしえの道を南に縦走する白山屈指のロングコース

コースグレード	中級
技術度	★★★☆☆ 3
体力度	★★★★☆ 4

1日目	別当出合→南竜道分岐→南竜山荘　計3時間
2日目	南竜山荘→別山→三ノ峰→石徹白登山口→上在所バス停　計9時間40分

写真・文／栂 典雅

ニッコウキスゲ咲く別山平から御前峰（中央）、大汝峰（左）を望む

1泊2日 石徹白道 別山・三ノ峰

別山山頂に立つ別山神社

南竜山荘（左）と野営場、右上は油坂の頭

1日目

別当出合から砂防新道経由で南竜ヶ馬場へ

石川県側の**別当出合**《べっとうであい》から、最短コースの砂防《さぼう》新道を登り、南竜道で南竜ヶ馬場へ入る（**南竜道分岐**までは、P122コース18を参照）。

南竜道は、水平道ともよばれるように高低差は小さいが、分岐からすぐのところにある崩壊箇所は足もとに注意が必要だ。別山方面を望む展望台から少し下ると**エコーラインの分岐**があり、南竜山荘などの建物が見える。万才《まんざい》谷を渡って、木道を行けば**南竜山荘**に着く。

また、岐阜県側からは、大白川《おおしらかわ》ダムから平瀬《ひらせ》道を登り、展望歩道を下って南竜ヶ馬場に入るのがよいだろう（P130コース19およびP141コース20のサブコースを参照）。

標高2000mに広がる南竜ヶ馬場は、豊かで清冽な水とゆったりとした高原情緒が魅力である。花も多いので、宿泊の受付をすませたら、周辺を散策したい。室堂と同様に、自然解説員による観察会も催されている。夜には高山植物などのスライド上映のほか、星空観察会が開かれることもある（いずれも無料）。

ニッコウキスゲが咲く別山平からの別山

2日目

南竜ヶ馬場から別山、三ノ峰を経て石徹白へ

南竜ヶ馬場から**別山**へと向かう（P136コース20を参照）。

別山から急なガレた道を**別山平**《べっさんだいら》へ下る。花に囲まれた御手洗《みたらし》池があり、ほとりには昔の宿泊施設である別山室の石垣が残っている。一帯はニッコウキスゲなどのお花畑で、最盛期には平原が黄橙色に染まり壮観である。また、主峰の御前峰《ごぜんがみね》や大平壁《たいへいかべ》とよばれる岩壁に身を固めた端正な別山の眺め

銚子ヶ峰から笠場湿原（右下）と願教寺山（左）

もすばらしい。

　別山平からさらに下り、様々な花を見ながら三ノ峰へ登り返す。**三ノ峰**山頂からは、白山主峰部や別山をはじめ、北アルプス、願教寺《がんきょうじ》山《やま》、能郷白山《のうごうはくさん》などの展望がよく、ゆっくりしたいところだが、先は長い。山頂に別れを告げ、**三ノ峰避難小屋**へ下る。

三ノ峰避難小屋と三ノ峰、別山（右奥）

　三ノ峰避難小屋の周辺もハクサンフウロやミヤマキンポウゲなどのお花畑が広がる。水場はないが、7月中なら東側に残雪のあることが多く、その下で水が得られよう。小屋に向かって右（西）へ分岐するのは鳩《はと》ヶ《が》湯《ゆ》新道（P161コース23のサブコース参照）である。
　小屋の左（東）から、道はガレ場や笹原の中を下る。次のピーク・二《に》ノ峰《みね》との鞍部《あんぶ》手前の小平坦地に水呑釈迦《みずのみしゃか》堂跡の道標がある。東側の谷に向けて踏み跡をたどれば水が得られるが、干天時は涸れることもある。
　鞍部から**二ノ峰**に登り、ピークの西側を巻く。やや急なアップダウンで**一**《いち》**ノ峰**《みね》を越えて登り返すと、願教寺山や野伏《のぶせ》ヶ《が》岳《たけ》へと続く福井・岐阜の県境稜線が分かれる。眼下には、池塘が光る笠場《かさば》湿原が望まれる。
　雲《くも》石やももすり岩と名づけられた岩を越え、**銚子ヶ峰**のピークに登る。別山はすでに遠く、越えてきた峰々や刈込《かりこみ》池のある原《はら》ノ平《たいら》（幅《はば》ノ平）が一望できる。

神鳩ノ宮避難小屋。携帯トイレブースがある

巨岩の母御石の脇を通り抜ける

銚子ヶ峰から「笹山三里《ささやまさんり》」と称される一面の笹原を下っていくと、母御《ははご》石とよばれる大きな丸い岩がある。白山を開いた泰澄《たいちょう》大師《だいし》の母が泰澄を追って、女人禁制を犯してここまできたが、神の怒りに触れ、この石の間で息絶えたという伝説がある。

笹原から樹林に入り、大日ヶ岳《だいにちがたけ》へ続く主稜線と分かれると、神鳩《かんばた》社跡の小さな石の祠があり、**神鳩《かんばた》ノ宮《みや》避難小屋**に着く。小屋の前から100mほど下ったところで冷たい水が得られる。

樹齢約1800年の「いとしろの大杉」

苔むした石畳が歴史を感じさせる道を下ると、かむろ杉や雨宿《あまやど》りの岩屋という伝説の地があり、おたけり坂とよばれる急坂を下る。やがてブナ林となり、国指定の特別天然記念物である「いとしろの大杉」が立つ平坦地に出る。近年、樹勢の衰えが心配されるが、威厳のある巨木である。また、今清水社の跡があり、その名のとおり湧き水がある。

整備された石の階段を下ると**石徹白登山口**となる車道に出る。広場には休憩舎やトイレ、駐車場、水場がある。ここからバス停のある**上在所**までは、さらに6kmの車道歩きとなる。

プランニング&アドバイス

ここでは南竜ヶ馬場から1日で石徹白まで下るコースとして紹介したが、石徹白登山口まででも約16km、しかも縦走路上はアップダウンもあるので、かなりの健脚向きである。バスの便がある上在所へは、石徹白登山口からさらに1時間30分あまり歩かねばならないので、白鳥市街からタクシーをあらかじめ手配しておくなどするのがよい。水のある神鳩ノ宮避難小屋でもう1泊するのも一計だが、シュラフ・食料などの持参が必要となる。

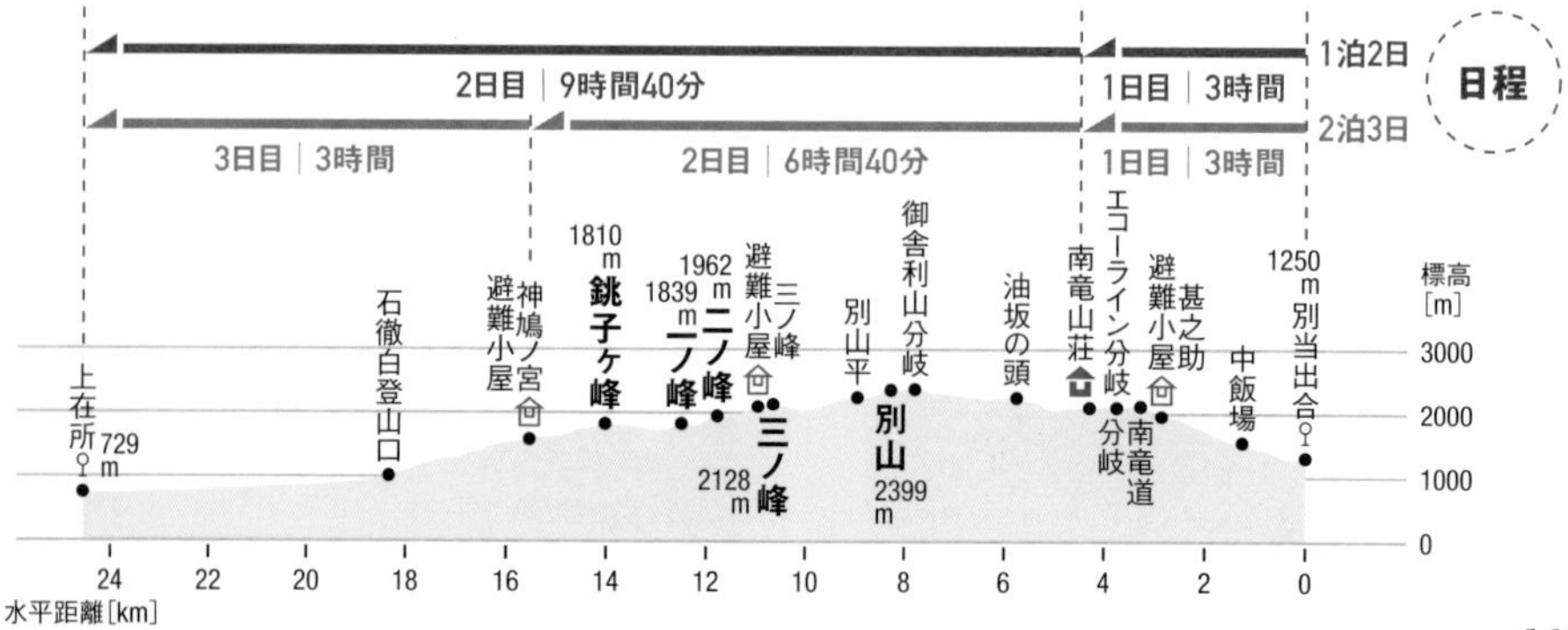

サブコース

鳩ヶ湯新道を下る

三ノ峰避難小屋↓剣ヶ岩↓六本檜↓上小池駐車場↓鳩ヶ湯バス停　4時間50分

Map 13-2C　三ノ峰避難小屋
Map 13-4A　鳩ヶ湯バス停

コースグレード	中級
技術度	★★☆☆☆ 2
体力度	★★☆☆☆ 2

鳩《はと》ヶ湯《がゆ》新道は、狭義の白山《はくさん》登山道では福井県唯一のコースである。希少種をはじめ多くの植物種が見られ、日帰り利用が多い。**三《さん》ノ峰《みね》避難小屋**の前から西へトラバース気味に下ると遭難碑があり、やがて急なやせ尾根となる。一帯は花の美しいところで、白山主峰部や別山《べっさん》も望まれる。眼下に近づいてくる大岩は**剣ヶ岩**といい、白山を開いた泰澄大師《たいちょうだいし》が、千匹の悪蛇を刈込《かりこみ》池に封じこめ、蛇が嫌う剣の影が水面に映るようにしたという。

荒島岳《あらしまだけ》や刈込池のある原《はら》ノ平《たいら》（幅《はば》ノ平）などを見ながら、急な尾根道をさらに下り、小さなアップダウンをしながら進めば、数本のヒノキが立つ**六本檜**《ろっぽんひのき》に着く。ここから尾根沿いに直進する道は、白山市白峰《しらみね》の三《み》ツ谷《だに》へ下る道と、赤《あか》兎山《うさぎやま》を経て小原《おはら》峠にいたる道が分岐する杉《すぎ》峠に続いている。

六本檜の分岐で左に折れ、急なガレ場からブナなどの樹林の中を下る。傾斜がゆるやかになり、スギの植林地を抜けると山越《やまこし》邸跡の平坦地に出る。そこから登山道をわずかに下った右手の沢で水が得られる。

山越邸跡から**上小池《かみこいけ》登山口**へは約10分、さらに20分ほどで**上小池駐車場**に着く。トイレがあり、少し下った下小池《しもこいけ》にはキャンプ場がある。バスの便のある**鳩ヶ湯**へは、さらに2時間の車道歩きとなる。

上小池登山口から分岐する自然研究路にある刈込池は近年人気が高く、とくに紅葉の時期は道路が渋滞するほどである。

標高1900mあたりから望む御前峰（左）と別山（右）

大きなヒノキがある六本檜。下山は左へ進む

写真・文／栂 典雅

中央アルプスへのアクセス

公共交通機関利用

中央アルプスへの各登山口へは、JR飯田線伊那市駅、駒ヶ根駅、飯田駅、JR中央本線木曽福島駅や上松駅、須原駅、中津川駅からバスやタクシーを利用する。

飯田線の各駅へは、東京（新宿駅）方面から中央本線の特急「あずさ」を利用し、岡谷駅で飯田線に乗り換える。名古屋からは中央本線の特急「ワイドビューしなの」で塩尻駅へ行き、中央本線の普通列車に乗車し辰野駅で飯田線に乗り換える。大阪からは、JR東海道新幹線豊橋駅から飯田線の特急「ワイドビュー伊那路」で飯田駅に向かう方法もある。

中央本線の各駅へは東京（新宿駅）方面から特急「あずさ」を利用して塩尻駅へ、ここで特急「ワイドビューしなの」に乗り換える。名古屋方面からは特急「ワイドビューしなの」を利用する。なお須原駅には特急が停車しないので（上松駅もほとんどの特急が通過する）、木曽福島駅か中津川駅で普通列車に乗り換える。

伊那・駒ヶ根・飯田エリアへは東京や名古屋方面から中央高速バス（京王バスや伊那バス、信南交通など）が頻発している。乗り換えの手間がなく、運賃も鉄道利用より安い。なお、新宿からは木曽福島や中津川へも中央高速バス（京王バス、おんたけ交通、名鉄バス）やJRバス、東鉄バス（中津川方面のみ）が運行されている。

恵那山の各登山口へはバス路線がないので、中津川駅または飯田駅からタクシーを利用する（主要駅から主な登山口へは、P174「登山口ガイド」も参照のこと）。

アクセス図 凡例

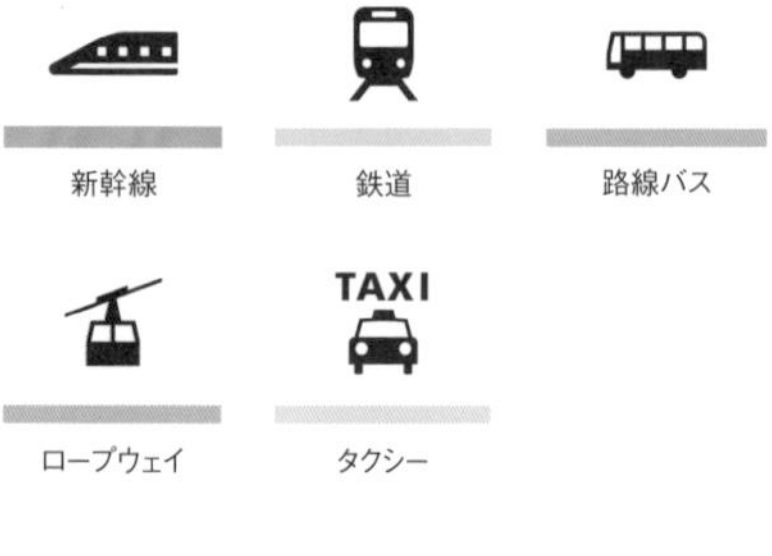

↑伊那側や木曽側へ向かう中央高速バスが発着するバスタ新宿
↓菅の台バスセンター。マイカー利用者はしらび平行バスに乗り換え

マイカー利用

中央アルプスの各登山口へは、中央自動車道の伊那IC、駒ヶ根IC、飯田IC、飯田山本IC、園原IC（名古屋方面からのみ）、中津川ICが起点となる。

伊那ICは経ヶ岳登山口の羽広（仲仙寺）や権兵衛峠、将棊頭山経由木曽駒ヶ岳への登山口・桂小場への起点となる。ETC装着車なら、桂小場へは小黒川SIC（スマートインターチェンジ）のほうが近い。また、東京方面から木曽側の各登山口となる木曽駒高原、旧アルプス山荘（いずれも木曽駒ヶ岳へ）、伊奈川ダム（空木岳、南駒ヶ岳、越百山）の各登山口へも、伊那ICから国道361号権兵衛トンネル経由で向かうことになる。

駒ヶ根ICは千畳敷や木曽駒ヶ岳、伊那前岳への起点となる駒ヶ根高原（菅の台）、空木岳登山口の池山林道終点への起点。なお、駒ヶ岳ロープウェイしらび平駅へはマイカー規制のため、菅の台でバスに乗り換える。

飯田ICは摺古木山や安平路山への登山口となる大平宿へ、飯田山本ICと園原ICは恵那山の長野側の登山口となる神坂神社や峰越林道・登山者用駐車場への起点となる。

中津川ICからは恵那山の岐阜県側の登山口となる黒井沢登山口や神坂峠への起点。なお、21年内には神坂SICが開設されるので（利用できるのはETC装着車のみ）、神坂峠へ向かう場合はこちらのほうが便利。

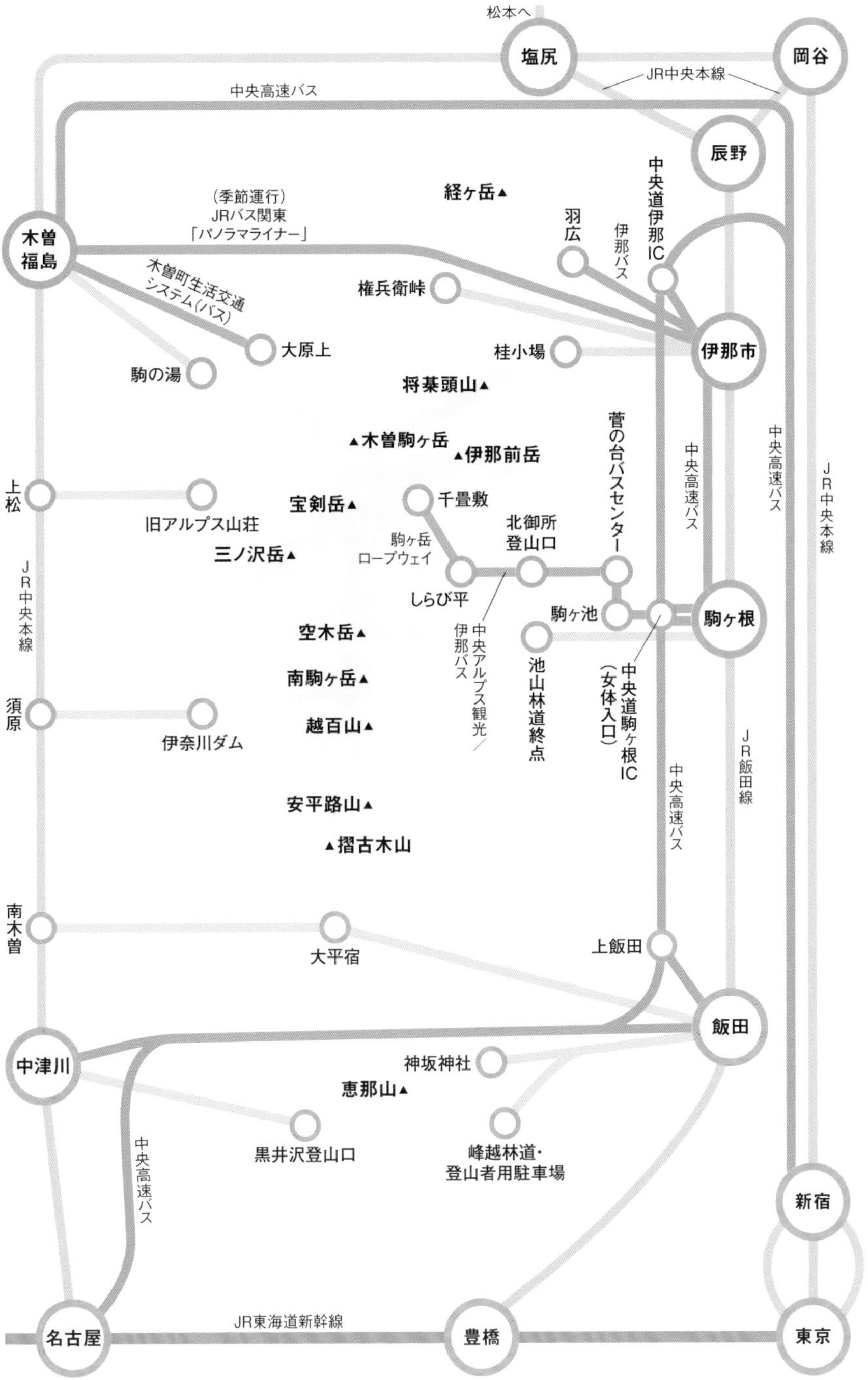
松本へ
塩尻
岡谷
JR中央本線
中央高速バス
辰野
経ヶ岳▲
中央道伊那IC
羽広
伊那バス
（季節運行）
JRバス関東
「パノラマライナー」
木曽福島
木曽町生活交通システム（バス）
権兵衛峠
大原上
駒の湯
桂小場
伊那市
将棊頭山▲
▲木曽駒ヶ岳
▲伊那前岳
菅の台バスセンター
中央高速バス
中央高速バス
JR中央本線
上松
旧アルプス山荘
宝剣岳▲
千畳敷
北御所登山口
駒ヶ岳ロープウェイ
三ノ沢岳▲
JR中央本線
しらび平
駒ヶ池
駒ヶ根
空木岳▲
中央アルプス観光／伊那バス
池山林道終点
中央道駒ヶ根IC（女体入口）
南駒ヶ岳▲
須原
伊奈川ダム
越百山▲
中央高速バス
JR飯田線
安平路山▲
▲摺古木山
南木曽
大平宿
上飯田
飯田
中津川
神坂神社
恵那山▲
黒井沢登山口
峰越林道・登山者用駐車場
中央高速バス
新宿
JR東海道新幹線
名古屋
豊橋
東京

中央アルプス周辺図

1:240,000
0
2
10km
N
高山方面
長峰峠
濁河温泉方面
開田高原
鹿の瀬温泉
木曽温泉
剣ヶ峰
3064
御岳ロープウェイ
三笠山
2256
小坂温泉
けやきの湯
御岳高原
御嶽神社
黒沢口里宮
御嶽神社
王滝口里宮
王滝村
御岳湖
王滝川
西野川
釜沼温泉
きそふくしま温泉
二本木の湯
代山温泉
せせらぎの四季
木曽町
木曽福島駅
道の駅三岳
道の駅
木曽福島
桟温泉
駒の湯
中央本線
台ヶ峰
1503
上松町
上松駅
寝覚の床
旧アルプス山荘
風越山
1699
小野ノ滝
卒塔婆山
1541
西股山
1717
赤沢自然休養林
大鈴山
1386
阿寺山
倉本駅
奥峰
1711
道の駅木曽川源流の里きそむら
木祖村
藪原駅
宮ノ越駅
原野駅
道の駅日義木曽駒高原
水沢山
2004
キビオ峠登山口
木曽駒高原
コガラ登山口
赤林山
2178
大棚入山
2375
麦草岳
2721
木曽駒ヶ岳
2956
宝剣岳
2931
千畳敷駅
しらび平駅
駒ヶ岳ロープウェイ
三ノ沢岳
2847
檜尾岳
2728
熊沢岳
2778
空木岳
2864
木曽殿越
池山林道終点
駒ヶ岳スマートIC
2653
茶臼山
将棊頭山
2730
桂小場
南沢山
1898
権兵衛峠
権兵衛トンネル
権現山
1749
塩尻IC方面
塩尻方面
贄川駅
奈良井川
道の駅木曽ならかわ
奈良井駅
道の駅奈良井
木曽の大橋
坊主岳
1961
塩尻市
経ヶ岳
2296
黒沢山
2127
辰野町
三級の滝
桑沢山
1538
ながたの湯
仲仙寺
道の駅
大芝高原
羽広温泉
みはらしの湯
小黒川スマートIC
（小黒川PA）
伊那IC
伊那北駅
伊那市駅
伊那市
三峰川
南箕輪村
北殿駅
伊那松島駅
箕輪町
伊北IC
小式部城山
1120
もみじ湖
辰野PA
辰野駅
中央本線
信濃川島駅
横川
塩尻方面
岡谷
新宿方面
岡谷JCTへ
天竜川
高鳥谷山
1331
宮田村
宮田駅
早太郎温泉
こまくさの湯
菅の台
駒ヶ根駅
駒ヶ根IC
駒ヶ根市
長野県
黒川
26
361
20
473
256
19
258
269
457
508
202
203
201
14
88
153
87
18
75
49

奥三界岳 1811
砂小屋山 1471
道の駅大桑
須原駅
伊奈川ダム上登山口
越百山 2614
仙涯嶺 2734
飯島町
道の駅田切の里
飯島駅
陣馬形山 1445
折草峠
三界山 1600
野尻駅
大桑駅
大桑村
フォレスパ木曽・あてら荘
のぞきど森林公園
柿其温泉
道の駅花の里いいじま
中央自動車道
奥念丈岳 2303
烏帽子岳 2195
四徳温泉
中川村
十二兼駅
念丈岳 2291
飯田線
安平路山 2363
大嶺山 1021
伊勢山 1373
南木曽町
本高森山 1890
摺古木山 2169
白ビソ山 2265
上片桐駅
大萱山 1479
道の駅 五木のやかた・かわうえ
桃介橋
南木曽駅
松川IC
伊那大島駅
松川町
田立駅
南木曽岳 1677
吉田山 1451
坂下駅
道の駅賤母
妻籠宿
床並高原
山吹駅
白沢山 1268
滝見温泉
高森町
道の駅きりら坂下
南木曽温泉郷
大江戸温泉物語ホテル木曽路
夏焼山 1503
大平峠
大平宿
障子山 1136
大鹿村
高峰山 945
兀岳 1637
飯田峠
座光寺スマートIC（座光寺PA）
風越山 1535
元善光寺
市田駅
豊丘村
大西山 1742
馬籠峠
清内路トンネル
飯田市
元善光寺駅
リニア中央新幹線（建設中）
馬籠宿
（2021年度開通予定）神坂スマートIC（神坂PA）
落合川駅
中津川駅
飯田駅
南沢山 1564
横川山 1620
切石駅
伊那八幡駅
喬木村
鬼面山 1890
名古屋方面
クアリゾート湯舟沢
中津川温泉
恵那山トンネル
富士見台 1739
阿智村
梨子野山 1315
飯田IC
ほっ湯アップル
毛無山 1130
地蔵峠
湯ったり〜な昼神
久堅温泉
中津川市
夜烏山 1320
飯田山本IC
時又駅
飯田上久堅・喬木富田IC
氏乗山 1819
神坂峠
神坂神社
前山 1351
園原IC（名古屋方面からのみ）
昼神温泉
水晶山 799
天竜峡駅
阿智PA
尾高山 2213
矢筈トンネル
中津川IC
←小牧JCT・名古屋ICへ
網掛山 1133
三遠南信自動車道
恵那神社
恵那山 2191
天竜峡温泉
卯月山 1102
峰越林道・登山者用駐車場
月川温泉
曽山 1601
しらびそ高原
日ノ入山 1072
阿智川
天龍峡IC
三階峰 1465
道の駅信濃路下條
金森山 1703
御池山 1906
不動温泉
黒井沢登山口
下條村
飯田市
豊田方面
豊橋方面

御嶽山へのアクセス

公共交通機関利用

御嶽山の各登山口へは、長野県側がJR中央本線木曽福島駅、岐阜県側はJR高山本線飛騨小坂駅が起点となる。

木曽福島駅へは、東京（新宿駅）方面からJR中央本線の特急「あずさ」を利用して塩尻駅へ、ここで中央本線の特急「ワイドビューしなの」か、中央本線の普通列車に乗り換える（約3時間～3時間30分）。また、新宿駅からは木曽福島へ直行する中央高速バス（京王バス、おんたけ交通バス・約4時間30分）も1日2便だが運行され、JRの特急より安価で利用できる。名古屋・大阪方面からは、名古屋駅から中央本線の特急「ワイドビューしなの」に乗車して約1時間30分。

飛騨小坂駅へは、名古屋駅から特急「ワイドビューひだ」で約2時間20分。ただし通過する便が多いので、ダイヤをよく確認しておくこと。

木曽福島駅からは王滝口の登山口・田の原行の王滝村営バス、黒沢口の御岳ロープウェイ（鹿ノ瀬）への木曽町生活交通システム（バス）が季節運行されている（木曽福島～濁河温泉間のバスは2019年に廃止された）。いずれの登山口へも運行本数が少ないので、木曽福島駅からタクシー利用も考慮したい。

また、長野県側の開田口へは木曽福島駅から、岐阜県側のメインコース・小坂口と日和田口、胡桃島口については飛騨小坂駅からタクシーを利用する（岐阜県側の各登山口へは木曽福島駅からのアクセスも可能（主要駅から主な登山口への詳細はP174「登山口ガイド」も参照のこと）。

アクセス図 凡例

↑各登山口へのバスやタクシーの拠点となるJR中央本線木曽福島駅

↓特急「ワイドビューひだ」。岐阜県側からのアクセス時に便利

マイカー利用

御嶽山への主な登山口へは、東京方面・名古屋方面からまず木曽町福島に向かうことになる。

東京方面からは中央自動車道伊那IC下車、国道361号権兵衛トンネル・国道19号経由約50分。名古屋・大阪方面からは中央道中津川IC下車、国道19号経由約1時間。大阪方面から岐阜県側のメイン登山口・濁河温泉への入口となる下呂市小坂へは、東海北陸自動車道郡上八幡IC下車、濃飛横断自動車道（国道256号）、国道41号経由約1時間30分（郡上八幡ICから国道472・257・41号経由で向かう方法もある）。

木曽町福島から各登山口へのアクセスは、以下の通り。

・田の原＝国道19号・県道461号・20号・256号などを経由し約1時間10分。

・鹿ノ瀬＝国道19号・県道461号・20号・御岳ブルーライン経由約50分。

・開田口登山口＝県道20号などを経由し約50分。

・チャオ御岳＝国道361号・県道20号・435号などを経由し約1時間10分。

・胡桃島キャンプ場＝国道361号・県道20号・435号などを経由し約1時間20分。

・濁河温泉＝国道361号・県道20号・435号などを経由し約1時間30分。

各登山口の詳細は、P174「登山口ガイド」を参照のこと。

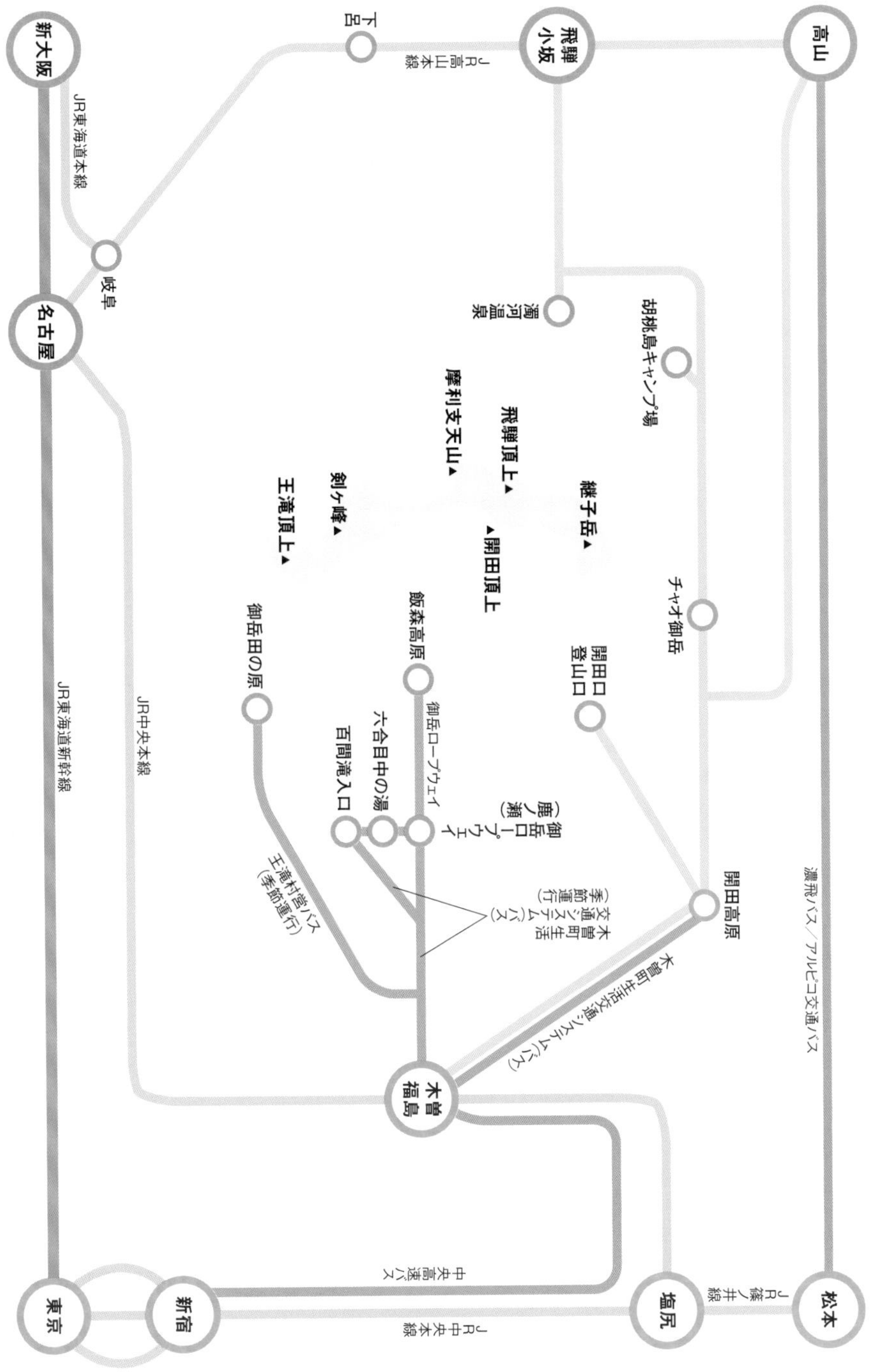

新大阪
下呂
飛騨小坂
高山
JR高山本線
JR東海道本線
岐阜
名古屋
濁河温泉
胡桃島キャンプ場
摩利支天山
飛騨頂上
継子岳
剣ヶ峰
王滝頂上
開田頂上
チャオ御岳
飯森高原
開田口登山口
御岳田の原
御岳ロープウェイ
六合目中の湯
百間滝入口
鹿ノ瀬（御岳ロープウェイ）
開田高原
木曽町生活交通システム（バス）（季節運行）
王滝村営バス（季節運行）
木曽町生活交通システム（バス）
JR中央本線
JR東海道新幹線
濃飛バス／アルピコ交通バス
木曽福島
中央高速バス
東京
新宿
塩尻
松本
JR篠ノ井線
JR中央本線

御嶽山周辺図
乗鞍高原
剣ヶ峰 3026
権現池
乗鞍岳
松本市
朝日村
鉢盛山 2447
烏帽子岳 1952
小鉢盛山 2374
1947
奈川温泉
奈川
前川
梓湖
岳谷滝
本谷
野麦峠
飛騨川
鎌ヶ峰 2121
境峠
2096
木祖村
2033
1858
奥木曽湖
塩尻・新宿方面
高遠山 1463
味噌川ダム
木曽平沢駅
奈良井駅
奈良井川
長峰峠
辰ヶ峰 1817
大笹沢山 2040
2002
西野温泉
開田温泉
1490
開田口登山口
六合目中の湯
鹿ノ瀬
奥峰 1711
鳥居峠
坊主岳 1961
道の駅 木曽川源流の里 きそむら
奈良井ダム
藪原駅
塩尻市
木曽馬の里
地蔵峠
開田高原
御嶽明神温泉 やまゆり荘
1434
1437
中山道
権兵衛トンネル
権兵衛街道
木曽温泉
鹿の瀬温泉
御岳ロープウェイ
きそふくしま温泉 二本木の湯
宮ノ越駅
伊那ICへ
長野県
せせらぎの四季
代山温泉
中央本線
原野駅
おんたけ2240 スキー場
御岳霊場
小坂温泉 けやきの湯
西野川
白川
御岳高原
こもれびの湯 1558
1275
城山 1281
水沢山 2004
大棚入山 2375
御嶽神社 黒沢口里宮
木曽町
木曽川
木曽駒高原
御岳霊場
清滝
御嶽山岳歴史 文化会館
木曽福島駅
駒の湯
牧尾ダム
御嶽神社 王滝口里宮
道の駅 木曽福島
1453
茶臼山 2653
釜沼温泉
赤林山 2178
御岳湖
木曽の桟 桟温泉
将棊頭山 2730
1282
道の駅三岳
木曽町御嶽山ビジターセンター (建設中)
台ヶ峰 1503
木曽駒ヶ岳 2956
宮田村
上松駅
宝剣岳 2931
千畳敷駅
寝覚の床
滑川
風越山 1699
三ノ沢岳 2847
しらび平駅
小川
N
0 1 5km
1:200,000
西股山 1717
上松町
駒ヶ根市
大桑村
檜尾岳 2728
1478
中津川・名古屋方面
84
26
39
463
361
258
20
19
473
457
269
263
256
486
508

高山方面
高山方面
源氏岳
1143
1027
宮川
木曽街道
美女峠
1316
六方山
1403
千町ヶ原
九蔵本谷
飛騨一ノ宮駅
青屋川
道の駅
モンデウス
飛騨位山
日ノ観ヶ岳
1106
道の駅
ひだ朝日村
453
弥陀ヶ洞山
994
朝日貯水池
朝日ダム
子ノ原高原
1747
刈安峠
87
黒手山
1316
秋神ダム
1415
塩蔵川
98
455
久々野駅
高屹山
1303
秋神貯水池
道の駅
飛騨たかね工房
高山市
塩沢温泉
七峰館
桧ヶ尾山
1084
大沢山
1112
大坊本谷
栃尾山
1351
鳥屋峠
木曽街道
361
高根第一ダム
船山
1479
六郎洞山
1479
高根第二ダム
位山峠
大坊山
1347
高根乗鞍湖
道の駅
飛騨街道なぎさ
くるみ温泉
98
渚駅
1597
435
秋神温泉
益田街道
鈴蘭高原
高山本線
1575
大滝
秋神川
胡桃島キャンプ場
チャオ御岳
鈴蘭峠
岳見峠
柳蘭峠
岐阜県
大平展望台
追分
1746
法仙峰
41
大平山
1591
飛騨小坂駅
1288
巌立峡
ひめしゃがの湯
濁河峠
スノーリゾート
チャオ御岳
441
濁河川
飛騨川温泉
しみずの湯
437
三間山
1800
435
兵衛谷
濁滝
根尾滝
小坂川
飛騨宮田駅
88
濁河温泉
仙人滝
道の駅
南飛騨小坂
下島温泉
湯屋温泉
椹谷
濁河温泉
市営露天風呂
継子岳
2859
上呂駅
御嶽山
二ノ池
摩利支天山
2959
飛騨頂上
下呂市
椹谷山
1885
継母岳
2867
剣ヶ峰
3067
若栃山
1593
三浦山
2394
2936
王滝頂上
飛騨川
御前山
1647
鹿山筋谷
飛騨萩原駅
三笠山
2256
田の原
257
(建設中)
観音滝
1546
王滝村
禅昌寺駅
41
1748
88
瀬戸ダム
寺田小屋山
1505
三浦ダム
三浦貯水池
高森山
1592
濁川
湯ヶ峰
1067
鞍掛峠
王滝川
下呂駅
白草山
1641
1611
三国山
八尾山
1101
440
小秀山
1982
濃飛横断自動車道
拝殿山
1402
41
前山
1815
白巣峠
郡上八幡ICへ
輪川
野滝山
882
東白川村
鯎川
唐塩山
1609
257
岐阜・名古屋方面
舞台峠
中津川方面
真弓峠

白山へのアクセス

↑東京と金沢を最速2時間30分で結ぶJR北陸新幹線
↓石川側の登山拠点・市ノ瀬。マイカー規制時はバスに乗り換える

公共交通機関利用

白山への主な登山口へはJR北陸新幹線・北陸本線金沢駅、JR高山本線高山駅などが起点。

金沢駅へは、東京方面からはJR北陸新幹線、名古屋からは北陸本線特急「しらさぎ」、大阪からはJR湖西線・北陸本線特急「サンダーバード」がそれぞれ運行。また、東京、名古屋、大阪からは高速バスも利用できる（運行会社は、東京発はJRバスや西武バスなど、名古屋発は名鉄バスや北陸鉄道バスなど、大阪発はJRバス）。

金沢駅からは7月上旬〜10月10日前後の土曜・休日を中心に市ノ瀬行の白山登山バス（北陸鉄道バス）が1日1〜2便運行される。始発は6時30分（7月中旬〜8月上旬は6時）。また、北陸本線松任駅から市ノ瀬へ白山登山バス（株式会社マップ）が1日3便運行されるほか、北陸本線小松駅から別当出合へ乗合タクシー「白山登山エクスプレス」も1日1〜2便（うち1便は小松空港発着）運行される。

高山駅へは、東京方面からは新宿駅から中央高速バス（京王バス、濃飛バス）が運行。名古屋方面からはJR高山本線の特急「ワイドビューひだ」を利用する（大阪発も1日1便運行）。高山駅からは、白川郷や大白川ダムへの入口となる平瀬温泉へ濃飛バスが運行。白川郷へは名古屋駅（名鉄バスセンター）から岐阜バスも運行している。

その他の登山口へのアクセスについては、白山一里野・中宮温泉へは北陸鉄道鶴来駅、上在所へは長良川鉄道美濃白鳥駅、鳩ヶ湯へはJR越美北線越前大野駅からそれぞれ路線バスを利用する（詳細は、P174「登山口ガイド」を参照のこと）。

アクセス図 凡例

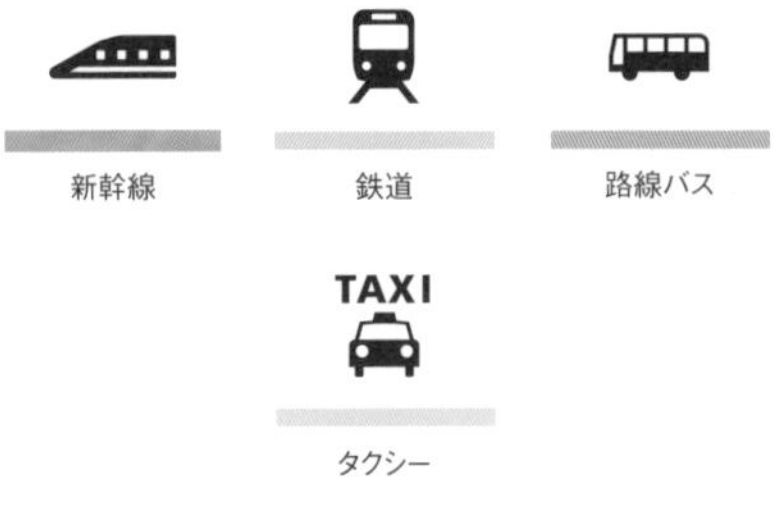

マイカー利用

白山登山の石川県側のメイン登山口・別当出合へは、北陸自動車道白山ICから県道8号、国道157号、県道33号経由で約1時間30分。なお市ノ瀬〜別当出合間は7月上旬〜10月10日前後の土曜・休日を中心にマイカー規制が実施される。規制時は6km手前の市ノ瀬に車を停め、シャトルバス（有料）を利用する（マイカー規制についてはP174「登山口ガイド」を参照）。白山北麓の白山一里野へは、北陸道白山ICから県道8号、国道157・360号経由で約1時間。中宮温泉へは白山白川郷ホワイトロード（旧白山スーパー林道）経由でさらに20分ほど。大阪方面からのアクセスは、北陸道福井北JCT〜中部縦貫自動車道（永平寺大野道路）勝山IC〜国道157号経由か北陸道小松ICから国道360・157号経由で各登山口へ。

岐阜県側のメイン登山口で、東京方面から白山主峰の御前峰へ最も近い登山口となる大白川ダムへは、東海北陸自動車道荘川ICから国道156号、県道451号経由で約50分。北縦走路の登山口となる白川郷へは、東海北陸道白川郷ICで下車する。南縦走路の登山口となる石徹白登山口へは、東海北陸道白鳥ICから国道156号、県道314号などを通り約50分。

福井県側の登山口・鳩ヶ湯へは、東京・名古屋方面からは東海北陸道白鳥ICから、関西方面からは中部縦貫道大野ICから県道173号経由で向かう（前者は約1時間10分、後者は約40分）。

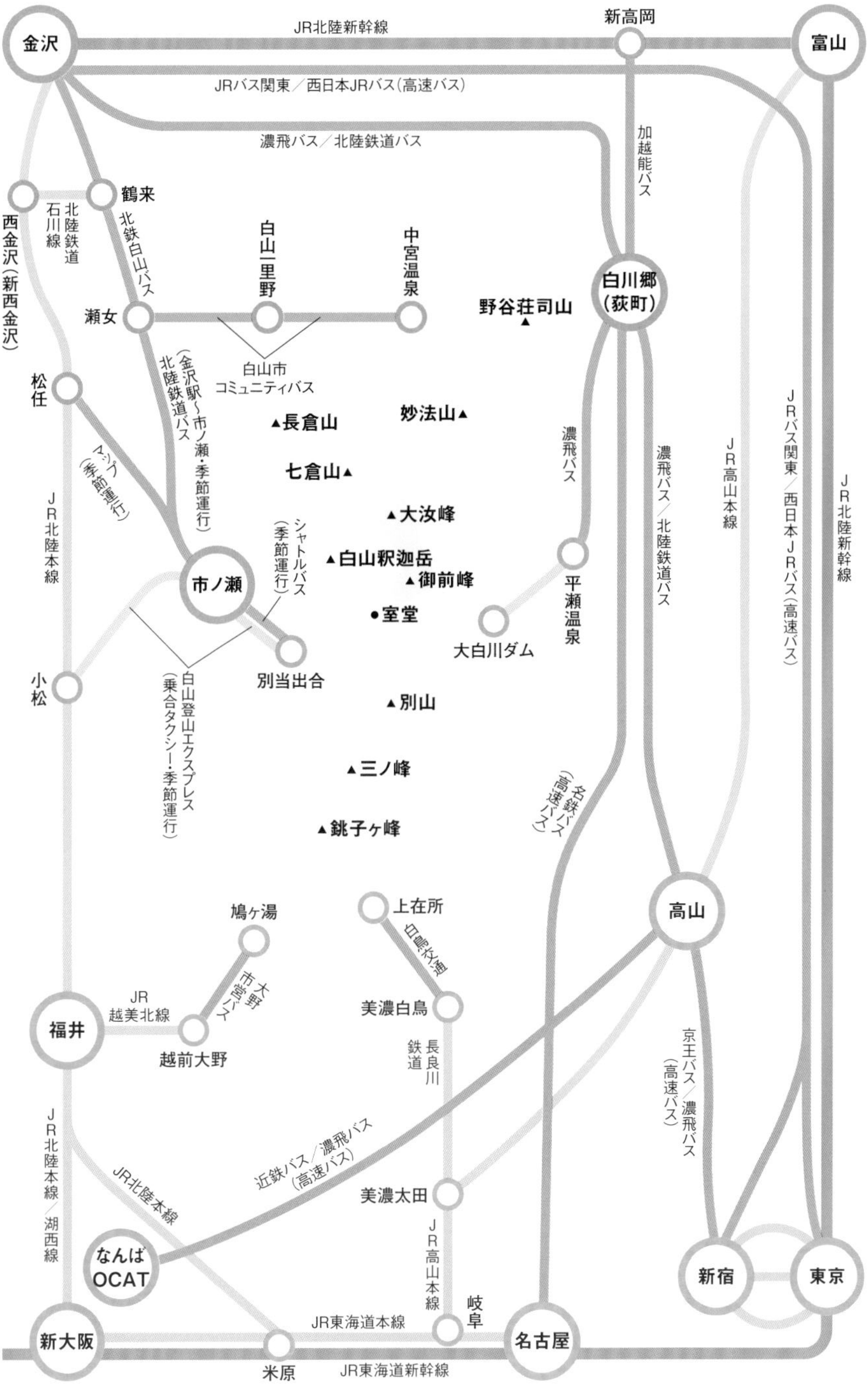
金沢
JR北陸新幹線
新高岡
富山
JRバス関東／西日本JRバス（高速バス）
濃飛バス／北陸鉄道バス
加越能バス
鶴来
西金沢（新西金沢）
北陸鉄道石川線
北鉄白山バス
白山一里野
中宮温泉
白川郷（荻町）
野谷荘司山
瀬女
白山市コミュニティバス
松任
（金沢駅〜市ノ瀬・季節運行）北陸鉄道バス
長倉山
妙法山
マップ（季節運行）
JR北陸本線
七倉山
濃飛バス
濃飛バス／北陸鉄道バス
JR高山本線
JRバス関東／西日本JRバス（高速バス）
JR北陸新幹線
シャトルバス（季節運行）
大汝峰
白山釈迦岳
市ノ瀬
御前峰
平瀬温泉
室堂
大白川ダム
別当出合
小松
白山登山エクスプレス（乗合タクシー・季節運行）
別山
三ノ峰
名鉄バス（高速バス）
銚子ヶ峰
高山
鳩ヶ湯
上在所
白鳥交通
大野市営バス
JR越美北線
美濃白鳥
福井
越前大野
長良川鉄道
京王バス／濃飛バス（高速バス）
JR北陸本線／湖西線
近鉄バス／濃飛バス（高速バス）
JR北陸本線
美濃太田
JR高山本線
なんば OCAT
新宿
東京
JR東海道本線
岐阜
新大阪
名古屋
米原
JR東海道新幹線

白山周辺図

日本海
金沢西IC
白山IC
徳光スマートIC
（徳光PA）
北陸自動車道
北陸本線
美川IC
能美根上
スマートIC
能美根上駅
小松IC
小松駅
小松空港
安宅スマートIC
（安宅PA）
福井北JCTへ
福井・大阪方面
粟津駅
道の駅
こまつ木場潟
小松市
鷹落山
鞍掛山
動山
五百峠
大倉岳
荒倉岳
大日川ダム
梅ノ木山
大峰
光谷越
火燈山
観音山
道の駅
一向一揆の里
岳峰
能美市
川北町
高野山
揚原山
道の駅
しらやまさん
鶴来駅
日御子駅
井口駅
陽羽里駅
四十万駅
北陸鉄道石川線
野々市市
野々市駅
松任駅
加賀笠間駅
美川駅
小舞子駅
道の駅
めぐみ白山
西金沢駅
新西金沢駅
野町駅
兼六園
金沢城跡
金沢駅
東金沢駅
新高岡・富山方面
北陸新幹線
卯辰山
権殿山
小矢部砺波JCTへ
金沢市
医王ダム
戸室山
キゴ山
白兀山
奥医王山
医王山
湯涌温泉
内川ダム
兜山
倉ヶ岳
後高山
吉次山
高尾山
刀利ダム
水葉山
拳原山
犀川ダム
順尾山
大倉山
奥獅子吼山
三輪山
成ヶ峰
赤堂山
月ヶ原山
手取川第三ダム
雲龍山
烏帽子山
口三方岳
高三郎山
大門山
赤摩木古山
ブナオ峠
笠山
白山すぎのこ温泉
大門温泉センター
石川県
白山市
松尾山
奈良岳
大笠山
高倉山
比咩の湯
道の駅瀬女
手取川ダム
温泉センター
新中宮
白山一里野
中宮温泉
大瓢箪山
千丈平
笈ヶ岳
冬瓜山
白山白川郷
ホワイトロード
癒しの湯
瓢箪山
富山県
南砺市
三方山
猿ヶ山
大獅子山
タカンボウ山
境川ダム
オゾウゾ山
五箇山IC
道の駅上平
高坪山
小原ダム
マルツンボリ山
人形山
三ヶ辻山
芦倉山
椿原ダム
牛首峠
道の駅白川郷
白川郷の湯
白川郷IC
白川郷
ソウレ山
天生
道の駅たいら
高落場山
高清水山
祖山ダム
赤祖父山
大牧温泉
八乙女山
栃原峠
砺波市
道の駅井波
道の駅庄川
福野駅
新高岡方面
小矢部砺波JCTへ
桑山
東石黒駅
道の駅福光
福光駅
城端線
越中山田駅
福光IC
城端駅
東海北陸自動車道
城端トンネル
城端ダム
臼中ダム
袴腰トンネル
五箇山トンネル

加賀市
坂井市
勝山市
永平寺町
福井市
池田町
福井県
大野市
岐阜県
白川村
飛騨市
高山市
郡上市
野谷荘司山
白山
大汝峰
御前峰
2702
2684
白山釈迦岳
2053
四塚山
2519
七倉山
2557
別山
2399
三ノ峰
2128
二ノ峰 1962
一ノ峰 1839
銚子ヶ峰
1810
市ノ瀬
白山温泉
別当出合
上小池駐車場
石徹白登山口
大白川ダム
大白川温泉
露天風呂
室堂
薬師山
2023
長倉山
1640
湯谷頭
1549
妙法山
1775
三方崩山
2059
平瀬温泉
道の駅飛騨白山
大白川温泉
しらみずの湯
御母衣ダム
御母衣湖
日照岳
1751
猿ヶ馬場山
1875
籾糠山
1744
御前岳
1816
栗ヶ岳
1728
飛騨トンネル
1827
東海北陸
自動車道
荘川IC・高山へ
白川街道
道の駅
桜の郷荘川
荘川IC
白川郷IC・高山へ
ひるがの
高原
道の駅大日岳
大日ヶ岳
1709
上野高原
見当山
1352
鷲ヶ岳
1671
高鷲IC
道の駅白山文化の里長滝
白鳥IC・美濃関JCTへ
美濃白鳥・岐阜方面
長良川鉄道
北濃駅
毘沙門岳
1385
満天の湯
桧峠
阿弥陀ヶ滝
上在所
初河山
1613
芦倉山
1717
丸山
1786
天狗山
1659
野伏ヶ岳
1674
願教寺山
1691
鳩ヶ湯
赤兎山
1629
大長山
1671
西高山
1189
有形山
1011
大嵐山
1204
小嵐山
1002
砂御前山
1326
大辻山
1436
青柳山
1033
白峰温泉総湯
西山
857
取立山
1307
烏岳
1476
経ヶ岳
1625
法恩寺山
1357
高倉山
973
法恩寺山
有料道路
大師山
550
三頭山
778
高尾山
585
谷トンネル
大日山
1368
小大日山
1198
牛ヶ首峠
杉水峠
1320
1027
712
1165
1152
1329
1609
1265
1480
中部縦貫自動車道
（永平寺大野道路）
鷲ヶ岳
769
水無山
784
えちぜん鉄道
勝山永平寺線
小舟渡駅
勝山街道
比島駅
勝山駅
道の駅恐竜渓谷かつやま
勝山IC
経ヶ岳
765
福井北JCTへ
福井方面
大野IC
牛ヶ原駅
北大野駅
越前大野城
越前大野駅
計石駅
越美北線
飯降山
884
（大岳）
道の駅
越前おおの
荒島の郷
下唯野駅
柿ヶ島駅
勝原駅
美濃街道
仏原ダム
荒島岳
1523
荒島トンネル
越前下山駅
白鳥IC方面
麻那姫湖
真名川ダム
龍双ヶ滝
芦見川
1:265,000
5km
N

駒《こま》ヶ《が》根《ね》高原《こうげん》／千畳敷《せんじょうじき》

標高約850m ／ 2612m
木曽駒ヶ岳、空木岳方面

Map 2・3

駒ヶ根高原は駒ヶ根市街の西にある中ア北部の登山基地。木曽駒ヶ岳への駒ヶ岳ロープウェイの起点・しらび平駅へは9㎞手前の黒川平からマイカー進入禁止のため、菅の台バスセンターに駐車し路線バスに乗り換える。空木岳へは駒ヶ池バス停で下車する。マイカーやタクシーはさらに奥の池山林道終点まで入れる。ロープウェイ終点の千畳敷は木曽駒ヶ岳や宝剣岳などの登山拠点で、通年営業のホテルがある。

公共交通
JR飯田線 **駒ヶ根駅**
↕ 伊那バス・中央アルプス観光 **約45分 1050円**

マイカー
中央道 **駒ヶ根IC**
↕ 75 約2km
菅の台バスセンター Ⓟ
↕ 伊那バス・中央アルプス観光 **約30分 830円**

しらび平駅
↕ 駒ヶ岳ロープウェイ **約8分　1370円**
千畳敷駅

※新宿や名古屋、大阪から中央高速バスを利用する場合は駒ヶ根インターバス停で下車し、徒歩3分の女体入口バス停でしらび平駅行の路線バスに乗り換える

↓駒ヶ岳ロープウェイ。30分間隔の運行で混雑時は増発される。混雑時は整理券を入手しておく

●駒ヶ根駅～池山林道終点間のタクシーは約30分・約5000円。スやロープウェイの運行ダイヤは季節や月により異なるので、伊那バスや中央アルプス観光のホームページを確認のこと。マイカーの場合、木曽駒ヶ岳へは菅の台バスセンター駐車場（300台）、空木岳へは池山林道終点（20台）か山麓の駒ヶ根高原スキー場（300台）に駐車する。菅の台の駐車場は最盛期には早朝から満車になることが多く、その際は近くの駒ヶ池か黒川平の臨時駐車場に誘導される。

●空木岳登山道への林道古城線は落石などのおそれがあり、2021年は車両通行止めだった（通行止め時は駒ヶ根高原スキー場の無料駐車場を利用する）。詳細は駒ヶ根市役所ホームページへ。

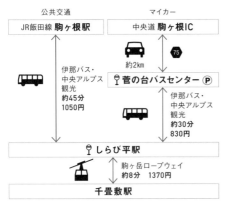

権《ごん》兵《べ》衛《え》峠《とうげ》登《と》山《ざん》口《ぐち》 標高約1550m　経ヶ岳方面

Map 1-3B

経ヶ岳への従来のメインコースだった仲仙寺ルートより標高差が少ないことから、近年登山者が増えているのが南面からの権兵衛峠ルートだ。

→権兵衛峠の登山口。約25台が停められる無料駐車場やトイレなどがある

公共交通
JR飯田線 **伊那市駅**
TAXI タクシー 約45分 約7000円
↓
権兵衛峠登山口 Ⓟ

公共交通
中央道 **伊那IC**
約19km 87 203 361 ほか
↓
権兵衛峠登山口 Ⓟ

●バス路線はなく、タクシーでアクセスする。マイカーで伊那市街からアクセスする場合、国道361号（権兵衛峠道路）を利用して権兵衛峠登山口へ向かうことになる。その際は権兵衛トンネルを抜けて約300m先の「木曽」の看板のある交差点を左折、あとは権兵衛街道（狭路のため運転注意）で権兵衛峠の登山口へ。

桂《かつら》小《こ》場《ば》登《と》山《ざん》口《ぐち》 標高約1250m　将棊頭山方面

Map 2-1D

桂小場登山口は伊那市街から小黒川沿いに延びる県道202号の終点。約30台が停められる駐車場やあずまや（登山届入れあり）、仮設トイレがある。タクシーも登山口まで入る。

公共交通
JR飯田線 **伊那市駅**
TAXI タクシー 約25分 約4500円
↓
桂小場登山口 Ⓟ

マイカー
中央道 **伊那IC**
約13km 476 202 ほか
↓
桂小場登山口 Ⓟ

●桂小場への県道202号は2021年8月の豪雨により小黒川渓谷キャンプ場先で車両通行止め。通行止め箇所から桂小場へは徒歩で向かう（30分）。詳細は伊那建設事務所TEL0265-76-6847へ。

仲《ちゅう》仙《せん》寺《じ》 標高約940m　経ヶ岳方面

Map 1-2C

仲仙寺ルートは経ヶ岳東面の伊那市羽広が起点。バスは便数が少ないので、タクシーで仲仙寺まで入ってもいい（約15分・約3000円）。仲仙寺周辺に無料駐車場が2カ所ある。

公共交通
JR飯田線 **伊那市駅**
伊那バス 約27分 310円
↓
羽広

マイカー
中央道 **伊那IC**
約4km 476 203 ほか
↓
仲仙寺 Ⓟ

大平宿《おおだいらじゅく》 標高約1040m　摺古木山、安平路山方面

Map 6-2A

摺古木山入口の大平宿（宿泊可）は飯田と南木曽を結ぶ県道8号沿いにある。マイカーは大平宿の無料駐車場（20台）か東沢林道※を約3km入ったゲート前の駐車スペースを利用。

公共交通
JR飯田線 **飯田駅**
TAXI タクシー 約1時間 約9000円
↓
大平宿 Ⓟ

マイカー
中央道 **飯田IC**
約20km 15 8 ほか
↓
大平宿 Ⓟ

※東沢林道は路面が荒れており運転注意

旧《きゅう》アルプス山荘《さんそう》 標高約1070m　木曽駒ヶ岳方面

Map 2-3A

旧アルプス山荘は木曽駒ヶ岳・上松Aコースの登山口。山荘すぐ先に駐車場（10台）とトイレ、石碑群のある分岐を右に進んだ先にも駐車場（20台）がある（登山地図帳2参照）。

公共交通
JR中央本線 **上松駅**
TAXI タクシー 約15分 約3000円
↓
旧アルプス山荘 Ⓟ

マイカー
中央道 **伊那IC**
約45km 361 19 町道ほか
↓
旧アルプス山荘 Ⓟ

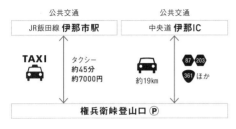

木《き》曽《そ》駒《こま》高《こう》原《げん》　標高約1340m（コガラ登山口）約1220m（キビオ峠登山口）　木曽駒ヶ岳方面

Map 2-1A・B

木曽福島市街地の東に位置する木曽駒高原は、木曽駒ヶ岳をめざす福島A・Bコースの登山拠点。両コースは標高2410m地点の七合目で合流する。Aコースの登山口は一軒宿の秘湯・駒の湯から車で約10分のキビオ峠。Bコースの登山口は大原上バス停から徒歩1時間20分のコガラ登山口。マイカー利用の場合は両登山口のどちらかに駐車すれば周回コースが組める。

公共交通
- JR中央本線 **木曽福島駅**
- ↕ 木曽町生活交通システム **約20分** **200円**
- **大原上**
- ↕ 徒歩 **約1時間20分**
- **コガラ登山口※ Ⓟ**

マイカー
- 中央道 **伊那IC**
- ↕ 361・19・457ほか　約33km
- **コガラ登山口※ Ⓟ**

公共交通
- JR中央本線 **木曽福島駅**
- ↕ TAXI タクシー **約25分** **約4000円**
- **キビオ峠登山口※ Ⓟ**

マイカー
- 中央道 **伊那IC**
- ↕ 361・19・269ほか　約37km
- **キビオ峠登山口※ Ⓟ**

※両登山口間は徒歩約1時間30分

●木曽福島駅からコガラ登山口へタクシー利用の場合、約30分・約5000円。木曽福島駅からの木曽町生活交通システム（町営バス）木曽駒高原線は1日10便運行（土・日曜・祝日は4便）されている。大原上発の最終は18時36分。マイカーは両登山口の無料駐車場を利用する。

→コガラ登山口。周辺に約50台駐車可能なスペースがある。駐車場手前に木曽駒冷水が湧いているので、事前に給水しておこう

←キビオ峠登山口。キビオ峠は大原集落と駒の湯を結ぶ車道上にあり、約20台の駐車スペースとトイレ、あずまやが立っている

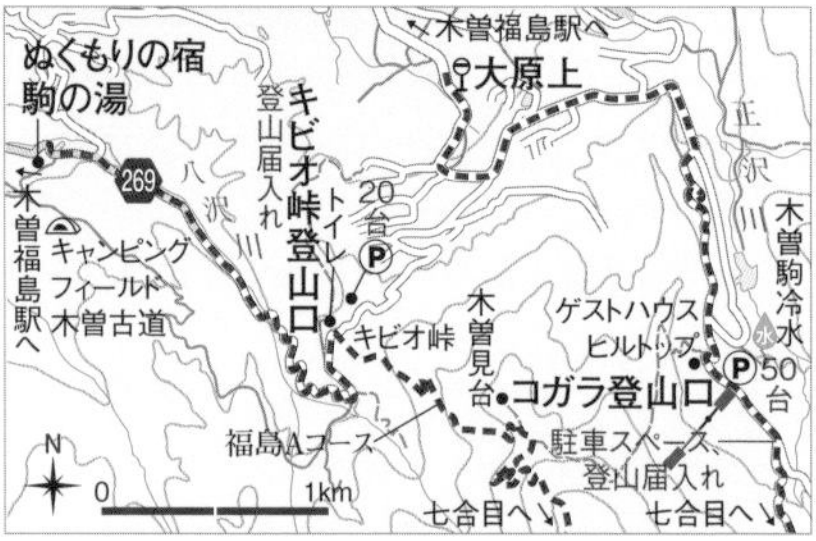

伊《い》奈《な》川《がわ》ダム上《うえ》登《と》山《ざん》口《ぐち》

Map 4-3C

標高約1090m　空木岳、越百山方面

JR中央本線須原駅から東へ約15km地点にあり、越百山や南駒ヶ岳、金沢土場経由で空木岳へ登る際の登山拠点となる。JR須原駅から歩いた場合は3時間近くかかるので、タクシーかマイカーを利用する。

公共交通
- JR中央本線 **須原駅**
- ↕ TAXI タクシー **約45分** **約9000円**
- **伊奈川ダム上登山口 Ⓟ**

マイカー
- 中央道 **伊那IC**
- ↕ 361・19・265 伊奈川林道ほか　約66km
- **伊奈川ダム上登山口 Ⓟ**

●須原駅にはタクシーは常駐していないので、事前に予約しておくこと。

→伊奈川ダム上登山口の駐車場（約50台・無料、登山届入れあり）。簡易トイレは使用不可（2021年10月現在）

●伊奈川ダム上登山口への伊奈川林道は災害により2021年10月現在伊奈川ダム下1km地点で車両通行止め。登山口へは徒歩で移動する（40分）。地元ではマイカーでの登山自粛をお願いしている。詳細は大桑村観光協会ホームページへ。

黒《くろ》井《い》沢《さわ》登《と》山《ざん》口《ぐち》 標高約1170m 恵那山方面

Map 7-4B

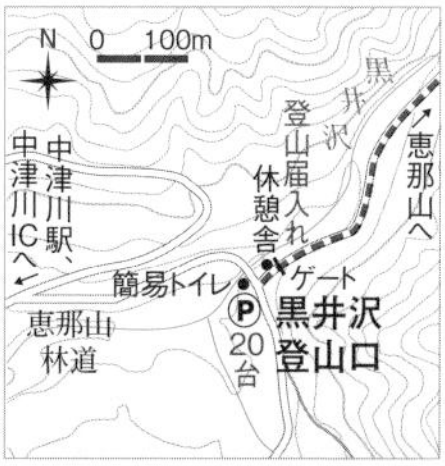

黒井沢登山口は恵那山の岐阜県側のメイン登山口。中津川駅からの北恵那交通バスは9.5km手前の恵那山ウェストン公園止まりのため、タクシーかマイカーでアクセスすることになる。

公共交通：JR中央本線 **中津川駅** → TAXI タクシー 約40分 約7000円 → **黒井沢登山口** Ⓟ

マイカー：中央道 **中津川IC** → 約19km（19・363 恵那山林道） → **黒井沢登山口** Ⓟ

●アクセス路の恵那山林道（舗装済み）は工事などで通行止めになることが多い。事前に中津川市役所ホームページを確認のこと。

→黒井沢登山口。約20台分の駐車場と簡易トイレ、休憩舎などがある

●黒井沢登山口への恵那山林道は路肩決壊により2021年10月現在通行止め。詳細は中津川市役所ホームページへ。

広《ひろ》河《がわ》原《ら》登《と》山《ざん》口《ぐち》 標高約1250m 恵那山方面

Map 7-2C

恵那山への最短路・広河原ルートの起点。登山口のある峰越林道は車両通行止めで、約2km手前の駐車場（約50台・無料）から歩く。

公共交通：JR飯田線 **飯田駅** → TAXI タクシー 約50分 約1万円 → **峰越林道・登山者用駐車場** Ⓟ

マイカー：中央道 **飯田山本IC** → 約17km（153・256・89・477ほか） → **峰越林道・登山者用駐車場** Ⓟ

峰越林道・登山者用駐車場 → 徒歩 約30分 → **広河原登山口**

神坂《みさか》神社《じんじゃ》 標高約1020m 富士見台、恵那山方面

Map 7-2D

長野県阿智村の神坂神社は、恵那山や富士見台への起点。約50台分の無料駐車場とトイレがある。ほかに稜線上の神坂峠（約10台）や萬岳荘（P184）にも駐車スペースがある。

公共交通：JR飯田線 **飯田駅** → TAXI タクシー 約45分 約9000円 → **神坂神社** Ⓟ

マイカー：中央道 **飯田山本IC** → 約15km（153・256・89ほか） → **神坂神社** Ⓟ

田《た》の原《はら》 標高約2180m 御嶽山方面

Map 8-4B

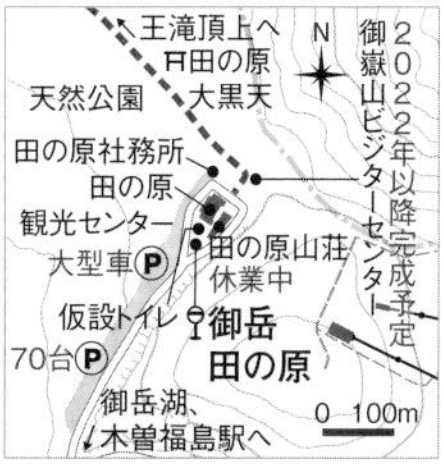

田の原は、御嶽山の主峰・剣ヶ峰（2021年現在登山は王滝頂上まで）への最短コースである王滝口の登山口。2軒の宿泊施設や売店などがあるが、休業が続いている。2022年以降には御嶽山の情報を発信する「御岳県立公園 御嶽山ビジターセンター」が完成予定。

公共交通：JR中央本線 **木曽福島駅** → 王滝村営バス 約1時間15分 1500円 → **御岳田の原** Ⓟ

マイカー：中央道 **伊那IC** → 約73km（361・19・20・256ほか） → **御岳田の原** Ⓟ

●木曽福島駅～御岳田の原間の王滝村営バスは、例年7月上旬～10月下旬の土・日曜・祝日運行（1日3便）。ただし2019年以降は運休が続いており、タクシーでアクセスすることになる（木曽福島駅から約1時間・約15000円）。マイカーは約70台分のスペースがある駐車場（環境保全協力金500円・任意、トイレあり）を利用する。

鹿《か》ノ瀬《せ》／飯森高原《いいもりこうげん》 標高約1570m（鹿ノ瀬） 約2150m（飯森高原） 御嶽山方面

Map 8-3B・C

鹿ノ瀬は御岳ロープウェイの起点。その鹿ノ瀬から14分、ロープウェイ終点の飯森高原は御嶽山黒沢口の入口で、山頂へは約3時間の登り。ロープウェイの運行時間外は鹿ノ瀬南西の六合目中の湯から歩く。木曽福島駅からのバスが運行し、約50台分の駐車場がある。

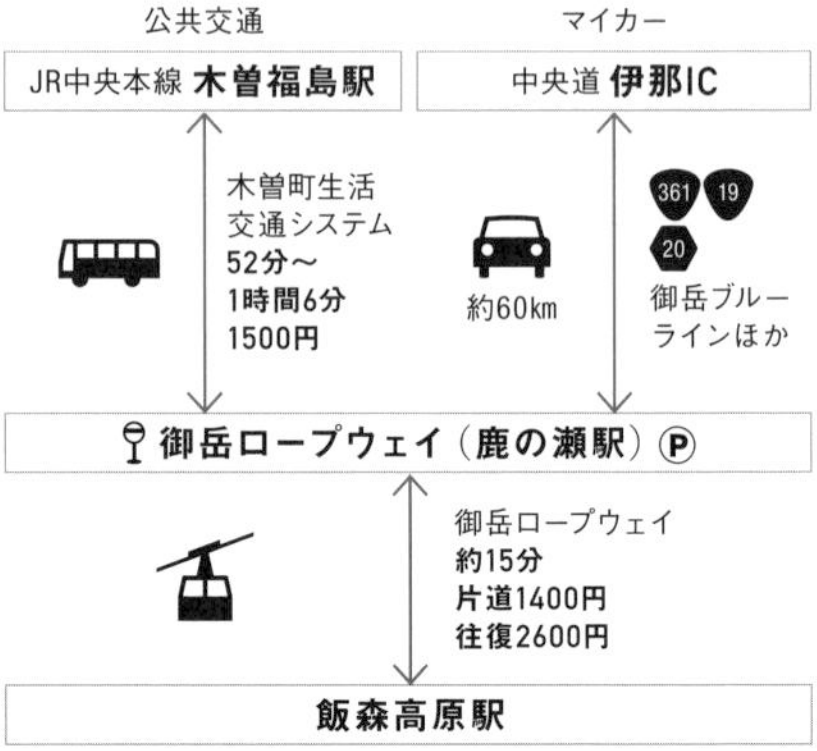

※木曽福島駅から鹿ノ瀬までタクシーを利用する場合は約50分・約8000円

（上）計1500台が停められる鹿ノ瀬駅の無料駐車場 （下）6月末～10月末（2021年は11月上旬）運行の御岳ロープウェイ。運行時間は曜日などで異なる

●木曽福島駅から御岳ロープウェイバス停間のバスは例年6月下旬～11月3日（21年は6月26日～10月31日）の運行で1日4便（7～8月の平日と9月以降は3便）。

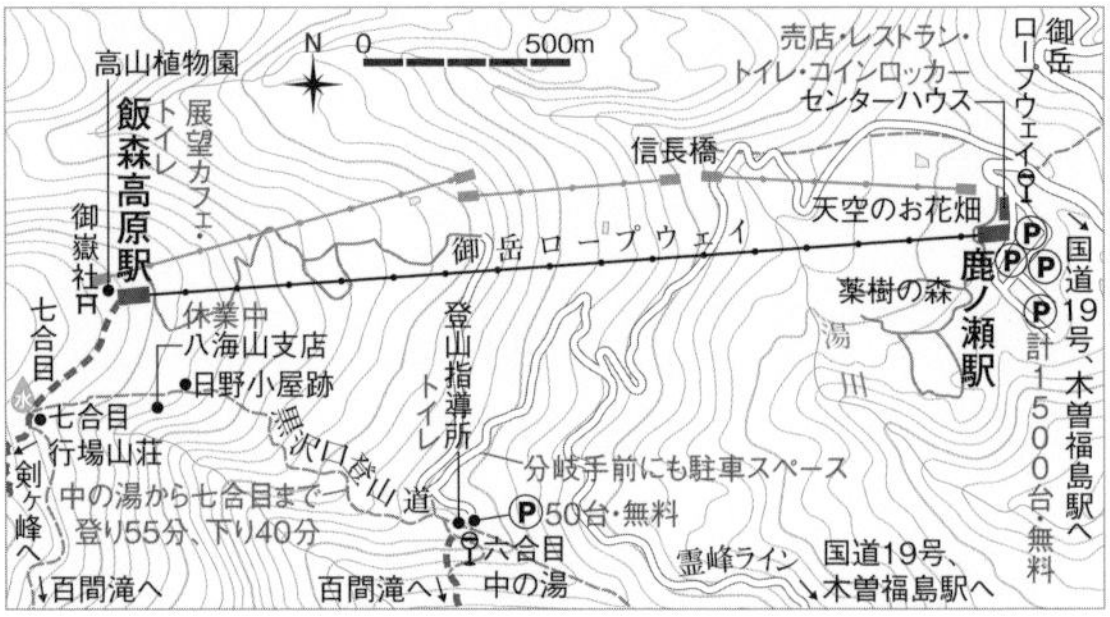

濁《にごり》河《ご》温泉《おんせん》 標高約1780m 御嶽山方面

Map 8-2A

小坂口は御嶽山の岐阜県側からのメインコース。その拠点が濁河温泉（宿泊施設6軒）。木曽福島駅からのバスは廃止されたので、タクシーかマイカーでアクセスする。胡桃島口の起点・胡桃島キャンプ場（P115参照）へは、県道435号を木曽福島方面に約6km進む（木曽福島駅からタクシー約1時間20分・約18000円）。

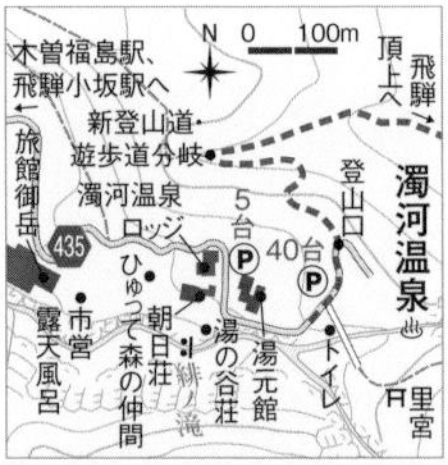

●高山本線飛騨小坂駅から濁河温泉へのタクシーは約1時間20分・約18000円。登山口は温泉街の最奥に位置し、すぐ手前に約40台が停められる下呂市営駐車場がある。満車時は180m手前の朝日荘前（約5台）か、1km手前の御嶽濁河高地トレーニングセンターとの分岐付近に2カ所（計55台）ある市営駐車場を利用する（駐車場はいずれも無料）。

チャオ御岳《おんたけ》

標高約1810m
御嶽山方面
Map 8-1B

御嶽山北端・継子岳へ向かう日和田口の入口となるスキー場。登山口へのバスはなく、マイカーかタクシー利用となる。約1000台分の無料駐車場がある。スキー場のゴンドラは運休中。

公共交通：JR中央本線 **木曽福島駅** → TAXI タクシー 約1時間10分 約17000円
マイカー：中央道 **伊那IC** → 約72km 361 19 463 435 ほか
チャオ御岳 Ⓟ

開田口登山口《かいだぐちとざんぐち》

標高約1500m
御嶽山方面
Map 8-2C

開田頂上や三ノ池への開田口の入口で、約100m先に5台分の駐車スペースあり。4km手前に乗合タクシーの御嶽明神温泉やまゆり荘バス停があるが、木曽町民以外は乗車不可。

公共交通：JR中央本線 **木曽福島駅** → TAXI タクシー 約50分 約12000円
マイカー：中央道 **伊那IC** → 約59km 361 19 20 ほか
開田口登山口 Ⓟ

市《いち》ノ瀬《せ》／別当出合《べっとうであい》

標高約820m（市ノ瀬） 約1250m（別当出合）
御前峰、別山、白山釈迦岳方面
Map 12-4A・B

市ノ瀬は別山・市ノ瀬道と釈迦新道の起点で、ビジターセンターや一軒宿の白山温泉永井旅館などがある。東へ約6km先の別当出合は室堂や主峰・御前峰への登山口。なお、市ノ瀬〜別当出合間は7月上旬〜10月10日前後の土曜・休日を中心にマイカー規制があり、シャトルバスに乗り換える（20分間隔・800円）。

公共交通：JR北陸新幹線 **金沢駅** → 白山登山バス（北陸鉄道バス） 2時間10分 2100円
マイカー：北陸道 **白山IC** → 約61km 8 157 33 ほか
市ノ瀬 Ⓟ
公共交通：シャトルバス 20分 800円
マイカー：約6km 33※
別当出合 Ⓟ

※例年7月上旬〜10月10日前後の特定日にマイカー規制あり

↑白山登山の情報提供や指導を行なう市ノ瀬ビジターセンター

●金沢駅発の白山登山バスは7月上旬〜10月10日前後の運行で1日1〜2便。市ノ瀬へは7月上旬〜10月10日前後の週末を中心にJR北陸本線松任駅からの白山登山バス（株式会社マップ、所要1時間40分・2200円）もある。また、6月末〜9月にJR北陸本線小松駅から別当出合に直接乗り入れる小松タクシー運行の乗合タクシー「白山登山エクスプレス」（約2時間・3400円）も運行される。

↑700台収容の市ノ瀬駐車場（無料）。最盛期には早朝から満車になる

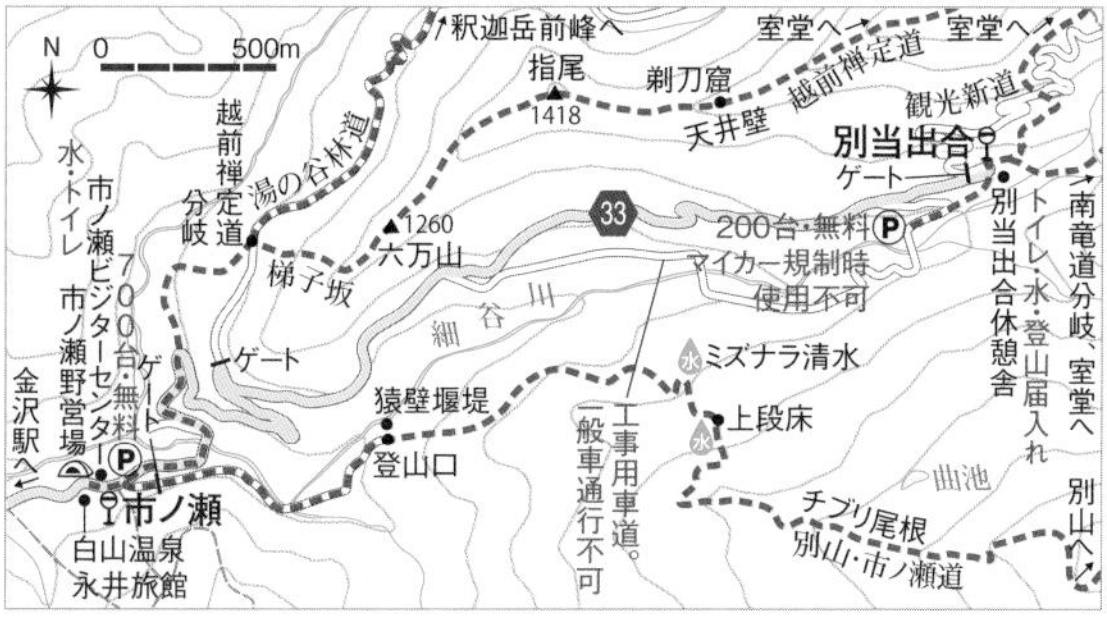

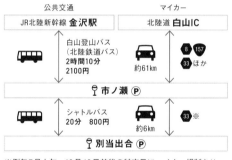

大白川《おおしらかわ》ダム　標高約1260m　室堂、御前峰方面

Map 12-3D

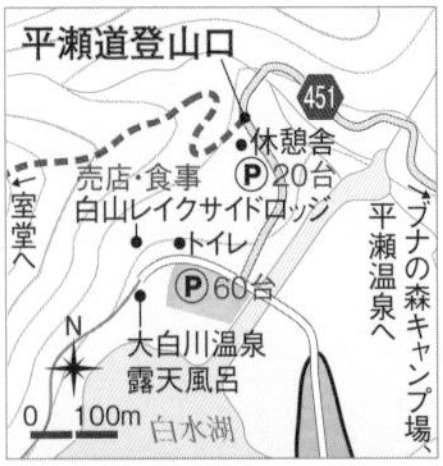

大白川ダムは岐阜県白川村平瀬地区から西へ約14kmに位置し、周囲にはロッジやキャンプ場、露天風呂（P192）がある。その一角に平瀬道の登山口が設けられている。登山届入れは登山口の休憩舎にある。

●高山駅（高山濃飛バスターミナル）からのバスは1日5～6便で、1便は白川郷（荻町）乗り換え。マイカーは登山口横（20台）と150m先に大駐車場（60台）がある（いずれも無料）。

←白山レイクサイドロッジ（旧白水湖畔ロッジ）。飲食と売店営業で宿泊はできない。開設期間は6月上旬～10月下旬ごろ

公共交通
- JR高山本線 **高山駅**
- ↓ 濃飛バス 1時間28分 2650円
- **平瀬温泉**
- ↓ TAXI タクシー 約30分 約6000円
- **大白川ダム（平瀬道登山口）P**

マイカー
- 中央道 **伊那IC**
- ↓ 156 451 ほか 約35km
- **大白川ダム（平瀬道登山口）P**

白山《はくさん》一里《いちり》野《の》　標高約550m　大汝峰方面

Map 10-1A

加賀禅定道や岩間道の入口となる白山一里野は、白山北麓の小さな高原。宿泊施設が多く温泉もあるだけに、登山拠点として利用価値が高い。

公共交通
- JR北陸本線 **西金沢駅**（**新西金沢**）※
- ↓ 北陸鉄道石川線 28分 500円
- **鶴来駅**
- ↓ 北鉄白山バス 40分 810円
- **瀬女**
- ↓ 白山市コミュニティバス 20分　100円
- **白山一里野 P**

マイカー
- 北陸道 **白山IC**
- ↓ 8 157 360 ほか 約41km
- **白山一里野 P**

※JR西金沢駅～北陸鉄道新西金沢駅間は徒歩1分

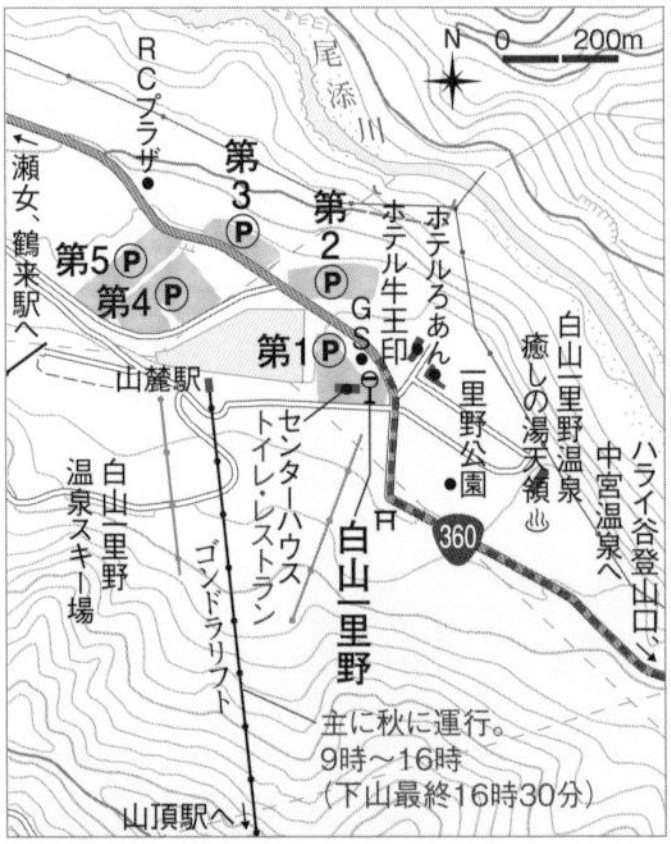

●瀬女～白山一里野間のコミュニティバスの一部の便は利用前日の17時までに白山市尾口市民サービスセンター℡076-256-7011へ要予約。なおコミュニティバスは土曜・休日は運休につき、その際はタクシー利用となる（鶴来駅から約40分・約9000円）。マイカーの場合、駐車場は白山一里野バス停そばの第1駐車場をはじめ5カ所ある（無料・計1200台）。

←バス停最寄りの第1駐車場内にある白山一里野温泉スキー場のセンターハウス。レストランや売店、トイレなどがあるので、登山の前後に立ち寄ろう

中宮温泉《ちゅうぐうおんせん》 標高約680m 大汝峰方面

Map 10-1C

中宮道の登山口・中宮温泉には3軒の宿がある。立ち寄り入浴ができるほか、露天風呂「薬師の湯」（500円）や足湯もある。

●コミュニティバスは1日1便。土曜・休日は運休で、鶴来駅からタクシーを利用（約50分・約11000円）。マイカーはバス停前に無料駐車場（約50台）あり。

←温泉の入口にある白山地域の自然・人文を紹介する中宮展示館

公共交通

北陸鉄道 **鶴来駅**※
↓ 北鉄白山バス 40分 810円
瀬女
↓ 白山市コミュニティバス 35分 100円
中宮温泉 P

マイカー

北陸道 **白山IC**
↓ 約47km（8・157・360ほか）
中宮温泉 P

※鶴来駅へはP180「白山一里野」参照

石徹白登山口《いとしろとざんぐち》 標高約960m 銚子ヶ峰、別山方面

Map 13-4C

石徹白登山口は白山南縦走路（旧美濃禅定道）の入口となるが、白山山頂部への距離が長いために下山に利用されることが多い。

公共交通

長良川鉄道 **美濃白鳥駅**
↓ 白鳥交通バス 45分 520円
上在所
↓ 徒歩 2時間20分
石徹白登山口 P

マイカー

東海北陸道 **白鳥IC**
↓ 約32km（156・314・127ほか）
石徹白登山口 P

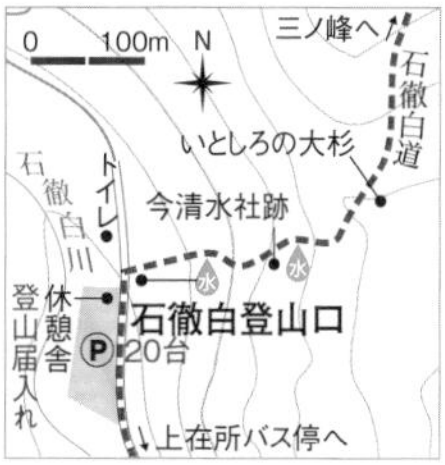

●マイカーやタクシーは登山口へ直接入れるが、バス利用の場合は6km手前の上在所バス停から歩くことになる。バスは1日3便（1便は予約運行）で、日曜と祝日は運休。タクシー利用の場合は美濃白鳥駅から約50分・約10000円。マイカーは登山口にある約20台分の無料駐車場を利用する（トイレ・水場あり）。

鳩《はと》ヶ《が》湯《ゆ》 標高約540m 三ノ峰方面

Map 13-4A

打波川上流の一軒宿で福井県側唯一の登山拠点。バスは1日2便で火曜・土曜・休日運行。マイカーは約8km先の上小池駐車場（約40台・無料）が起点（タクシーもここまで入る）。

公共交通

JR越美北線 **越前大野駅**
↓ 大野市営バス 43分 800円
鳩ヶ湯 P

マイカー

東海北陸道 **白鳥IC**※
↓ 約61km（158・173ほか）
鳩ヶ湯 P

※関西方面からは中部縦貫道大野ICからアクセスする

白川郷《しらかわごう》 標高約490m 北縦走路方面

Map 11-1B

ゴマ平へと続く北縦走路への拠点。バスは名古屋からの便もある。マイカーは白川郷内の村営駐車場が8〜17時の開場のため、鶴平新道入口の駐車スペース（約5台）を利用する。

公共交通

JR高山本線 **高山駅**
↓ 濃飛バス 1時間 2600円
白川郷（荻町）

マイカー

東海北陸道 **白川郷IC**
↓ 約6km（156ほか）
鶴平新道入口 P

中央アルプス・御嶽山・白山の山小屋ガイド

＊山小屋の宿泊は基本的に予約が必要です。
＊掲載の営業期間や宿泊料金などの情報は、本書の発行日時点のものです。発行後に変更になることがあります。予約時に各山小屋・宿泊施設へご確認ください。
＊宿泊料金等の消費税表示（税込み・税別）は、山小屋・宿泊施設によって異なります。予約時に併せてご確認ください。
＊キャンプ指定地の飲料水については各山小屋へお問合せください。指定地以外でのキャンプは禁止されています。

西《にし》駒《こま》山荘《さんそう》

中央アルプス／将棊頭山　Map 2-2C

連絡先 TEL 0265-94-6001　現地 TEL 090-2660-0244（営業期間中）

将棊頭山山頂直下、標高2685m地点に立つ山小屋。小屋の東側に天命水の清水がある　①〒396-0214長野県伊那市高遠町勝間217　伊那市観光㈱　②20人　③7月10日～10月11日　④10000円（休前日10200円）　素7000円(休前日7200円)　⑤なし　⑥あり　⑦要予約　期間外一部開放　FAX 0265-94-5901

玉《たま》乃《の》窪《くぼ》山荘《さんそう》

中央アルプス／木曽駒ヶ岳・前岳鞍部　Map 2-3B

連絡先 TEL 0264-52-2682（FAX兼）
現地 TEL 090-4181-8573（営業期間中）

木曽駒ヶ岳山頂西面、九合目（標高2780m）に位置。眼前に宝剣岳などの好展望　①〒399-5607長野県木曽郡上松町小川2504　松原辰雄　②60人　③7月1日～10月8日(9月以降は土・日曜・祝日のみ)　④8000円　素6000円　⑤なし　⑥あり　⑦要予約　21年は8月以降の営業　期間外閉鎖

ぬくもりの宿《やど》・駒《こま》の湯《ゆ》

中央アルプス／福島Aコース登山口　Map 2-1A

連絡先 TEL 0264-23-2288

福島Aコースの登山口・標高960mにあり、創業100年以上の歴史を誇る温泉旅館。宿泊だけでなく食事や入浴のみの利用もできる　①〒397-0001長野県木曽郡木曽町福島47-2　②70人　③通年　④15500円～21000円　素8800円～　⑤なし　⑥あり　⑦要予約　入浴可（11～22時、850円）　FAX 0264-24-2541

頂上《ちょうじょう》木《き》曽《そ》小《こ》屋《や》

中央アルプス／木曽駒ヶ岳　Map 2-3B

連絡先 TEL 0264-52-3882

木曽駒ヶ岳西直下の標高2900mにあり、木曽駒ヶ岳に最も近い位置にある　①〒399-5602長野県木曽郡上松町本町通り1-26　畑政市　②100人　③7月1日～10月末(19年のデータ)　④8000円　素6000円　⑤なし　⑥なし　⑦予約希望　団体は要予約　冬期避難小屋あり　FAX 0264-52-2969

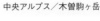

頂上山荘《ちょうじょうさんそう》

中央アルプス／木曽駒ヶ岳　Map 2-3B

連絡先 TEL**090-5507-6345**（宝剣山荘）

木曽駒ヶ岳と中岳の鞍部、標高2860m。小屋の南側はキャンプ指定地となっている　①〒399-4301長野県上伊那郡宮田村1926-10　宝剣山荘　②100人　③7月上旬～10月上旬　④10000円　素7500円　⑤70張　利用料1人1200円　⑥あり　⑦要予約（テント場は不要）　期間外閉鎖　別連絡先TEL0265-95-1919（宮田観光開発）

宝剣山荘《ほうけんさんそう》

中央アルプス／宝剣岳　Map 2-3C

連絡先 TEL**090-5507-6345**

宝剣岳の北直下、標高2870m地点にある　①〒399-4301長野県上伊那郡宮田村1926-10　宝剣山荘　②120人　③4月～11月3日、年末年始（4月と11月以降の営業は要問合せ）　④10000円（年末年始12000円）　素7500円　⑤冬期のみ可　利用料1人1000円　⑥あり　⑦要予約　別連絡先TEL0265-95-1919（宮田観光開発）

天狗荘《てんぐそう》

中央アルプス／宝剣岳　Map 2-3C

連絡先 TEL**090-5507-6345**（宝剣山荘）

宝剣山荘の北50mの標高2870m地点に立っている　①〒399-4301長野県上伊那郡宮田村1926-10　宝剣山荘　②200人　③7月上旬～10月上旬　④10000円　素7500円　⑤なし　⑥あり　⑦要予約　期間外閉鎖　別連絡先TEL0265-95-1919（宮田観光開発）

ホテル千畳敷《せんじょうじき》

中央アルプス／千畳敷　Map 2-3C

連絡先 TEL**0265-83-3844**（8時30分～17時）

駒ヶ岳ロープウェイ千畳敷駅（標高2612m）に隣接する通年営業のホテル　①〒399-4117長野県駒ヶ根市赤穂1　ホテル千畳敷予約センター　②72人　③通年（4・6・11・12月にロープウェイ運休に伴う休業日あり）　④13200円～31900円　素7700円～8800円（素泊まりに対応していない期間あり）　⑤なし　⑥あり　⑦要予約

木曽殿山荘《きそどのさんそう》

中央アルプス／木曽殿越　Map 3-2A

連絡先 TEL**0573-72-4380**（FAX兼）
現地TEL**090-5638-8193**（6～19時）

木曽殿越（標高2490m）にある　①〒508-0203岐阜県中津川市福岡2328-95　澤木公司　②30人　③7月1日～10月上旬　④10000円　素6000円　⑤なし　⑥あり　⑦要予約（現地電話へ）　期間外倉庫開放　夕食つきの場合は16時30分までに到着のこと

凡例＝①連絡先住所　②収容人数　③営業期間　④宿泊料金（1泊2食、素は素泊まり料金）　⑤キャンプ指定地　⑥ホームページ　⑦備考

空木《うつぎ》駒峰《こまほう》ヒュッテ

中央アルプス／空木岳　Map 3-2A

連絡先 TEL 080-8483-6649（緊急時のみ）

空木岳山頂東直下、標高2800m地点にある地元・駒峰山岳会所有の山小屋。営業期間中は管理人常駐だが避難小屋なので食料などは持参する　①〒399-4117長野県駒ヶ根市赤穂11465-636　林秀也　②32人　③7月17日～10月11日（9・10月は管理人不在の日あり）　④素4500円　⑤なし　⑥あり　⑦要予約（ホームページ内のEメールアドレスから予約）　期間外一部開放

越百《こすも》小屋《ごや》

中央アルプス／越百山　Map 3-4A

現地 TEL 090-7699-9337（7～20時）

越百山の西1km、標高2340m地点にある山小屋。隣には避難小屋も立っている　①〒509-5301岐阜県土岐市妻木町1406-10　伊藤憲市　②10人　③7月1日～10月11日（期間外は無人）　④10500円　⑤なし　⑥あり　⑦要予約　避難小屋は緊急時以外使用不可（営業期間外、6月初旬まで開放、トイレは使用不可）

萬岳荘《ばんがくそう》

中央アルプス／恵那山・富士見台　Map 7-1C

連絡先 TEL 070-2667-6618（通年）

長野県阿智村と岐阜県中津川市の境となる神坂峠の北、標高1600m地点にある素泊まりの宿泊施設　①〒395-0304長野県下伊那郡阿智村智里4257-96　萬岳荘　②45人　③4月下旬～11月中旬　④素4000円　⑤8～10張　利用料1人800円　⑥あり　⑦要予約　シャワーあり（100円）　車中泊可（800円）　期間外避難室開放

旅館《りょかん》黒澤館《くろさわかん》

御嶽山／黒沢口一合目　範囲外

連絡先 TEL 0264-46-2016

木曽福島駅から車15分、黒沢口一合目となる標高810m地点にある。石室山荘（左ページ）と同経営　①〒397-0101長野県木曽郡木曽町三岳6362　向井修一　②40人　③通年　④9900円～　素6600円～　⑤なし　⑥あり　⑦予約希望

八海山《はっかいさん》小屋《ごや》

御嶽山／黒沢口五合目　Map 8-4C

連絡先 TEL 090-2235-0581

黒沢口五合目、標高1500m地点に立つ。眼病平癒の御神徳がある八海山神社に隣接　①〒397-0101長野県木曽郡木曽町三岳3405　柏崎孝　②30人　③7月10日～8月31日　④8500円　素5000円　⑤なし　⑥なし　⑦要予約　期間外閉鎖

七合《ななごう》目《め》行場《ぎょうば》山荘《さんそう》

御嶽山／黒沢口七合目　Map 8-3B

連絡先 TEL 090-4380-5200

飯森高原駅から約10分、黒沢口七合目にある（標高2150m）。隣接する覚明社には多くの人が祈願に訪れる　①〒397-0101長野県木曽郡木曽町三岳6994　田ノ上徳延　②30人　③7月中旬～10月中旬（9月以降不定休あり）　④9500円　素6500円　⑤なし　⑥あり　⑦予約希望　期間外閉鎖　FAX 0264-46-2014

女人堂《にょにんどう》（金剛堂《こんごうどう》）

御嶽山／黒沢口八合目　Map 8-3B

連絡先 TEL 090-8329-1385

黒沢口登山道八合目の標高2470m地点に立ち、御嶽山で最も歴史がある　①〒397-0101長野県木曽郡木曽町三岳2981　起信幸　②80人　③7月中旬～10月中旬（年により変動あり）　④9000円（変動あり）素6000円　⑤なし　⑥あり　⑦予約希望（秋は要予約）　期間外閉鎖

石室山荘《いしむろさんそう》

御嶽山／黒沢口九合目　Map 8-3B

連絡先 TEL 090-8873-9761（6月下旬～10月第2日曜）

黒沢口登山道の九合目・標高2820mにある山小屋　①〒397-0101長野県木曽郡木曽町三岳6362　向井修一　②70人　③7月1日～10月第2日曜　④10000円　素6500円～　⑤なし　⑥あり　⑦予約希望（土・日曜・祝日の前日は要予約）　期間外閉鎖　FAX 0264-46-2371　期間外連絡先 TEL 0264-46-2016（旅館黒澤館）

二《に》ノ池山荘《いけさんそう》

御嶽山／二ノ池畔　Map 8-3B

連絡先 TEL 090-8723-8072
現地 TEL 090-4668-7000（6月下旬～10月中旬）

御嶽山頂・二ノ池北東畔の標高2900m地点に立つ。館内からは剣ヶ峰や二ノ池の景観が楽しめる　①〒397-0101長野県木曽郡木曽町三岳3304　新井龍雄　②70人　③6月下旬～10月中旬　④9800円　素6800円　⑤なし　⑥あり　⑦要予約　期間外閉鎖　FAX 0264-46-2588　旧二ノ池本館

二《に》の池《いけ》ヒュッテ

御嶽山／二ノ池　Map 8-3B

連絡先 TEL 080-2250-8008　現地 TEL 090-4368-1787

二ノ池の北側に立つ、女性オーナーの山小屋（標高2900m）　①〒397-0001長野県木曽郡木曽町福島6241　高岡ゆり　②50人　③7月1日～10月上旬　④11000円　素7700円（2022年の料金）　⑤なし　⑥あり　⑦要予約　個室あり（別料金）　旧二の池新館

御嶽《おんたけ》 五《ご》の池小屋《いけごや》

御嶽山／五ノ池畔　Map 8-3B

連絡先 TEL 0576-62-3111　現地 TEL 090-7612-2458（営業期間中）

飛騨頂上・五ノ池畔にある（標高2780m）。山頂部で最も長い期間営業している　①〒509-3195岐阜県下呂市小坂町小坂町815-5　下呂市役所小坂振興事務所　②100人　③6月1日（2021年は5月20日）～10月15日　④11000円　素7500円　⑤なし　⑥あり　⑦前日までの予約希望　期間外閉鎖　FAX 0576-62-3116

凡例＝①連絡先住所　②収容人数　③営業期間　④宿泊料金（1泊2食、素は素泊まり料金）　⑤キャンプ指定地　⑥ホームページ　⑦備考

濁河温泉《にごりごおんせん》 ひゅって森《もり》の仲間《なかま》

御嶽山／濁河温泉 Map 8-2A

連絡先 TEL0576-62-3911

原生林に囲まれた山のいで湯、濁河温泉の宿泊施設（標高1750m）①〒509-3111岐阜県下呂市小坂町落合2376-1 ②26人 ③通年（不定休あり） ④9800円～ 素5100円～（平日） ⑤なし ⑥あり ⑦要予約 入浴可（10～15時、700円・要問合せ） FAX0576-62-3912

日和田高原《ひわだこうげん》ロッジ

御嶽山／日和田高原 範囲外

現地 TEL0577-59-2510

御嶽山北面の標高1300m地点に広がる日和田高原の宿泊施設。ロッジとコテージ、キャンプ場を備えている ①〒509-3405岐阜県高山市高根町日和田高原 ③4月下旬～10月上旬 ④ロッジ7800円～ 素3600円～（ともに1名1室） ⑤30張 フリーサイト1区画2100円～ ⑥あり ⑦要予約 入浴可（600円・要問合せ） FAX0577-59-2823

白山温泉永井旅館《はくさんおんせんながいりょかん》

白山／市ノ瀬 Map 12-4A

連絡先 TEL076-259-2339

市ノ瀬ビジターセンターの向かいの標高833m地点にある温泉旅館。①〒920-2501石川県白山市白峰ノ-38 ②40人 ③4月末～11月上旬（7～8月を除く火・水曜定休） ④13350円～ 素7850円～ ⑤なし（市ノ瀬キャンプ場隣接） ⑥あり ⑦要予約 入浴可（11～20時、600円・2021年は休止） 期間外閉鎖 FAX076-259-2819

白山室堂《はくさんむろどう》

白山／室堂平 Map 12-3C

連絡先 TEL076-273-1001 現地 TEL080-1962-2592（7～9月）

室堂平（2450m）にある。ビジターセンターを併設 ①〒920-2114石川県白山市三宮町105-1 白山室堂予約センター ②750人 ③5月1日～10月15日ごろ（食事つきは6月30日以降） ④11300円 素8200円 ⑤なし ⑥あり ⑦要予約 個室タイプの白山雷鳥荘（21人・別料金）もある 期間外避難小屋（白山荘）開放 FAX076-273-4852

白山南竜山荘《はくさんなんりゅうさんそう》

白山／南竜ヶ馬場 Map 12-3C

現地 TEL076-259-2022

南竜ヶ馬場の標高2086m地点に位置 ①〒920-2502石川県白山市桑島 白山市地域振興公社 ②150人 ③7月1日～10月15日 ④11100円 素8000円（ケビンは1部屋14000円） ⑤100張 利用料1人500円 ⑥あり ⑦要予約 期間外は休憩舎を避難小屋として開放 FAX076-259-2023 期間外連絡先 TEL076-272-1116

中宮温泉《ちゅうぐうおんせん》 湯宿《ゆやど》くろゆり

白山／中宮温泉 Map 10-1C

連絡先 TEL076-256-7955

中宮温泉（標高700m）の宿泊施設。中宮温泉は湯治場として有名で、とくに胃腸病に効能があるという ①〒920-2324石川県白山市中宮ク5-32 ②18人 ③4月下旬～11月中旬 ④9800円～19600円 ⑤なし ⑥あり ⑦要予約 宿泊者対象の白山北部登山口送迎プランあり 入浴可（11～16時、600円・木曜休） FAX076-256-7956

岩間温泉山崎旅館《いわまおんせんやまざきりょかん》

白山／楽々新道、岩間道入口 Map 10-2B

現地 TEL076-256-7950

白山一里野から徒歩2時間、楽々新道や岩間道への拠点（標高800m） ①〒920-2333石川県白山市尾添ム4-1 ②100人 ③6月中旬～11月上旬 ④8500円～ 素5100円～ ⑤なし ⑥あり ⑦要予約 入浴可（11～17時、700円） 期間外連絡先TEL076-256-7141（一里野高原ホテルろあん） 崩落による引湯管の破損により21年休業

カルヴィラいとしろ

白山／石徹白 範囲外

連絡先 TEL0575-86-3700

南縦走路の終点・郡上市石徹白地区にある宿泊施設（標高700m） ①〒501-5231岐阜県郡上市白鳥町石徹白57-100 ②73人 ③通年 ④7500円～10000円 ⑤なし ⑥あり ⑦要予約 冬期暖房費1000円増 FAX0575-86-3737

鳩《はと》ヶ湯温泉《ゆおんせん》

白山／上小池登山口南西 Map 13-4A

連絡先 TEL0779-65-6808（FAX兼）

大野市北東・打波川沿いの標高600m地点にある一軒宿。JR越前大野駅からのバス便が運行されている。立ち寄り入浴可 ①〒912-0151福井県大野市上打波6-2 ②10人 ③4月末～11月中旬 ④14000円～16000円（繁忙期と紅葉シーズンは1000円増） ⑥あり ⑦要予約（素泊まりは当日対応可能な場合あり） 入浴可（11～16時、800円）

凡例＝①連絡先住所 ②収容人数 ③営業期間 ④宿泊料金（1泊2食、素は素泊まり料金） ⑤キャンプ指定地 ⑥ホームページ ⑦備考

主な避難小屋

■中央アルプス

大樽《おおたる》小屋《ごや》
TEL0265-78-4111
Map 2-1C
木曽駒ヶ岳・桂小場登山口から約2時間半の五合目（2050m）にある　①〒396-8617長野県伊那市下新田3050　伊那市役所観光課　②10人　③通年（無人）　④無料　⑦小屋の裏に携帯トイレブースあり　FAX0265-78-4131

七合目《ななごうめ》避難《ひなん》小屋《ごや》
TEL0264-22-4285
Map 2-2B
木曽駒ヶ岳福島道A・Bコース七合目合流点、標高2520m　①〒397-8588長野県木曽郡木曽町福島2326-6　木曽町役場観光商工課　②20人　③通年（無人）　④無料　⑦水洗トイレあり　使用後は要清掃のこと　FAX0264-24-3602

金懸《かねかけ》小屋《ごや》
TEL0264-52-1133
Map 2-4A
木曽駒ヶ岳上松Aコース五合目、標高1914m　①〒399-5601長野県木曽郡上松町上松159-3　（一社）上松町観光協会　②30人　③通年（無人）　④無料　⑦仮設トイレあり　FAX0264-52-4180

檜尾《ひのきお》避難《ひなん》小屋《ごや》
TEL0265-83-2111
Map 3-1A
檜尾岳山頂東300m、標高2680m　①〒399-4192長野県駒ヶ根市赤須町20-1　駒ヶ根市役所観光推進課　②10〜20人　③通年（無人）　④協力金1000円　⑦22年7月を目標に有人小屋（収容約40人）への転換とテント場の設置（約20張）を進める予定。工事期間中も避難小屋とトイレの使用可　FAX0265-83-4348

空木平《うつぎだいら》避難《ひなん》小屋《ごや》
TEL0265-83-2111
Map 3-2B
空木岳東1km・空木平（標高2520m）　①〒399-4192長野県駒ヶ根市赤須町20-1　駒ヶ根市役所観光推進課　②10〜20人　③通年（無人）　④協力金1000円　⑦緊急時以外の利用は避ける　積雪期は雪崩注意　トイレあり　FAX0265-83-4348

池山《いけやま》小屋《ごや》
TEL0265-83-2111
Map 3-2B
池山尾根・池山山頂南西500m、標高1750m　①〒399-4192長野県駒ヶ根市赤須町20-1　駒ヶ根市役所観光推進課　②20人　③通年（無人）　④協力金1000円　⑦トイレあり　アクセス路の林道古城線（池山林道）は落石、工事による通行規制のほか、冬期や降雨期は閉鎖日あり　FAX0265-83-4348

摺鉢窪《すりばちくぼ》避難《ひなん》小屋《ごや》
TEL0265-86-3111
Map 3-3A
南駒ヶ岳東下の摺鉢窪カール、標高2560m　①〒399-3797長野県上伊那郡飯島町飯島2537　飯島町観光協会　②30人　③通年（無人）　④トイレなどの協力金1000円　⑦21年6月の雪崩による被災箇所あり（トイレ使用不可）　FAX0265-86-2051

安平路《あんぺいじ》避難《ひなん》小屋《ごや》
TEL0265-22-4852
Map 5-3B
安平路山・白ビソ山鞍部、標高2120m　①〒395-0044長野県飯田市本町1-2　まちなかインフォメーションセンター　飯田市役所観光課　②10人　③通年（無人）　④無料　⑦11月下旬〜4月中旬使用不能　トイレなし　FAX0265-22-4567

神坂《みさか》小屋《ごや》
TEL0573-66-1111
Map 7-1C
長野・岐阜県境の神坂峠北方、富士見台高原（標高1700m）に位置　①〒508-0032岐阜県中津川市栄町1-1　中津川市役所観光課　②15人　③通年（無人）　④無料　⑦水洗トイレあり（使用料100円）　FAX0573-65-3367

恵那山頂《えなさんちょう》避難《ひなん》小屋《ごや》
TEL0573-66-1111
Map 7-3B
恵那山の山頂北西直下、標高2095m地点に立つ。恵那山山頂へは10分ほど　①〒508-0032岐阜県中津川市栄町1-1　中津川市役所観光課　②15人　③通年（無人）　④無料　⑦屋外にトイレあり　FAX0573-65-3367

野熊《のぐま》ノ池《いけ》避難《ひなん》小屋《ごや》
TEL0573-66-1111
Map 7-3C
恵那山黒井沢ルート・野熊ノ池下（標高1660m）に立つ　①〒508-0032岐阜県中津川市栄町1-1　中津川市役所観光課　②5人　③通年（無人）　④無料　⑦トイレなし　FAX0573-65-3367

■御嶽山

八合目《はちごうめ》避難《ひなん》小屋《ごや》
TEL0264-48-2001
Map 8-4B
王滝口八合目、標高2500m　①〒397-0201長野県木曽郡王滝村3623　王滝村役場経済産業課　②約10人　③通年（無人）　④無料　⑦緊急時以外の利用は不可　トイレなし　FAX0264-48-2172

九合目《きゅうごうめ》避難《ひなん》小屋《ごや》
TEL0264-48-2001
Map 8-4B
王滝口九合目、標高2810m　①〒397-0201長野県木曽郡王滝村3623　王滝村役場経済産業課　②約10人　③通年（無人）　④無料　⑦緊急時以外の使用は不可　トイレなし　FAX0264-48-2172

王滝頂上《おうたきちょうじょう》避《ひ》難《なん》小《ご》屋《や》
TEL0264-48-2001
Map 8-4B
王滝口王滝頂上、標高2936m ①〒397-0201長野県木曽郡王滝村3623 王滝村役場経済産業課 ②約150人 ③通年（無人） ④無料 ⑦トイレあり FAX0264-48-2172 2021年10月完成予定

三《さん》ノ池《いけ》(白竜《はくりゅう》)避《ひ》難《なん》小《ご》屋《や》
TEL0264-22-4285
Map 8-3B
三ノ池の南畔（標高2730m）にある ①〒397-8588長野県木曽郡木曽町福島2326-6 木曽町役場観光商工課 ②20人 ③通年（無人） ④無料 ⑦緊急時以外の利用は不可 トイレあり FAX0264-24-3602

サイノ河原《かわら》(白竜《はくりゅう》)避《ひ》難《なん》小《ご》屋《や》
TEL0264-22-4285
Map 8-3B
三ノ池乗越（標高2880m）にある ①〒397-8588長野県木曽郡木曽町福島2326-6 木曽町役場観光商工課 ②15人 ③通年（無人） ④無料 ⑦緊急時以外の利用は不可 トイレあり FAX0264-24-3602

のぞき岩《いわ》避《ひ》難《なん》小《ご》屋《や》
TEL0576-24-2222
Map 8-2A
小坂口・のぞき岩（標高2280m）にある ①〒509-2295岐阜県下呂市森960 下呂市役所観光課 ②数人 ③通年（無人） ④無料 ⑦緊急時以外の利用は不可 トイレなし FAX0576-25-3250

■白山

殿《との》ヶ《が》池《いけ》避《ひ》難《なん》小《ご》屋《や》
TEL076-259-2902
Map 12-3B
別当出合から約3時間、観光新道の標高2020m地点にある ①〒920-2501石川県白山市白峰ホ25-1 環境省白山自然保護官事務所 ②12人 ③通年（無人） ④無料 ⑦緊急時以外の使用は不可 トイレあり FAX076-259-2085

甚《じん》之《の》助《すけ》避《ひ》難《なん》小《ご》屋《や》
TEL076-259-2902
Map 12-3C
別当出合から約2時間30分、砂防新道の標高1965m地点にある ①〒920-2501石川県白山市白峰ホ25-1 環境省白山自然保護官事務所 ②20人 ③通年（無人） ④無料 ⑦緊急時以外の使用は不可 トイレあり FAX076-259-2085

チブリ尾根《おね》避《ひ》難《なん》小《ご》屋《や》
TEL076-255-5321
Map 12-4B
別山市ノ瀬道・チブリ尾根、標高1900m地点 ①〒920-2326石川県白山市木滑ヌ4 白山自然保護センター ②20人 ③通年（無人） ④無料 ⑦トイレあり FAX076-255-5323

小桜平《こざくらだいら》避《ひ》難《なん》小《ご》屋《や》
TEL076-255-5321
Map 10-4C
楽々新道・岩間道分岐点付近の小桜平（標高1990m）にある ①〒920-2326石川県白山市木滑ヌ4 白山自然保護センター ②10人 ③通年（無人） ④無料 ⑦トイレあり FAX076-255-5323

奥長倉《おくながくら》避《ひ》難《なん》小《ご》屋《や》
TEL076-255-5321
Map 10-4B
加賀禅定道・奥長倉山付近の標高1730m地点にある ①〒920-2326石川県白山市木滑ヌ4 白山自然保護センター ②20人 ③通年（無人） ④無料 ⑦トイレあり FAX076-255-5323

ゴマ平《だいら》避《ひ》難《なん》小《ご》屋《や》
TEL076-255-5321
Map 10-4D
中宮道北縦走路分岐点・ゴマ平（標高1850m）にある ①〒920-2326石川県白山市木滑ヌ4 白山自然保護センター ②25人 ③通年（無人） ④無料 ⑦トイレあり FAX076-255-5323

シナノキ平《だいら》避《ひ》難《なん》小《ご》屋《や》
TEL076-255-5321
Map 10-4C
中宮道・シナノキ平（標高1470m）にある ①〒920-2326石川県白山市木滑ヌ4 白山自然保護センター ②10人 ③通年（無人） ④無料 ⑦トイレあり FAX076-255-5323

大倉山《おおくらやま》避《ひ》難《なん》小《ご》屋《や》
TEL05769-6-1311
Map 12-3C
平瀬道・大倉山西肩（標高2030m）にある ①〒岐阜県大野郡白川村鳩谷517 白川村役場観光振興課 ②15人 ③通年（無人） ④無料 ⑦冬期は使用不可（例年11月下旬〜5月末） トイレなし（携帯トイレ持参のこと） FAX05769-6-2016

三《さん》ノ峰《みね》避《ひ》難《なん》小《ご》屋《や》
TEL0779-66-1111
Map 13-2C
石徹白道・三ノ峰南直下の標高2095m地点にある ①〒912-8666福井県大野市天神町1-1 大野市役所観光交流課 ②25人 ③通年（無人） ④無料 ⑦トイレあり FAX0779-65-1424

神鳩《かんばた》ノ宮《みや》避《ひ》難《なん》小《ご》屋《や》
TEL0575-82-3111
Map 13-3C
石徹白道・石徹白登山口から2時間、標高1544m地点 ①〒501-5192岐阜県郡上市白鳥町白鳥38-1 郡上市役所白鳥振興事務所振興課 ②15人 ③通年（無人） ④無料 ⑦冬期使用不可 トイレなし（携帯トイレ持参） FAX0575-82-3117

凡例＝①連絡先住所 ②収容人数 ③営業期間 ④宿泊料金 ⑤キャンプ指定地 ⑥ホームページ ⑦備考

立ち寄り湯ガイド

＊入浴料、営業時間、定休日、交通などの情報は、抜粋して掲載しています。変更になることがありますので、利用の際は、各施設にご確認ください。

フォレスパ木曽 あてら荘

TEL0264-55-4455

中央アルプス西麓の大桑村野尻にある宿泊施設。源泉の阿寺温泉は「美人の湯」といわれる。入浴料：600円、営業時間：12時～21時、定休日：水曜（祝日は営業）。フォレスパ木曽バス停（運行日注意）すぐ。長野県木曽郡大桑村野尻939-58

大江戸温泉物語 ホテル木曽路

TEL0570-090268

擂古木山登山口の大平宿から南木曽町へ向かう国道256号沿いにある宿泊施設。入浴つきバイキングプランが人気。入浴料：870円、入浴時間：12時30分～22時、定休日：不定休。南木曽駅から車15分。長野県木曽郡南木曽町吾妻2278

湯ったり～な昼神

TEL0265-43-4311

「名古屋の奥座敷」といわれる昼神温泉の日帰り入浴施設。温泉を利用した健康づくりをめざした施設となっているのが特徴。入浴料：620円、営業時間：10時～21時30分、定休日：火曜（祝日の場合は翌日）。ガイドセンター前バス停より徒歩3分。長野県下伊那郡阿智村智里370-1

中津川温泉 クアリゾート湯舟沢

TEL0573-69-5000

恵那山北西の中津川市神坂にある入浴施設。ホテルを併設。入浴料：600円～1000円（曜日などにより異なる）、営業時間：10時～21時（平日～20時）、定休日：月1度点検休館日あり。中切バス停より徒歩5分。岐阜県中津川市神坂280

中ア登山者に人気のこまくさの湯

中央アルプス

羽広温泉 みはらしの湯

TEL0265-76-8760

経ヶ岳の登山口・伊那市羽広地区にある入浴施設。露天風呂からは南アルプスの展望が楽しめる。入浴料：500円、営業時間：10時～21時30分、定休日：第1・3・5火曜。みはらしの湯バス停すぐ。長野県伊那市西箕輪3480-1

ながたの湯

TEL0265-70-1234

中央アルプス北東・箕輪町のながた自然公園内にある日帰り入浴施設。入浴料：500円、営業時間：9時45分～21時（6月～8月は～21時30分）、定休日：火曜（祝日とGW、お盆、正月は営業）。伊那松島駅から車10分。長野県上伊那郡箕輪町大字中箕輪2134-42

早太郎温泉 こまくさの湯

TEL0265-81-8100

木曽駒ヶ岳や空木岳登山の拠点・駒ヶ根高原にある。大浴場や薬湯、露天風呂のほか、軽食コーナーなども。入浴料：700円、営業時間：10時～20時30分、定休日：主に水曜（祝日は営業）。菅の台バス停すぐ。長野県駒ヶ根市赤穂759-4

ほっ湯（と）アップル

TEL0265-56-6767

飯田市街の東方にある日帰り入浴施設。かけ流しの露天風呂や打たせ湯などのほか、温泉プールもある。入浴料：500円、営業時間：11時～21時、定休日：第2・4月曜（祝日は営業）。飯田駅から車15分。長野県飯田市松尾明7513-3

こもれびの湯

℡0264-48-2111

田の原手前のおんたけ休暇村にある入浴施設。入浴料：500円、営業時間：13時〜18時（7・8月は〜19時）、定休日：第2・4水曜（祝日の場合は翌日）、冬期の平日。市民休暇村バス停より徒歩20〜25分。長野県木曽郡王滝村3159-25

濁河温泉市営露天風呂

℡0576-62-3373

御嶽山西側の濁河温泉にある下呂市営の露天風呂。4月下旬〜11月上旬（2021年は10月末）の営業。入浴料：600円、営業時間：11時〜17時（8月〜9月中旬は〜19時）、定休日：水曜（祝日の場合は翌日）。木曽福島駅または飛騨小坂駅から車1時間20分。岐阜県下呂市小坂町落合濁河温泉

巌立峡ひめしゃがの湯

℡0576-62-3434

御嶽山西山麓・下呂市小坂町落合地区にある日帰り入浴施設。大浴場、露天風呂、薬草風呂など多彩。入浴料：700円、営業時間：10時30分〜21時30分、定休日：水曜（祝日は営業）。飛騨小坂駅から車15分。岐阜県下呂市小坂町落合1656

塩沢温泉七峰館

℡0577-59-2326

御嶽山北方、高山市高根町にある宿泊施設で、日帰り入浴もできる。食堂では高根名物の「す菜」が味わえる。入浴料：520円、営業時間：10時〜18時、定休日：水曜（宿泊は無休）。高山駅から車1時間。岐阜県高山市高根町上ヶ洞290

御嶽明神温泉やまゆり荘。
食事のみの利用もできる

鹿の瀬温泉。建物前にバス停がありアクセスがしやすい

御嶽山

代山温泉 せせらぎの四季（とき）

℡0264-24-2626

木曽町福島から開田高原に向かう国道361号沿いにある入浴施設。赤褐色の炭酸水は美肌効果が高いとされる。入浴料：700円、営業時間：10時〜21時、定休日：水曜（祝日は営業）。漆ヶ平バス停すぐ。長野県木曽郡木曽町新開3968-2

きそふくしま温泉 二本木の湯

℡0264-27-6150

開田高原へ向かう木曽町新開地区にある入浴施設。泉質は含鉄二酸化炭素・カルシウム炭酸水素塩冷鉱泉。入浴料：620円、営業時間：10時〜19時、定休日：木曜（祝日は営業）。木曽福島駅から車15分。長野県木曽郡木曽町新開6013-1

鹿の瀬温泉

℡0264-46-2034

御岳ロープウェイ鹿ノ瀬駅に最も近い一軒宿。高濃度のナトリウム-炭酸水素塩・塩化物泉を源泉掛け流しにしている。入浴料：500円、営業時間：要問合せ、定休日：不定休。鹿の瀬温泉バス停すぐ。長野県木曽郡木曽町三岳1-8

小坂温泉 けやきの湯

℡0264-46-2818

御嶽山東麓を流れる西野川沿いのひなびた一軒宿で、日帰り入浴も受け付けている。入浴料：450円、営業時間：10時〜20時ごろ、定休日：不定休。けやきの湯バス停より徒歩3分。長野県木曽郡木曽町三岳井原2388-1

御嶽明神温泉やまゆり荘

℡0264-44-2346

開田口登山口から徒歩1時間ほどの開田高原保険保養地内にある宿泊施設で、日帰り入浴も可能。茶褐色に濁った湯が特徴。入浴料：500円、営業時間：10時〜19時、定休日：火曜。木曽福島駅から車40分。長野県木曽郡木曽町開田高原西野6321-1211

新中宮温泉センター

℡076-256-7730

白山市中宮集落にある入浴施設（中宮温泉とは別の場所）。壁面に積まれた岩の間から源泉が流れ出る。入浴料：380円、営業時間：12時〜20時（平日は19時）、定休日：火曜（祝日は営業）。白山中宮バス停すぐ。石川県白山市中宮カ8

癒しの湯 天領

℡076-256-7846

白山登山の北の拠点となる白山市一里野地区にある日帰り入浴施設。豪快な岩づくりの露天風呂が人気。入浴料：650円、営業時間：11時〜20時（平日19時）、定休日：水曜（祝日の場合は翌日）、その他臨時休館あり。白山一里野バス停より徒歩5分。石川県白山市尾添チ28

白峰温泉総湯

℡076-259-2839

市ノ瀬に向かう途中にある白峰温泉の入浴施設。趣の異なる浴槽が週替わりで楽しめる。入浴料：670円、営業時間：10時（平日12時）〜21時、定休日：火曜（祝日の場合は翌日）・年末年始。白峰バス停より徒歩2分。石川県白山市白峰ロ-9

満天の湯

℡0575-86-3487

石徹白登山口に近いウイングヒルズ白鳥リゾート内の温泉施設。入浴料：700円、営業時間：10時〜20時（平日は19時）、定休日：火曜（祝日とお盆は営業）。満天の湯入口バス停より徒歩10分。岐阜県郡上市白鳥町石徹白峠山1-1

白峰温泉総湯。泉質は全国でも希少な純重曹泉

白川郷の湯。露天風呂から庄川の景観が楽しめる

白山

大白川温泉露天風呂

℡05769-6-1311（白川村役場）

平瀬道登山口にある露天風呂。6月上旬〜10月下旬の営業。男女別の浴槽・脱衣所を備える。入浴料：350円、営業時間：8時30分（木曜13時）〜17時（夏期18時）、定休日：不定休。平瀬温泉から車30分。岐阜県大野郡白川村平瀬大白川

大白川温泉 しらみずの湯

℡05769-5-4126

白川村平瀬地区の日帰り入浴施設。道の駅飛騨白山に併設。眺めのよい露天風呂や各種内湯がある。入浴料：700円、営業時間：11時〜20時、定休日：水曜（祝日は営業）と第2・4火曜。白川郷から車15分。岐阜県大野郡白川郷平瀬247-7

白川郷の湯

℡05769-6-0026

白川郷観光の拠点・白川郷バスターミナルそばに位置。露天風呂と内湯がある。食事や宿泊もできる。入浴料：700円、営業時間：7時（金曜15時）〜21時30分、定休日：木曜。白川郷バスターミナルより徒歩1分。岐阜県大野郡白川村荻町337

白山すぎのこ温泉

℡076-255-5926

金沢から市ノ瀬に向かう国道157号沿いにある入浴施設。100%手を加えずの湯がヒノキの小さな浴槽に満たされる。入浴料：460円、営業時間：10時〜20時、定休日：火曜（祝日は営業）。佐良バス停より徒歩3分。石川県白山市佐良タ121

比咩（ひめ）の湯

℡076-256-7770

道の駅瀬女の向かい、金沢工大キャンパス内にある入浴施設。木の浴槽の「山の湯」と岩の浴槽の「川の湯」があり、男女日替わりとなる。入浴料：500円、営業時間：14時（日曜・祝日12時）〜21時、定休日：木曜（祝日の場合は翌日）。瀬女バス停より徒歩4分。石川県白山市瀬戸辰3-1

●癒しの湯天領は源泉配管のトラブルにより2021年10月現在臨時休館中。復旧作業中のため営業再開日は未定。

行政区界 地形図

1:25,000地形図（メッシュコード）＝❶市原（543635）　❷白峰（543625）　❸加賀市ノ瀬（543615）　❹願教寺山（543605）　❺中宮温泉（543636）　❻新岩間温泉（543626）　❼白山（543616）　❽二ノ峰（543606）　❾石徹白（533676）　❿鳩谷（543637）　⓫胡桃島（533773）　⓬御嶽山（533763）　⓭木曽西野（533774）　⓮御岳高原（533764）　⓯中津川（533714）　⓰美濃焼山（533704）　⓱木曽福島（533765）　⓲上松（533755）　⓳木曽須原（533745）　⓴南木曽岳（533735）　㉑兀岳（533725）　㉒伊那駒場（533715）　㉓宮ノ越（533766）　㉔木曽駒ヶ岳（533756）　㉕空木岳（533746）　㉖安平路山（533736）　㉗飯田（533726）　㉘伊那（533767）　㉙伊那宮田（533757）　㉚赤穂（533747）

登山計画書の提出

中央アルプス・御嶽山・白山登山にあたっては、事前に登山計画書（登山届・登山者カード）を作成、提出することが基本。登山計画書を作成することで、歩くコースの特徴やグレードを知り、充分な準備を整えて未然に遭難事故を防ぐ。また、万が一、登山者にアクシデントが生じたとき、迅速な捜索・救助活動にもつながる。

主要登山口には、用紙とともに登山届ポスト（提出箱）が設けられ、その場で記入・提出することもできるが、準備段階で作成することが望ましい。登山者名と連絡先、緊急連絡先、登山日程とコースなどが一般的な記入要件だ。

なお中央アルプス・御嶽山・白山では長野・岐阜・石川・福井各県の登山条例に基づき、登山計画書の提出が義務または努力義務となっている（各県のホームページ参照）。提出は登山口などの提出箱のほか、日本山岳ガイド協会が運営するオンライン登山届システム「コンパス」など、インターネットからもできる。

問合せ先一覧

市町村役場

■中央アルプス

伊那市役所	〒396-8617	長野県伊那市下新田3050	TEL0265-78-4111
駒ヶ根市役所	〒399-4192	長野県駒ヶ根市赤須町20-1	TEL0265-83-2111
飯田市役所	〒395-8501	長野県飯田市大久保町2534	TEL0265-22-4511
辰野町役場	〒399-0493	長野県上伊那郡辰野町中央1	TEL0266-41-1111
南箕輪村役場	〒399-4592	長野県上伊那郡南箕輪村4825-1	TEL0265-72-2104
宮田村役場	〒399-4392	長野県上伊那郡宮田村98	TEL0265-85-3181
飯島町役場	〒399-3797	長野県上伊那郡飯島町飯島2537	TEL0265-86-3111
木曽町役場	〒397-8588	長野県木曽郡木曽町福島2326-6	TEL0264-22-3000
上松町役場	〒399-5601	長野県木曽郡上松町大字上松159-4	TEL0264-52-2001
大桑村役場	〒399-5503	長野県木曽郡大桑村長野2778	TEL0264-55-3080
阿智村役場	〒395-0303	長野県下伊那郡阿智村駒場483	TEL0265-43-2220
中津川市役所	〒508-8501	岐阜県中津川市かやの木町2-1	TEL0573-66-1111

■御嶽山

木曽町役場	〒397-8588	長野県木曽郡木曽町福島2326-6	TEL0264-22-3000
王滝村役場	〒397-0201	長野県木曽郡王滝村3623	TEL0264-48-2001
高山市役所	〒506-8555	岐阜県高山市花岡町2-18	TEL0577-32-3333
下呂市役所	〒509-2295	岐阜県下呂市森960	TEL0576-24-2222

■白山

白山市役所	〒924-8688	石川県白山市倉光2-1	TEL076-276-1111
郡上市役所	〒501-4297	岐阜県郡上市八幡町島谷228	TEL0575-67-1121
高山市役所	〒506-8555	岐阜県高山市花岡町2-18	TEL0577-32-3333
白川村役場	〒501-5692	岐阜県大野郡白川村鳩谷517	TEL05769-6-1311
大野市役所	〒912-8666	福井県大野市天神町1-1	TEL0779-66-1111

県庁・県警察本部

長野県庁	〒380-8570	長野県長野市大字南長野字幅下692-2	TEL026-232-0111
岐阜県庁	〒500-8570	岐阜県岐阜市薮田南2-1-1	TEL058-272-1111
石川県庁	〒920-8580	石川県金沢市鞍月1-1	TEL076-225-1111
福井県庁	〒910-8580	福井県福井市大手3-17-1	TEL0776-21-1111
長野県警察本部山岳安全対策課	〒380-8510	長野県長野市大字南長野字幅下692-2	TEL026-233-0110
岐阜県警察本部地域課	〒500-8501	岐阜県岐阜市薮田南2-1-1	TEL058-271-2424
石川県警察本部地域課	〒920-8553	石川県金沢市鞍月1-1	TEL076-225-0110
福井県警察本部地域課	〒910-8515	福井県福井市大手3-17-1	TEL0776-22-2880

環境省自然環境局地方環境事務所

■中央アルプス

信越自然環境事務所	〒380-0846	長野県長野市旭町1108	TEL026-231-6572

■白山

白山自然保護官事務所	〒920-2501	石川県白山市白峰ホ25-1	TEL076-259-2902

交通機関（鉄道・バス・乗合タクシー・ロープウェイ）

■中央アルプス
伊那バス……℡0265-72-5111
中央アルプス観光（バス・ロープウェイ）……℡0265-83-3107
おんたけ交通（木曽町生活交通システム・バス）……℡0264-22-2444

■御嶽山
おんたけ交通（木曽町生活交通システム・バス／王滝村営バス）……℡0264-22-2444
御岳ロープウェイ……℡0264-46-2525

■白山
北陸鉄道（鉄道・白山登山バス）……℡076-237-5115
北鉄白山バス（北陸鉄道バス）……℡076-237-5115
マップ（白山登山バス／市ノ瀬～別当出合間シャトルバス）……℡076-249-7300
小松タクシー（白山登山エクスプレス）……℡0761-22-0886
白山市コミュニティバス（尾口地域）……℡076-256-7011
濃飛バス……℡0577-32-1160
白鳥交通（バス）……℡0575-82-5081
大野観光自動車（大野市営バス）……℡0779-66-2552

交通機関（タクシー）

■中央アルプス
伊那・つばめタクシー（伊那市駅）……℡0265-76-5111
白川タクシー（伊那市駅）……℡0265-72-2151
宮田タクシー（宮田駅）……℡0265-85-2130
赤穂タクシー（駒ヶ根駅）……℡0265-83-5221
丸八タクシー（駒ヶ根駅）……℡0265-82-4177
朝日交通（飯田駅）……℡0265-22-1616
南信州広域タクシー（飯田駅）……℡0265-28-2800
飯田タクシー（飯田駅）……℡0265-22-1111
おんたけタクシー（木曽福島駅／上松駅）……℡0264-22-2525
木曽交通（木曽福島駅）……℡0264-22-3666
南木曽観光タクシー（須原駅）……℡0264-55-4155
東鉄タクシー（中津川駅）……℡0573-78-2135
近鉄東美タクシー（中津川駅）……℡0573-66-1221

■御嶽山
おんたけタクシー（木曽福島駅）……℡0264-22-2525
木曽交通（木曽福島駅）……℡0264-22-3666
はとタクシー（飛騨小坂駅）……℡0576-62-2163
山都タクシー（高山駅）……℡0577-32-2323
はとタクシー（高山駅）……℡0577-32-0246

■白山
石川近鉄タクシー（金沢駅）……℡0570-08-3265
富士タクシー（金沢駅）……℡076-237-1020
石川交通（金沢駅）……℡076-231-4131
かなやタクシー（鶴来駅）……℡076-272-0085
小松タクシー（小松駅）……℡0761-22-0886
白山タクシー（白川郷）……℡05769-5-2341
濃飛タクシー（美濃白鳥駅）……℡0575-82-2511
白鳥交通（美濃白鳥駅）……℡0575-67-9034
大野タクシー（越前大野駅）……℡0779-66-2225
大喜タクシー（越前大野駅）……℡0779-66-2171

主な山名・地名さくいん

さ

※P198へ続く

は

※P197からの続き

た

な

ヤマケイ アルペンガイド
中央アルプス・御嶽山・白山

2022年1月5日　初版第1刷発行

著者／津野祐次・島田 靖・栂 典雅
発行人／川崎深雪
発行所／株式会社 山と溪谷社
〒101-0051
東京都千代田区神田神保町1丁目105番地
https://www.yamakei.co.jp/

■乱丁・落丁のお問合せ先
山と溪谷社自動応答サービス
TEL03-6837-5018
受付時間／10:00〜12:00、
13:00〜17:30（土日、祝日を除く）
■内容に関するお問合せ先
山と溪谷社　TEL03-6744-1900（代表）
■書店・取次様からのご注文先
山と溪谷社受注センター
TEL048-458-3455　FAX048-421-0513
■書店・取次様からのご注文以外のお問合せ先
eigyo@yamakei.co.jp

印刷・製本／大日本印刷株式会社

装丁・ブックデザイン／吉田直人
写真協力／駒ヶ根市役所・市川典司・
　　　　　髙﨑紗弥香・吉田祐介
編集／吉田祐介
編集協力／後藤厚子
DTP・地図製作／千秋社

Printed in Japan
ISBN 978-4-635-01296-6

＊本書に掲載した地図の作成には、国土地理院発行の数値地図（国土基本情報）を使用しました。

＊本書の取材・執筆にあたりましては、中央アルプス・御嶽山・白山の山小屋・宿泊施設、市町村、交通機関、ならびに登山者のみなさんにご協力いただきました。お礼申し上げます。＊本書に掲載したコース断面図の作成とGPSデータの編集にあたりましては、DAN杉本さん作成のフリーウェア「カシミール3D」を利用しました。お礼申し上げます。

Alpine Guide
中央アルプス・御嶽山・白山

著者

津野祐次《つのゆうじ》

1945年長野県駒ヶ根市生まれ。長野県伊那市在住。1982年柴崎高陽氏に師事。1992年に写真事務所を開設。山岳地帯を主に国内の自然風景を撮り続け、幾多の印刷媒体に発表。撮影会や講演会などの講師、テレビ出演も多い。分県登山ガイド『長野県の山』（山と溪谷社）などの共著は多数。写真集・ガイドブック・撮影マニュアル書など著書は20数冊におよぶ。写真を常設した長谷アルプスフォトギャラリーが伊那市長谷地区にあるほか、各地で個展を多数開催。日本山岳写真協会評議員および理事・南信支部長。本書では中央アルプスエリアを担当。

島田《しまだ》 靖《おさむ》

岐阜県清見村（現高山市）生まれ。高山市在住。20歳ごろより穂高岳を中心に岩登り主体の登山を行なう。1973年より国立登山研修所の講師を務め、その後専門調査委員として運営に寄与する。1998年に飛騨山岳ガイド協会設立。近年は山岳スキーを主体とした登山を実践。ヤマケイアルペンガイド『日本百名山登山ガイド・下巻』分県登山ガイド『岐阜県の山』（以上、山と溪谷社）、山と高原地図『御嶽山・小秀山・奥三界岳』（共著・昭文社）などの著作がある。公益社団法人日本山岳ガイド協会認定ガイド。本書では御嶽山エリアを担当。

栂《とが》 典雅《のりまさ》

1955年石川県金沢市生まれ。金沢市在住。金沢大学在学時にワンダーフォーゲル部に所属し、白山や北アルプスを中心に活動する。その後、石川県庁自然保護課での勤務や石川県白山自然保護センターの所長を務め、県下の自然環境保全や自然とのふれあい推進に携わる。著書に花の山旅『白山』（山と溪谷社）、山と高原地図『白山・荒島岳・能郷白山・金剛堂山』（共著・昭文社）、『白山＊立山 花ガイド』（橋本確文堂）などがある。現在は森林インストラクターとして活躍。本書では白山エリアを担当。

「アルペンガイド登山地図帳」の取り外し方

本を左右に大きく開く

＊「アルペンガイド登山地図帳」は背の部分が接着剤で本に留められています。無理に引きはがさず、本を大きく開くようにすると簡単に取り外せます。
＊接着剤がはがれる際に見返しの一部が破れることがあります。あらかじめご了承ください。

問合せ先一覧

山小屋

西駒山荘……℡090-2660-0244
玉乃窪山荘……℡090-4181-8573
頂上木曽小屋……℡0264-52-3882
頂上山荘（宝剣山荘）……℡090-5507-6345
宝剣山荘……℡090-5507-6345
天狗荘（宝剣山荘）……℡090-5507-6345
ホテル千畳敷……℡0265-83-3844
木曽殿山荘……℡090-5638-8193
空木駒峰ヒュッテ……℡080-8483-6649
越百小屋……℡090-7699-9337
萬岳荘……℡070-2667-6618
七合目行場山荘……℡090-4380-5200
女人堂（金剛堂）……℡090-8329-1385
石室山荘……℡090-8873-9761
二ノ池山荘……℡090-4668-7000
二の池ヒュッテ……℡090-4368-1787
御嶽 五の池小屋……℡090-7612-2458
白山室堂……℡080-1962-2592
白山南竜山荘……℡076-259-2022
中宮温泉 湯宿くろゆり……℡076-256-7955
岩間温泉山崎旅館……℡076-256-7950
鳩ヶ湯温泉……℡0779-65-6808

県庁・県警本部・市町村役場

長野県庁……℡026-232-0111
岐阜県庁……℡058-272-1111
石川県庁……℡076-225-1111
福井県庁……℡0776-21-1111
長野県警察本部山岳安全対策課……℡026-233-0110
岐阜県警察本部地域課……℡058-271-2424
石川県警察本部地域課……℡076-225-0110
福井県警察本部地域課……℡0776-22-2880
伊那市役所（中央アルプス）……℡0265-78-4111
駒ヶ根市役所（〃）……℡0265-83-2111
飯田市役所（〃）……℡0265-22-4511
南箕輪村役場（〃）……℡0265-72-2104
宮田村役場（〃）……℡0265-85-3181
飯島町役場（〃）……℡0265-86-3111
木曽町役場（〃）……℡0264-22-3000
上松町役場（〃）……℡0264-52-2001
大桑村役場（〃）……℡0264-55-3080
阿智村役場（〃）……℡0265-43-2220
中津川市役所（〃）……℡0573-66-1111
木曽町役場（御嶽山）……℡0264-22-3000
王滝村役場（〃）……℡0264-48-2001
高山市役所（〃）……℡0577-32-3333
下呂市役所（〃）……℡0576-24-2222
白山市役所（白山）……℡076-276-1111
郡上市役所（〃）……℡0575-67-1121
高山市役所（〃）……℡0577-32-3333
白川村役場（〃）……℡05769-6-1311
大野市役所（〃）……℡0779-66-1111

主な交通機関

■中央アルプス

伊那バス……℡0265-72-5111
中央アルプス観光（バス・ロープウェイ）……℡0265-83-3107
おんたけ交通（木曽町生活交通システム・バス）……℡0264-22-2444
伊那・つばめタクシー（伊那市駅）……℡0265-76-5111
赤穂タクシー（駒ヶ根駅）……℡0265-83-5221
朝日交通（タクシー・飯田駅）……℡0265-22-1616
おんたけタクシー（木曽福島駅／上松駅）……℡0264-22-2525
南木曽観光タクシー（須原駅）……℡0264-55-4155
東鉄タクシー（中津川駅）……℡0573-78-2135

■御嶽山

おんたけ交通（木曽町生活交通システム・バス）……℡0264-22-2444
おんたけ交通（王滝村営バス）……℡0264-22-2444
御岳ロープウェイ……℡0264-46-2525
おんたけタクシー（木曽福島駅）……℡0264-22-2525
はとタクシー（飛騨小坂駅）……℡0576-62-2163

■白山

北陸鉄道（鉄道・白山登山バス）……℡076-237-5115
北鉄白山バス（北陸鉄道バス）……℡076-237-5115
マップ（白山登山バス／市ノ瀬～別当出合間シャトルバス）……℡076-249-7300
小松タクシー（白山登山エクスプレス）……℡0761-22-0886
白山市コミュニティバス（尾口地域）……℡076-256-7011
濃飛バス……℡0577-32-1160
白鳥交通（バス）……℡0575-82-5081
大野観光自動車（大野市営バス）……℡0779-66-2552
かなやタクシー（鶴来駅）……℡076-272-0085
白山タクシー（白川郷）……℡05769-5-2341
白鳥交通（タクシー・美濃白鳥駅）……℡0575-67-9034
大野タクシー（越前大野駅）……℡0779-66-2225

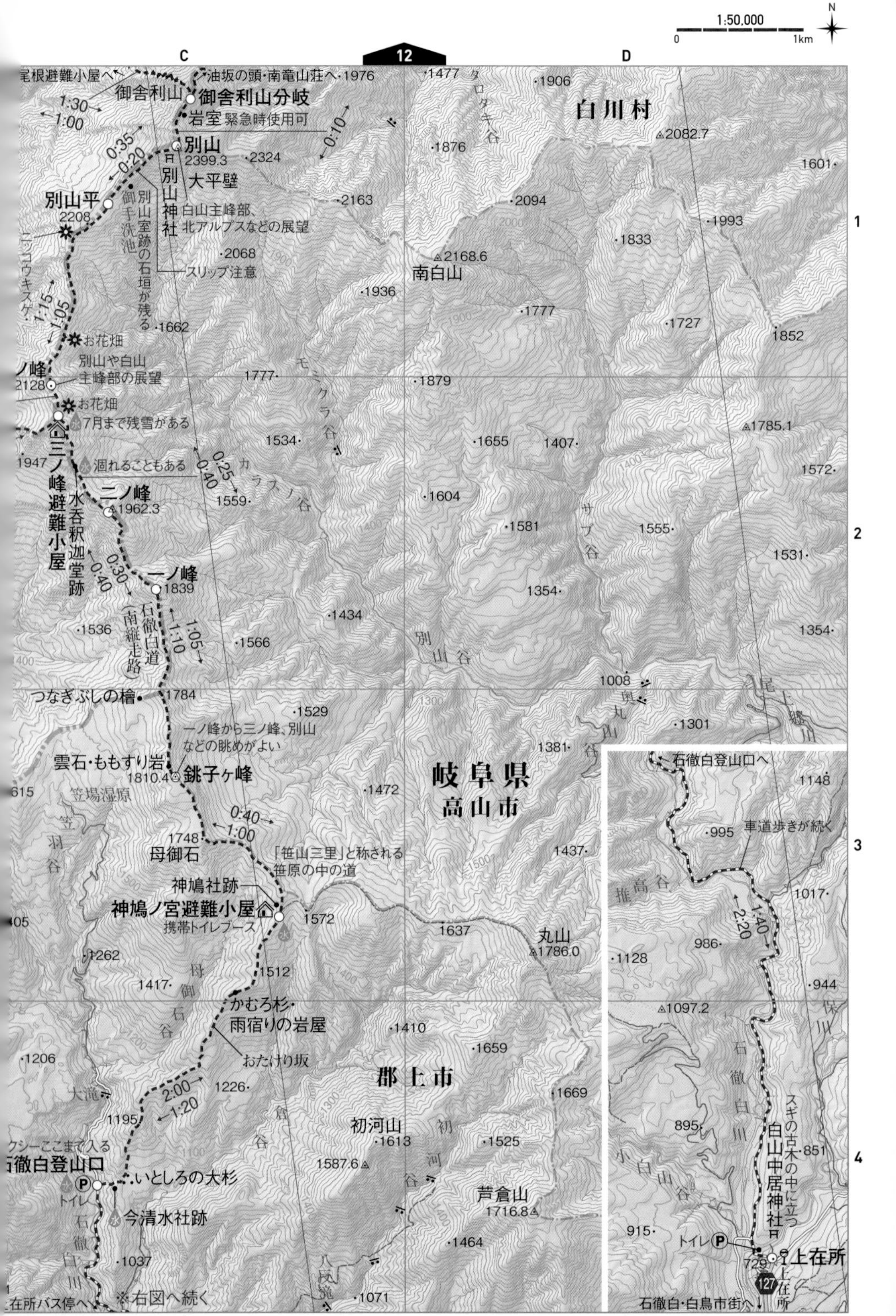

1:50,000
0
1km
N
12
C
D
1
2
3
4
尾根避難小屋へ
油坂の頭・南竜山荘へ
御舎利山
御舎利山分岐
1:30
1:00
岩室 緊急時使用可
0:10
0:35
0:20
別山
2399.3
2324
大平壁
別山神社
白山主峰部、北アルプスなどの展望
別山平
2208
御手洗池
別山室跡の石垣が残る
スリップ注意
ニッコウキスゲ
1:15
1:05
お花畑
三ノ峰
2128
別山や白山主峰部の展望
お花畑
7月まで残雪がある
涸れることもある
三ノ峰避難小屋
0:25
0:40
二ノ峰
1962.3
水呑釈迦堂跡
0:30
0:40
一ノ峰
1839
石徹白道（南縦走路）
1:05
1:10
つなぎぶしの檜
1784
一ノ峰から三ノ峰、別山などの眺めがよい
雲石・ももすり岩
1810.4
銚子ヶ峰
笠場湿原
笠羽谷
0:40
1:00
1748
母御石
「笹山三里」と称される笹原の中の道
神鳩社跡
神鳩ノ宮避難小屋
携帯トイレブース
1572
1512
母御石谷
かむろ杉・雨宿りの岩屋
おたけり坂
大滝
2:00
1:20
1195
1226
タクシーここまで入る
石徹白登山口
トイレ
いとしろの大杉
今清水社跡
石徹白川
1037
上在所バス停へ
※右図へ続く
白川村
タロタキ谷
2082.7
2094
2163
2168.6
南白山
1936
1777
1833
1993
1727
1852
1601
モミクラ谷
1879
1785.1
1655
1407
1534
カラスノ谷
1559
1604
1581
1555
サブ谷
1572
1531
1354
1434
1566
1536
別山谷
1354
1008
奥丸山谷
尾上郷川
1301
1529
1381
岐阜県
高山市
1472
1437
1637
丸山
1786.0
1262
1417
1410
1659
郡上市
1669
1206
倉谷
初河山
1613
1525
1587.6
初河谷
芦倉山
1716.8
1464
八反滝
1071
石徹白登山口へ
1148
995
車道歩きが続く
推高谷
1017
1:40
2:20
986
1128
944
1097.2
保川
石徹白川
895
小白山谷
スギの古木の中に立つ
白山中居神社
851
915
トイレ
729
上在所
127
石徹白・白鳥市街へ

13 石徹白道・鳩ヶ湯新道

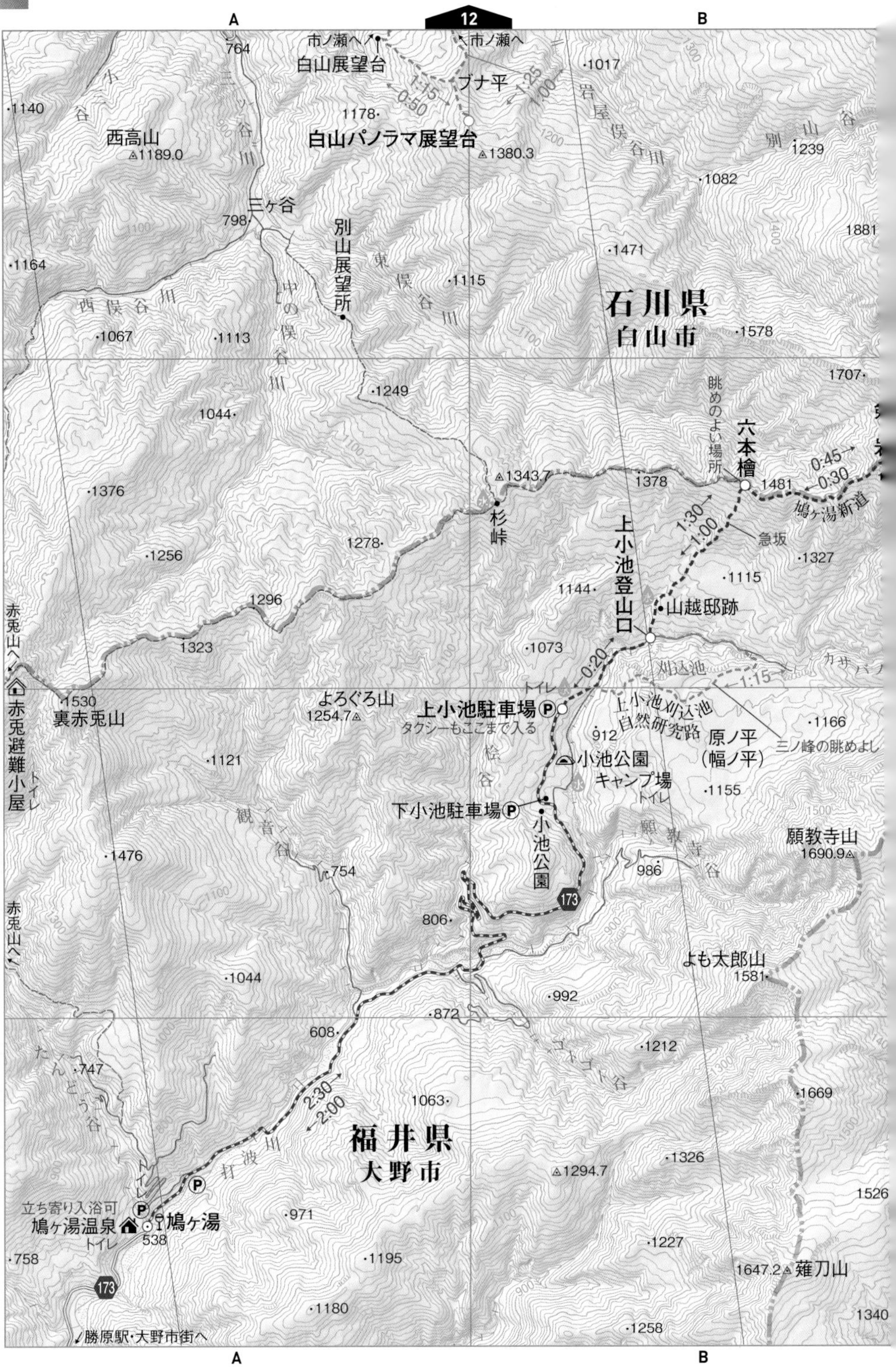

1:50,000
0
1km
N
C
10
D
ゴマ平避難小屋へ
三俣峠
ヶ丘へ
1550
1582
2243
2081
見返坂
残雪時
ルート注意
地獄尾根
仙人谷
1729
2123.8
間名古の頭
1772
1570
奥原谷
2114
うぐいす平
お花畑
浄ヶ原
2114
火の御子峰
2004
地獄谷
左手に地獄尾根の
荒々しい眺め
地獄覗
2168
1958
1822
1642
1524
1877
北弥陀ヶ原
1:20
2:00
1916
2142
間名古谷
1:10
1:40
1967
大汝峰北分岐
山
1:00
0:40
通行注意
残雪時
お花松原
お花畑
1:00
1:20
中宮道
ハクサンコザクラ、
イワイチョウなど
1891.5
2562
0:35
2416
2349
岐阜県
白川村
1794
大汝神社
大汝峰
2684
0:25
ヒルバオ雪渓
0:40
0:30
2244
2083
1763
1628
翠ヶ池
お池
り分岐
剣ヶ峰
2677
白山
2188
御前峰
2702.1
携帯トイレブース
大倉山避難小屋
1911
小白水谷
ワリ谷
1326
0:30
0:40
0:50
転法輪谷
白山比咩神社奥宮
0:40
0:30
1482.6
カンクラ雪渓
通行注意
1407
白山・白川自然休養林
平瀬温泉へ
0:10
1:40
2:40
黒ボコ岩
白山室堂
展望歩道分岐
1:00
1:30
平瀬道
平瀬道登山口
白山ブナの森
キャンプ場
大白水谷
白山レイクサイドロッジ
白水滝
展望台
大倉尾根
大倉山
2038.5
ブナ林
451
1:10
1:40
トンビ岩コース
アルプス展望台
2199
1238
白水滝
1:25
エコーライン
万才谷
南竜山荘
1:50
1:20
展望歩道
北アルプス・
御嶽山の眺望
大白川温泉露天風呂
トイレ
大白川
1500
大白川ダム
1307
0:55
1388
ゾロ谷
ヤケ谷
硫気孔
1255
白水湖
0:10
0:10
0:15
南竜休憩所
南竜ヶ馬場
お花畑
地獄谷
1898
1753
甚之助避難小屋
南竜道分岐
エコーライン分岐
残雪時通行注意
2244.0
1876
蛇枝
赤谷
0:40
0:50
油坂
2033
1871.4
2256
油坂の頭
1600
イチロザ谷
1:20
1:30
天池
1671
1235
1690
湯谷
六兵衛室跡
ガレ
大屏風
2276
ガレ
曲り谷
1423
1712
58
ガレた急坂
石徹白道
（南縦走路）
2058
通行注意
1649
別山谷
2342
お花畑
宿谷
1900
尾根
舎利山
御舎利山分岐・別山へ
1976
1477
1906
別当坂分岐へ
作業道横切る
作業用道路
観光新道
別当出合
下り専用
鳥居
別当茶屋
市ノ瀬へ
吊橋
33
中飯場へ
登り専用
マイカー
規制あり
休憩舎
別当出合
トイレ
砂防新道
別当出合拡大
1:30,000
0
200m
C
13
D
1
2
3
4

A
B
10
13
1
2
3
4
美女坂の頭へ
天池室(加賀室)跡
天池
2138
煮沸飲可
カブト谷
0:30
0:40
0:45
1840
尾根の東側を巻く。8月上旬まで残雪があり、通行注意
2158
油池
池の端から南へ少し下る。干天時なし
瓶割坂
加賀禅定道
1:30
1:00
1976
2134
2013
小又
2056
1884
4つの大きな石積みの塚がある
四塚山
2519.4
2530
1816
七倉山
赤壁
2021年10月現在通行止め
2:00
1:20
お花畑
2109
釈迦新道
2080
湯の谷乗越
湯の谷
ミズバショウ
1951
2278
0:40
0:50
山頂は通らない
白山釈迦岳
2053.1
鎧壁
2020
釈迦岳前峰
白山主峰部と別山の展望がよい
千仞滝
1842
千才谷
1:10
0:40
1:50
1:10
1666
1693
丸岡谷
手取川流域の珪化木産地
殿ヶ池避難小屋
トイレ
仙人窟
干天時涸れることも
水場
1503
別当坂分岐
観光新道
1:30
1:00
1:50
1330
湯の谷林道登山口
慶松平
1666
1565
1:40
1:00
越前禅定道(湯の谷林道)
1111
湯の谷林道
0:50
0:40
指尾
1417.9
剃刀窟
越前禅定道
1:20
1:00
五輪坂
天井壁
0:20
1:40
1:10
通行注意
1405
中飯場
0:50
0:30
トイレ
別当出合
休憩舎・トイレ
柳谷川
越前禅定道分岐
1260
六万山
33
市ノ瀬～別当出合間マイカー規制あり
梯子坂
猿壁堰堤
細谷川
赤谷
1491
0:50
0:30
トイレ
市ノ瀬
1:20
1:00
1243
上段床
登山口
850
市ノ瀬ビジターセンター
市ノ瀬野営場
白山温泉永井旅館
0:30
0:20
岩屋俣谷探勝路
白山展望台
ブナ
1424
曲池
1503
2:00
1:20
別山・市ノ瀬道
白山主峰部や別山の展望がよい
チブリ尾根避難小屋
トイレ
白峰・金沢へ
954
1052
764
東高山
1351.5
1137
石川県
白山市
ナナコバ山
1504.1
ナナコバ谷
1202
1296
1328
1290
カナキ谷
宮谷川
997
1375
1680
1783
1326
大杉谷川
923
968
1232
1249
1224
1114
1260
大滝
イモイワ谷
1643
1727
鳴谷山
1596.5
1428
1453
鳴谷
1554
1535
1712
紅滝
1576
1415
1490
1689
クラ谷

白山山頂部詳細図

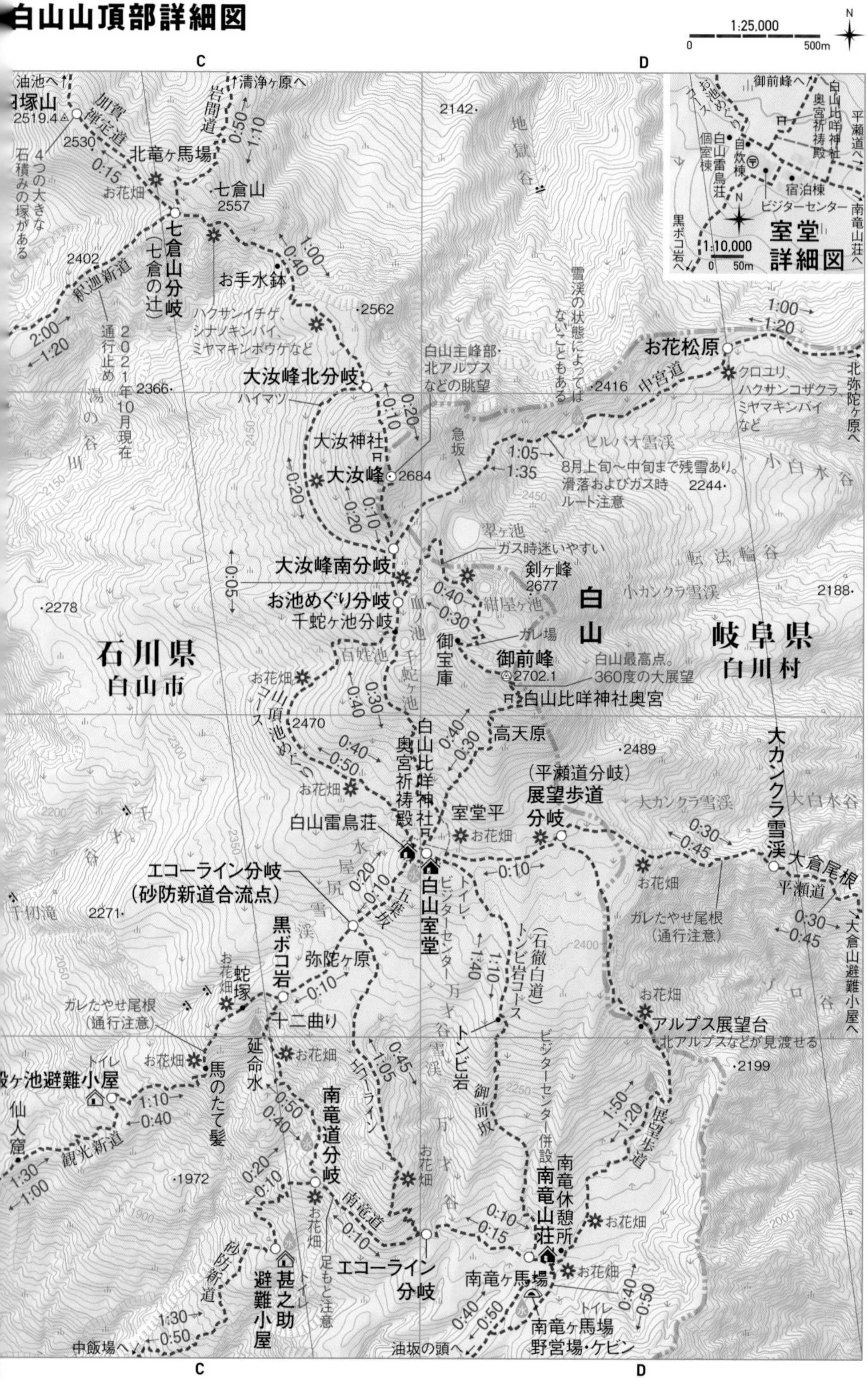
1:25,000
0
500m
N
C
D
1
2
3
4
油池へ
清浄ヶ原へ
羽塚山
2519.4
加賀禅定道
岩間道
2530
北竜ヶ馬場
0:15
0:50
1:10
2142
地獄谷
4つの大きな石積みの塚がある
お花畑
七倉山
2557
七倉山分岐
(七倉の辻)
2402
釈迦新道
1:00
0:40
お手水鉢
2:00
1:20
通行止め 2021年10月現在
ハクサンイチゲ、シナノキンバイ、ミヤマキンポウゲなど
2562
白山主峰部・北アルプスなどの眺望
大汝峰北分岐
2366
ハイマツ
湯の谷川
0:20
0:10
大汝神社
大汝峰
2684
0:20
0:20
0:10
雪渓の状態によってはないこともある
2416
中宮道
お花松原
1:00
1:20
クロユリ、ハクサンコザクラ、ミヤマキンバイなど
北弥陀ヶ原へ
急坂
1:05
1:35
ビルバオ雪渓
8月上旬～中旬まで残雪あり。滑落およびガス時ルート注意
2244
小白水谷
翠ヶ池
ガス時迷いやすい
大汝峰南分岐
0:05
剣ヶ峰
2677
転法輪谷
お池めぐり分岐
千蛇ヶ池分岐
血ノ池
0:40
0:30
紺屋ヶ池
小カンクラ雪渓
2188
2278
白山
岐阜県
白川村
石川県
白山市
百姓池
千蛇ヶ池
ガレ場
御宝庫
御前峰
2702.1
白山最高点。360度の大展望
白山比咩神社奥宮
お花畑
山頂池めぐりコース
0:30
0:40
2470
0:40
0:30
高天原
2489
大カンクラ雪渓
0:40
0:50
白山比咩神社奥宮祈祷殿
(平瀬道分岐)
展望歩道分岐
大カンクラ雪渓
大白水谷
お花畑
白山雷鳥荘
室堂平
お花畑
0:30
0:45
大倉尾根
平瀬道
千才谷
エコーライン分岐
(砂防新道合流点)
水屋尻雪渓
0:20
0:10
五葉坂
白山室堂
0:10
トイレ・ビジターセンター
お花畑
0:30
0:45
大倉山避難小屋へ
千仞滝
2271
(石徹白道)
トンビ岩コース
ガレたやせ尾根
(通行注意)
黒ボコ岩
弥陀ヶ原
1:40
1:10
2400
お花畑
蛇塚
0:10
お花畑
ガレたやせ尾根
(通行注意)
十二曲り
万才谷
アルプス展望台
北アルプスなどが見渡せる
延命水
トンビ岩
ゴロ谷
お花畑
お花畑
馬のたて髪
殿ヶ池避難小屋
トイレ
エコーライン
0:45
1:05
御前坂
2199
2250
1:10
0:40
ビジターセンター併設
1:50
1:20
展望歩道
仙人窟
観光新道
0:50
0:40
南竜道分岐
万才谷
1:30
1:00
1972
0:20
0:10
南竜休憩所
南竜山荘
お花畑
南竜道
0:10
0:15
0:10
2000
お花畑
1900
砂防新道
甚之助避難小屋
トイレ
足もと注意
エコーライン分岐
南竜ヶ馬場
お花畑
0:40
0:50
0:40
0:50
1:30
0:50
トイレ
南竜ヶ馬場野営場・ケビン
中飯場へ
油坂の頭へ
お池めぐりコース
御前峰へ
白山比咩神社奥宮祈祷殿
平瀬道へ
白山雷鳥荘
自炊棟
個室棟
宿泊棟
ビジターセンター
南竜山荘へ
黒ボコ岩へ
1:10,000
0
50m
室堂詳細図

1:50,000
0 1km

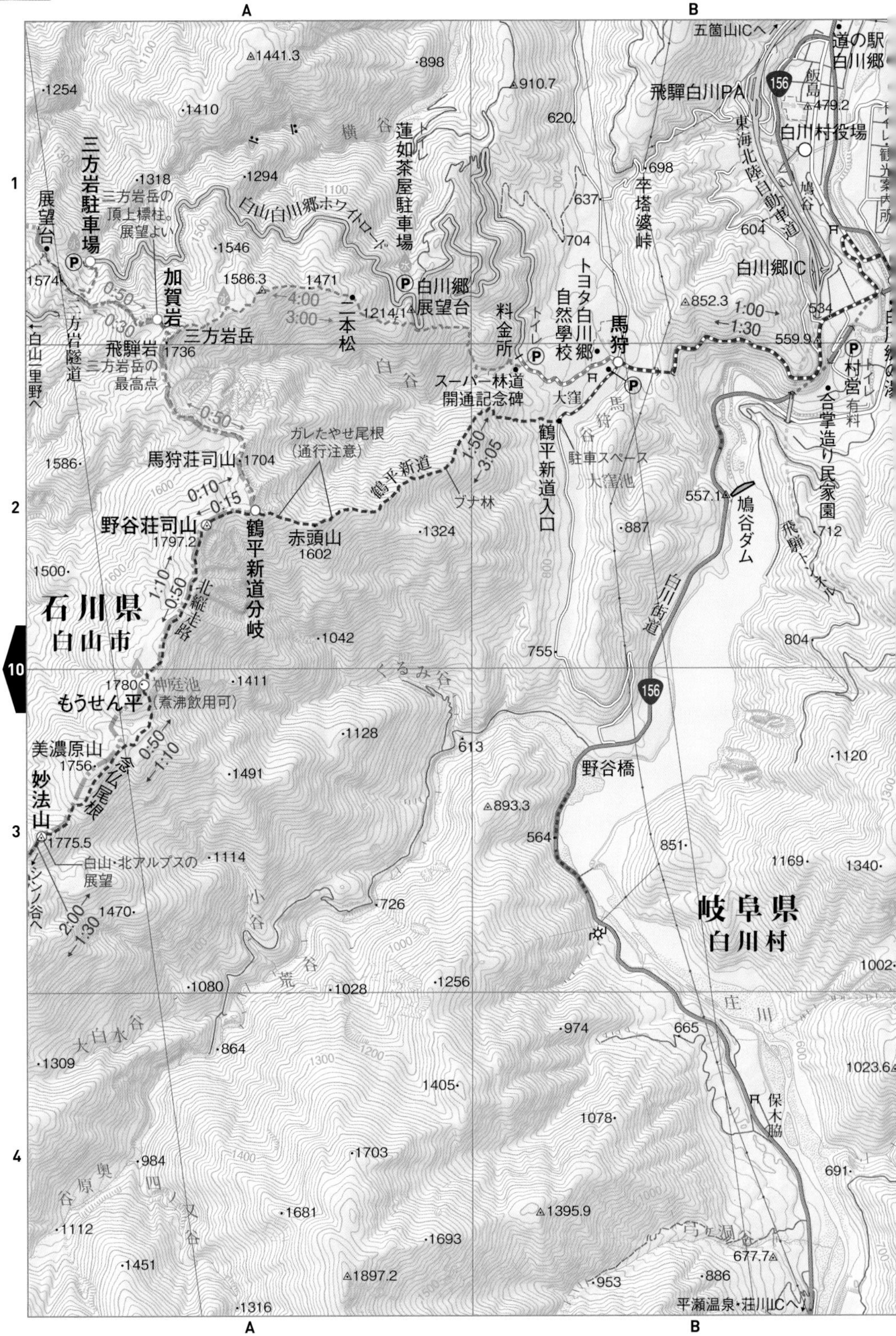
A
B
1
2
3
4
10
五箇山ICへ
道の駅白川郷
156
飛騨白川PA
飯島
479.2
白川村役場
東海北陸自動車道
鳩谷
観光案内所
トイレ
白川郷IC
604
534
559.9
1:00
1:30
村営有料
合掌造り民家園
852.3
1441.3
898
910.7
1254
1410
620
横谷
蓮如茶屋駐車場
トイレ
698
平塔婆峠
637
704
1318
1294
三方岩駐車場
展望台
三方岩岳の頂上標柱。展望よい
白山白川郷ホワイトロード
1546
1100
1586.3
1471
4:00
3:00
二本松
1214.1
白川郷展望台
トヨタ白川郷自然學校
料金所
トイレ
馬狩
1574
0:50
0:30
加賀岩
三方岩岳
白山一里野へ
三方岩隧道
飛騨岩
三方岩岳の最高点
1736
白谷
スーパー林道開通記念碑
大窪
馬狩谷
鶴平新道入口
駐車スペース
大窪池
0:50
馬狩荘司山
1704
1586
ガレたやせ尾根（通行注意）
鶴平新道
1:50
3:05
ブナ林
0:10
0:15
野谷荘司山
1797.2
鶴平新道分岐
赤頭山
1602
1324
887
557.1
鳩谷ダム
飛騨トンネル
712
1500
1:10
0:50
北縦走路
石川県
白山市
1042
白川街道
755
804
1780
神庭池（煮沸飲用可）
1411
もうせん平
くるみ谷
156
美濃原山
1756
0:50
1:10
念仏尾根
1128
613
野谷橋
1120
1491
893.3
妙法山
1775.5
白山・北アルプスの展望
1114
564
851
1169
1340
シンノ谷へ
2:00
1:30
1470
726
小谷
1000
岐阜県
白川村
1002
荒谷
1080
1028
1256
庄川
大白水谷
974
665
864
1309
1300
1200
1023.6
1405
保木脇
1078
984
1703
1400
奥四ノ又谷
原谷
691
1681
1395.9
1112
1693
弓ヶ洞谷
677.7
1451
1897.2
953
886
1316
平瀬温泉・荘川ICへ

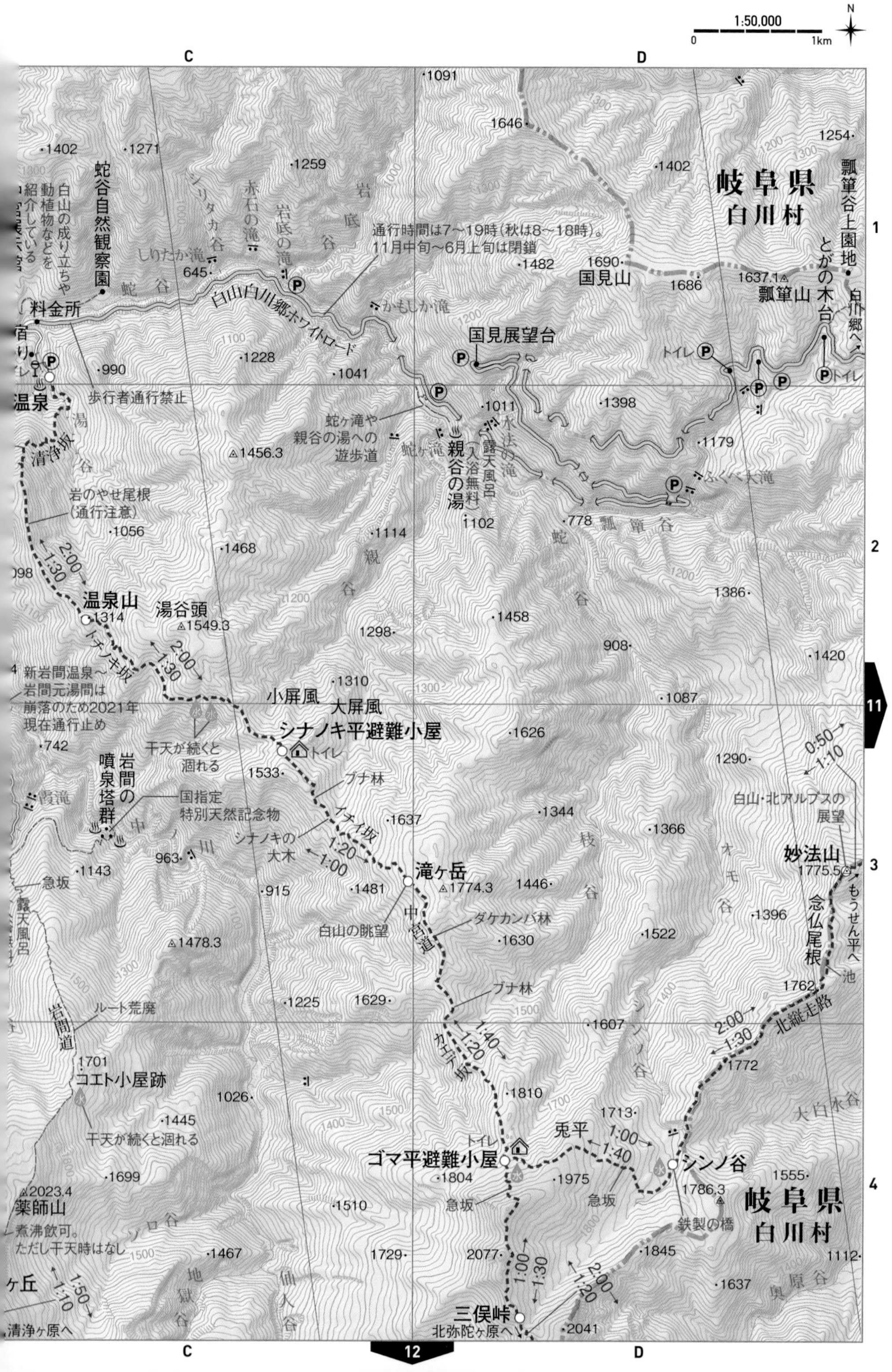
1:50,000
0
1km
N
C
D
1
2
3
4
11
岐阜県
白川村
蛇谷自然観察園
白山の成り立ちや動植物などを紹介している
料金所
温泉
湯谷
清浄坂
岩のやせ尾根（通行注意）
温泉山
1314
湯谷頭
1549.3
トチノキ坂
新岩間温泉～岩間元湯間は崩落のため2021年現在通行止め
干天が続くと涸れる
岩間の噴泉塔群
国指定特別天然記念物
霞滝
中ノ川
急坂
露天風呂
岩間道
ルート荒廃
1701
コエト小屋跡
干天が続くと涸れる
2023.4
薬師山
煮沸飲可。ただし干天時はなし
清浄ヶ原へ
ソロ谷
地獄谷
仙人谷
シリタカ谷
しりたか滝
645
赤石の滝
岩底の滝
岩底谷
蛇谷
白山白川郷ホワイトロード
通行時間は7～19時（秋は8～18時）。11月中旬～6月上旬は閉鎖
かもしか滝
歩行者通行禁止
蛇ヶ滝や親谷の湯への遊歩道
蛇ヶ滝
親谷の湯
露天風呂 入浴無料
水法の滝
国見展望台
1690
国見山
1686
1637.1
瓢箪山
瓢箪谷上園地
とがの木台
白川郷へ
トイレ
ふくべ大滝
瓢箪谷
親谷
小屏風
大屏風
シナノキ平避難小屋
トイレ
ブナ林
ナメイ坂
シナノキの大木
滝ヶ岳
1774.3
白山の眺望
中宮道
ダケカンバ林
ブナ林
カエデ坂
枝谷
オモ谷
シンノ谷
1:00
1:20
1:30
1:40
1:50
1:10
2:00
0:50
白山・北アルプスの展望
妙法山
1775.5
もうせん平へ
念仏尾根
池
1762
北縦走路
1772
大白水谷
ゴマ平避難小屋
トイレ
兎平
急坂
シンノ谷
1786.3
鉄製の橋
岐阜県
白川村
奥原谷
三俣峠
北弥陀ヶ原へ
2041
2077
1804
1975
1845
1637
1112
1555
1713
1810
1607
1630
1522
1396
1366
1344
1446
1481
1637
1533
1626
1087
1420
1290
1386
908
1458
1298
1310
1114
1102
778
1468
1056
1456.3
1011
1398
1179
1041
1228
990
1402
1271
1259
1091
1646
1402
1482
1254
742
1143
963
915
1478.3
1225
1629
1026
1445
1699
1510
1467
1729
1:00
ヶ丘

A B

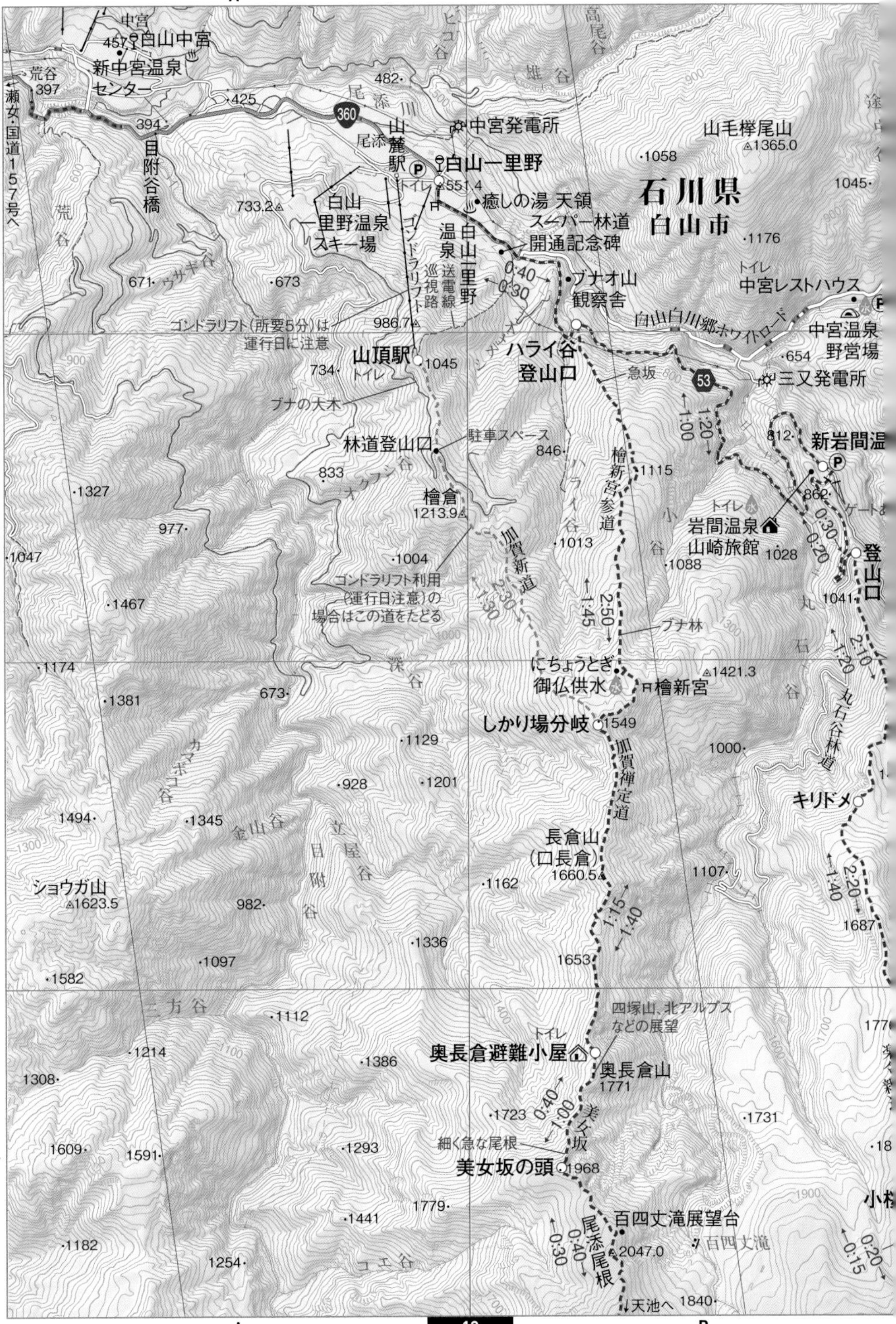
中宮
457
白山中宮
荒谷
397
新中宮温泉センター
瀬女・国道157号へ
425
394
目附谷橋
482
尾添川
360
尾添
山麓駅
白山一里野
551.4
トイレ
中宮発電所
高尾谷
雄谷
ヒコ谷
山毛欅尾山
1365.0
1058
1045
石川県
白山市
癒しの湯 天領
スーパー林道開通記念碑
白山一里野温泉スキー場
733.2
白山一里野温泉
ゴンドラリフト
巡視路
送電線
0:40
0:30
ブナオ山観察舎
1176
トイレ
中宮レストハウス
671
ウサギ谷
673
荒谷
ゴンドラリフト(所要5分)は運行日に注意
986.7
白山白川郷ホワイトロード
中宮温泉野営場
山頂駅
1045
トイレ
734
ハライ谷登山口
急坂
654
三又発電所
53
ブナの大木
1:00
1:20
812
新岩間温
林道登山口
駐車スペース
846
檜新宮参道
1115
833
オウブシ谷
862
ゲート
1327
檜倉
1213.9
トイレ
岩間温泉山崎旅館
0:30
0:20
977
加賀新道
ハライ谷
1013
小谷
1028
登山口
1047
1004
1088
ゴンドラリフト利用(運行日注意)の場合はこの道をたどる
2:30
1:30
1:45
2:50
1041
1467
ブナ林
丸石谷
2:10
1:20
1000
1174
深谷
にちょうとぎ
御仏供水
檜新宮
1421.3
1381
673
しかり場分岐
1549
丸石谷林道
1129
カマボコ谷
1000
928
1201
加賀禅定道
キリドメ
1494
1345
金山谷
立屋谷
目附谷
1300
長倉山
(口長倉)
1660.5
1107
ショウガ山
1623.5
982
1162
1:15
1:40
1:40
2:20
1687
1336
1097
1653
1582
三方谷
1112
四塚山、北アルプスなどの展望
1214
トイレ
奥長倉避難小屋
1386
奥長倉山
1771
1308
0:40
1:00
美女坂
1723
1731
細く急な尾根
1609
1591
1293
美女坂の頭
1968
1779
百四丈滝展望台
1441
0:30
0:40
尾添尾根
2047.0
百四丈滝
1182
1254
コエ谷
0:20
0:15
天池へ
1840
小桜

1 2 3 4

A B

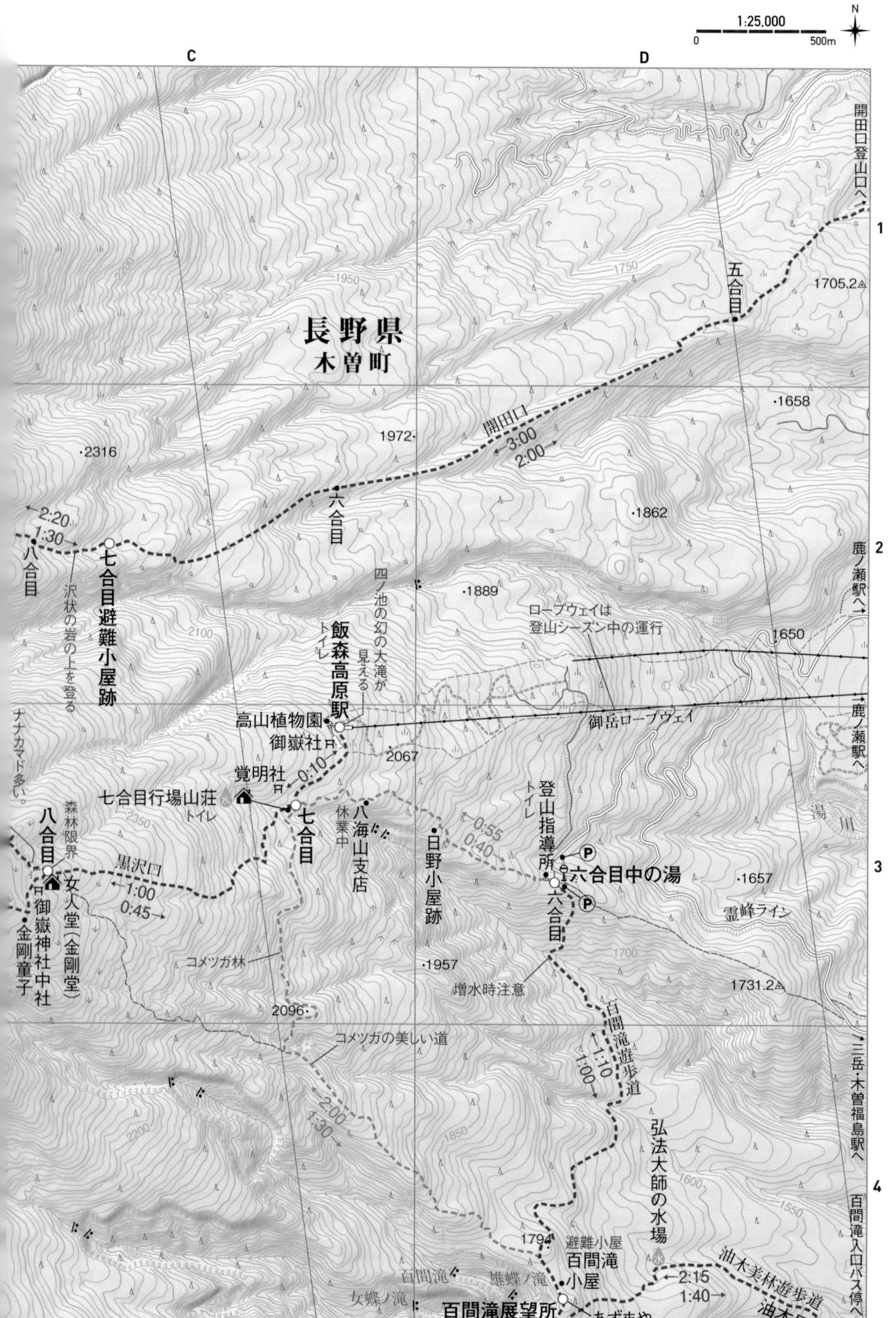

1:25,000
0
500m
N
C
D
1
2
3
4
長野県
木曽町
開田口登山口へ
五合目
1705.2
1950
1750
2200
1658
開田口
←3:00
2:00→
1972
2316
六合目
1862
←2:20
1:30→
八合目
七合目避難小屋跡
沢状の岩の上を登る
四ノ池の幻の大滝が見える
1889
鹿ノ瀬駅へ
ロープウェイは
登山シーズン中の運行
1650
2100
飯森高原駅
トイレ
高山植物園
御嶽社
2067
御岳ロープウェイ
鹿ノ瀬駅へ
ナナカマド多い。
覚明社
0:10
七合目行場山荘
トイレ
七合目
八海山支店
休業中
日野小屋跡
0:55
0:40
登山指導所
トイレ
六合目中の湯
2350
森林限界
八合目
黒沢口
湯川
女人堂(金剛堂)
←1:00
0:45→
六合目
1657
霊峰ライン
御嶽神社中社
金剛童子
コメツガ林
1957
1700
増水時注意
1731.2
2096
百間滝遊歩道
←1:10
1:00→
コメツガの美しい道
三岳・木曽福島駅へ
←2:00
1:30→
1850
弘法大師の水場
1600
1550
百間滝入口バス停へ
1794
避難小屋
百間滝小屋
百間滝
雄蝶ノ滝
←2:15
1:40→
油木美林遊歩道
女蝶ノ滝
百間滝展望所
あずまや
油木尾根
断崖になっている(滑落注意)

9 御嶽山詳細図

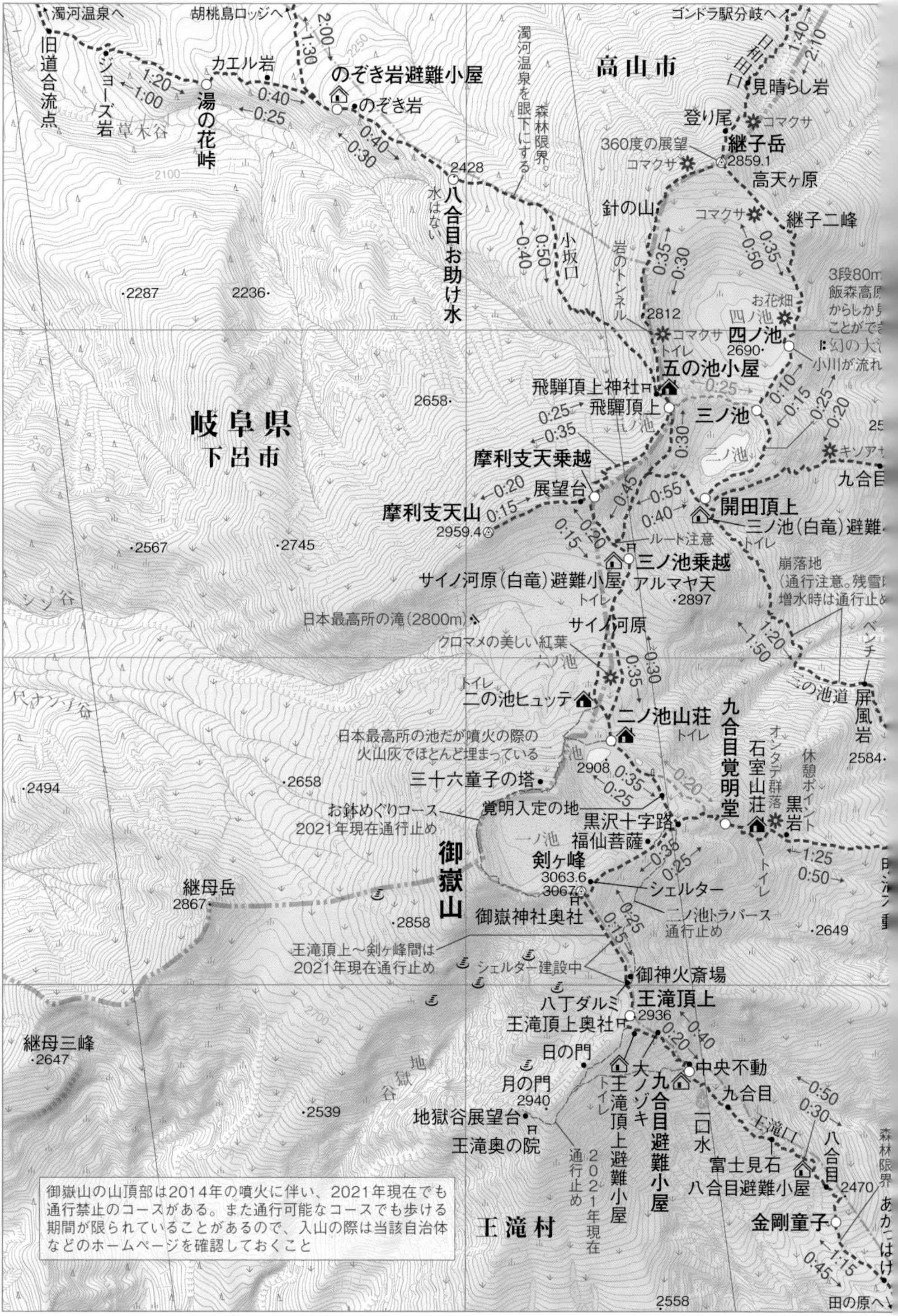

御嶽山の山頂部は2014年の噴火に伴い、2021年現在でも通行禁止のコースがある。また通行可能なコースでも歩ける期間が限られていることがあるので、入山の際は当該自治体などのホームページを確認しておくこと

1:50,000
0
1km
N
C
D
1
2
3
4
チャオ御岳・濁河温泉へ
西野温泉へ
西野峠
下栗尾
開田温泉
西又
馬里
突出
越
大込
城山
1422
開田高原西野
西野
開田支所・木曽福島駅へ
361
1358
1172
1184
1174
1386
1429.4
1324
1440
1609
1456
1389.2
1678
1384
1714
1582.3
1385
1530
1330
下ノ原
1200.4
総合運動場
九蔵峠
御嶽山の展望ポイント
開田高原キャンプ場
1374.0
尾島の滝
冷川
1203
旭ヶ丘
20
1148
1295.1
1186
1467
池の越
柳又
開田支所へ
開田高原マイアスキー場
1555
1717
管沢
1126.9
1323
開田口登山口
四合目
1436
ひゅってくらいす
分岐に登山道の大看板
恩田原
1242
1332.2
開田高原西野
西野
1486
御嶽明神温泉やまゆり荘
立ち寄り入浴可
五合目
1705.2
1222
開田高原保健休養地
床並
長野県
木曽町
1151.5
開田口
3:00
2:00
1658
1490
鹿ノ瀬川
1167
御岳ロープウェイ
1313
立ち寄り入浴可
鹿の瀬温泉
1862
1452
1056
1184
御岳ブルーライン
鹿の瀬温泉
1093
瀬戸原
三岳牧場
木曽温泉
1650
鹿ノ瀬駅
御岳ロープウェイ
トイレ
1153.3
1454
1332
寒原高原
湯川
西野川
1564
倉本
六合目
中の湯
1657
霊峰ライン
1462
1570.3
1192
1:10
1:00
千本松見晴山荘
1602
倉越パノラマライン
1731.2
20
遊歩道
百間滝
弘法大師の水場
八海山
1639.3
1208
八海山小屋
八海山神社
1381
1530
968
1506
1347
1504
1794
倉越高原
1483.2
油木美林遊歩道
1428
2:15
1:40
御嶽霊場
1443.2
1366
トイレ
1402
1110
三岳・木曽福島駅へ
百間滝展望所
百間滝小屋
油木尾根
1408
1430
南俣川
1446
不易ノ滝
登り口
入口
百間滝
松尾滝
大祓滝
御嶽霊場
1295
白崩川
白崩
1136
日出滝
1406
473
1209.5
おんたけ2240スキー場
三岳・木曽福島駅へ
中の湯本館
白川

8 御嶽山

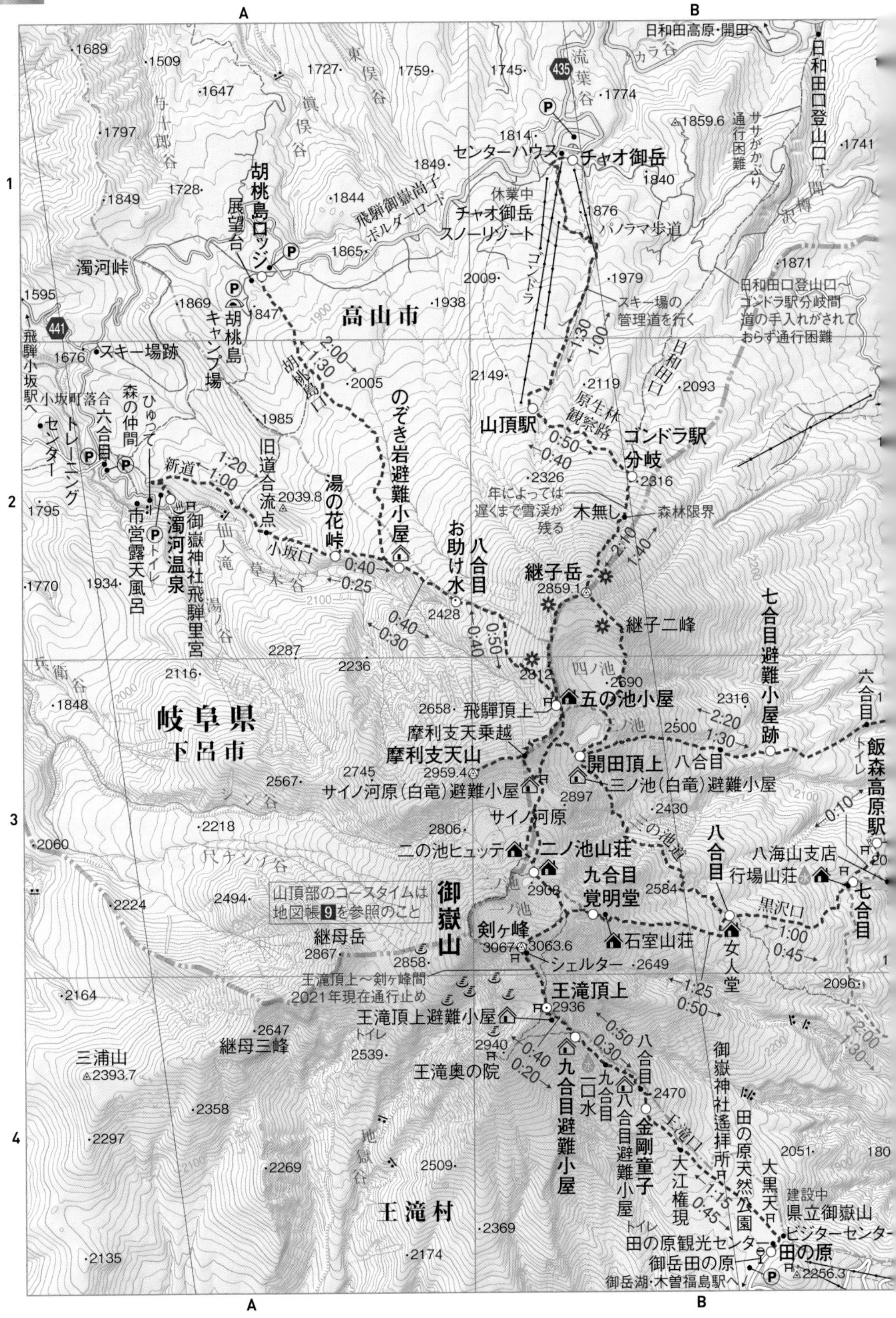
A
B
1
2
3
4
日和田高原・開田へ
カラ谷
日和田口登山口
流葉谷
435
チャオ御岳
センターハウス
休業中
チャオ御岳スノーリゾート
ゴンドラ
パノラマ歩道
ササがかぶり通行困難
千間樽
日和田口登山口〜ゴンドラ駅分岐間道の手入れがされておらず通行困難
スキー場の管理道を行く
1:30
1:00
日和田口
山頂駅
原生林観察路
0:50
0:40
ゴンドラ駅分岐
年によっては遅くまで雪渓が残る
木無し
森林限界
2:10
1:40
継子岳
2859.1
継子二峰
四ノ池
五の池小屋
飛騨頂上
摩利支天乗越
摩利支天山
2959.4
三ノ池
開田頂上
八合目
三ノ池(白竜)避難小屋
サイノ河原(白竜)避難小屋
サイノ河原
二の池ヒュッテ
二ノ池山荘
二ノ池
一ノ池
九合目
覚明堂
石室山荘
剣ヶ峰
3067
3063.6
シェルター
継母岳
王滝頂上〜剣ケ峰間2021年現在通行止め
王滝頂上
2936
王滝頂上避難小屋
トイレ
王滝奥の院
九合目避難小屋
二口水
九合目
八合目避難小屋
八合目
金剛童子
大江権現
王滝口
御嶽神社遙拝所
田の原天然公園
大黒天
建設中
県立御嶽山ビジターセンター
田の原観光センター
田の原
御岳田の原
御岳湖・木曽福島駅へ
2256.3
七合目避難小屋跡
2:20
1:30
六合目
飯森高原駅
0:10
八海山支店
行場山荘
七合目
黒沢口
1:00
0:45
女人堂
1:25
0:50
2:00
1:30
0:50
0:30
0:40
0:20
1:15
0:45
二の池新道
山頂部のコースタイムは地図帳9を参照のこと
御嶽山
継母三峰
三浦山
2393.7
地獄谷
王滝村
岐阜県
下呂市
高山市
シン谷
尺ナンゾ谷
兵衛谷
濁河峠
飛騨小坂駅へ
441
スキー場跡
小坂町落合
トレーニングセンター
六合目
森の仲間
ひゅって
市営露天風呂
濁河温泉
トイレ
御嶽神社飛騨里宮
仙人滝
湯ノ谷
新道
1:20
1:00
旧道合流点
2039.8
小坂口
湯の花峠
0:40
0:25
草木谷
のぞき岩避難小屋
お助け水
2428
八合目
0:40
0:30
0:50
0:40
胡桃島口
2:00
1:30
胡桃島ロッジ
展望台
胡桃島キャンプ場
飛騨御嶽尚子ボルダーロード
東俣谷
眞俣谷
毎十郎谷
1689
1509
1647
1797
1849
1728
1844
1727
1759
1745
1774
1814
1849
1840
1876
1865
1869
1847
1938
2009
1979
1859.6
1741
1871
2005
2149
2119
2093
1985
2326
2316
1595
1676
1795
1770
1934
2287
2236
2116
2812
2690
2316
2500
1848
2658
2745
2567
2897
2430
2218
2806
2060
2224
2494
2908
2584
2867
2858
2649
2164
2647
2940
2539
2096
2470
2358
2297
2269
2509
2051
2369
2135
2174
2100
2000
1900
1800

1:50,000
0
1km
N
C
D
1
2
3
4
中津川市街へ
横川山へ
日本アルプス・御嶽山など周囲の山々が見渡せる
富士見台
1739
神坂小屋
トイレ
素泊まり・トイレあり
萬岳荘
1684.7
強清水
林道大谷霧ヶ原線
萬岳荘に宿泊しない場合はこの道を通ってもよい
神坂山
一本立
池ノ平
神坂峠遺跡
神坂峠
1569
鳥越峠
恵那山の展望
千両山
古代東山道ルート
中央自動車道
恵那山トンネル
カラマツコース
ブナコース
神坂神社
朝日松
ウバナギ
沿いに固定ロープ
展望台～神坂峠～萬岳荘間富士見台高原バス運行
大判山
1696.3
展望台
センターハウス
登山口
山頂駅
展望台リフト
ペアリフト
ヘブンスそのはら スノーワールド
富士見台高原ロープウェイ
山麓駅
園原川
暮白の滝
駒つなぎの桜
ビジターセンターはゝき館
東山道・園原
園原
園原IC
109
89
477
昼神温泉・飯田山本IC・飯田駅へ
飯田山本ICへ
名古屋方面のみ流入出可
橋で本谷川を渡る
広河原登山口
不動洞
広河原ルート
峰越林道
1716m地点
登山者用駐車場～広河原登山口間徒歩のみ通行可
登山者用駐車場
トイレ
ロープ、ハシゴ
濃間
中央
野熊の庄月川
向
弓の又キャンプ場
戸沢
本谷川
長野県
阿智村
高野谷
赤ナギ
展望よい
野熊ノ池
野熊ノ池避難小屋
黒井沢ルート
ザレの急登
営林小屋(黒井沢休憩所)
野熊山
1784
登山道入口
林道から沢沿いの登山道へ
島ノ谷山
1805.7
弓又川
あららぎCC
三階峰
1464.9
スキー場
横川
横川川
トウトク沢
天狗谷
上唐沢
0:30
0:40
0:20
0:50
1:00
1:30
2:10
0:35
1:10
1:45
1:20
1:50
1:40
2:00
1606
1247.2
1477
1044
1031
1346
1025
1230
1457
1248
1215.8
1506
1221
1160
973
1008
1365
1357
983
1594
1457
924
1141.9
1689.2
1471.7
1339
823.2
1169
775
1622
1266
1174.0
1526
1441
1211
999.4
1198
825
1722
1444.4
1174.8
830
1864
1216.3
1410
893
2071
1069
957
1285
1992
1876
1210.0
1156
1296.6
1733
1462
1201
1405
1336.3
1761
1621
1561
1331
1235
1544
1631
1273
1591.8
1563
1593
1338
1243
1578
1758.1
1458
1193
1604

7 恵那山・富士見台

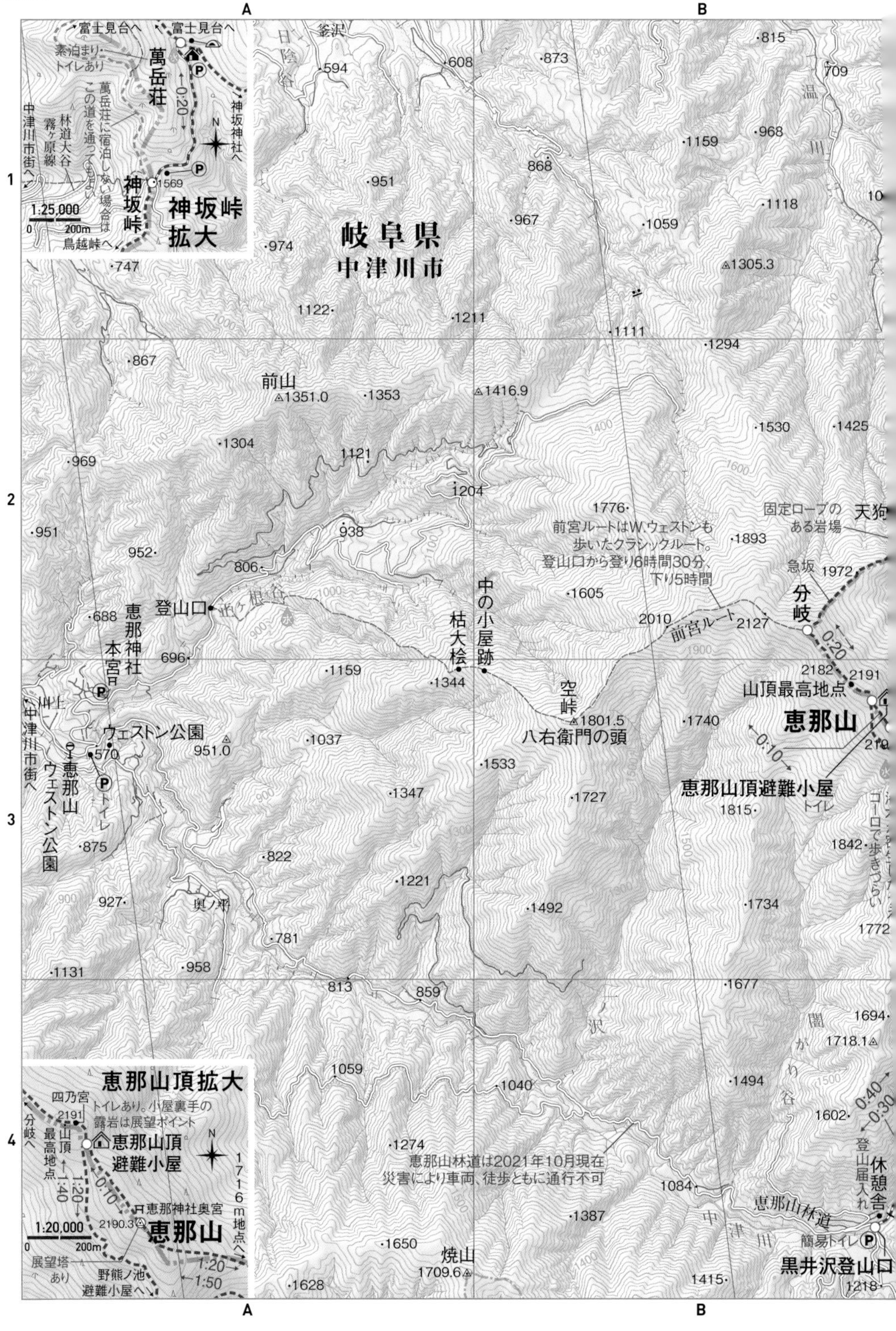

A
B
1
2
3
4
富士見台へ
素泊まり・トイレあり
萬岳荘
0:20
神坂神社へ
萬岳荘に宿泊しない場合はこの道を通ってもよい
林道大谷霧ヶ原線
中津川市街へ
神坂峠
1569
1:25,000
0
200m
鳥越峠へ
神坂峠拡大
釜沢
日陰
岐阜県
中津川市
前山
1351.0
1416.9
1122
1211
1111
1294
1305.3
1059
1118
1159
968
815
709
温川
873
608
594
951
868
967
974
747
867
1353
1304
969
1121
1204
938
806
952
951
登山口
恵那神社本宮
688
696
川上
ウェストン公園
570
恵那山ウェストン公園
中津川市街へ
トイレ
951.0
1159
1344
枯大桧
中の小屋跡
1776
前宮ルートはW.ウェストンも歩いたクラシックルート。登山口から登り6時間30分、下り5時間
1893
1605
2010
前宮ルート
2127
急坂
1972
分岐
0:20
固定ロープのある岩場
天狗
1530
1425
2182
2191
山頂最高地点
恵那山
0:10
恵那山頂避難小屋
トイレ
空峠
1801.5
八右衛門の頭
1740
1533
1037
1347
1727
1815
1842
ゴーロで歩きづらい
875
822
1221
927
奥ノ平
1492
1734
1772
781
1131
958
813
859
1677
1694
1718.1
闇がり谷
1059
1040
1494
1602
0:40
0:30
登山届入れ
休憩舎
恵那山林道は2021年10月現在災害により車両、徒歩ともに通行不可
1274
1084
恵那山林道
中津川
1387
1650
焼山
1709.6
簡易トイレ
黒井沢登山口
1628
1415
1218
恵那山頂拡大
四乃宮
トイレあり。小屋裏手の露岩は展望ポイント
2191
分岐へ
山頂最高地点
恵那山頂避難小屋
1:40
1:20
0:10
1716m地点へ
恵那神社奥宮
2190.3
恵那山
1:20,000
0
200m
展望塔あり
野熊ノ池避難小屋へ
1:20
1:50

1:50,000
0
1km
N
C
D
5
1
2
3
4
不動滝
高森町
大島山
信州たかもり温泉
御大の館
虚空蔵山
座光寺PA
座光寺SIC
座光寺
上曽川大橋
飯田風越高
上飯田
砂払温泉
桜町駅
飯田駅
飯田市役所
切石駅
飯田城
温泉
鼎駅
伊那上郷駅
飯田女子高
飯田高
元善光寺駅
下山村駅
松川橋
喬木村
桜ヶ丘団地
松川IC・駒ヶ根IC へ
駒ヶ根駅へ
飯田IC・中津川IC へ
飯田IC へ
豊橋駅へ
15
151
153
229
230
251
256

6 大平宿・飯田市街

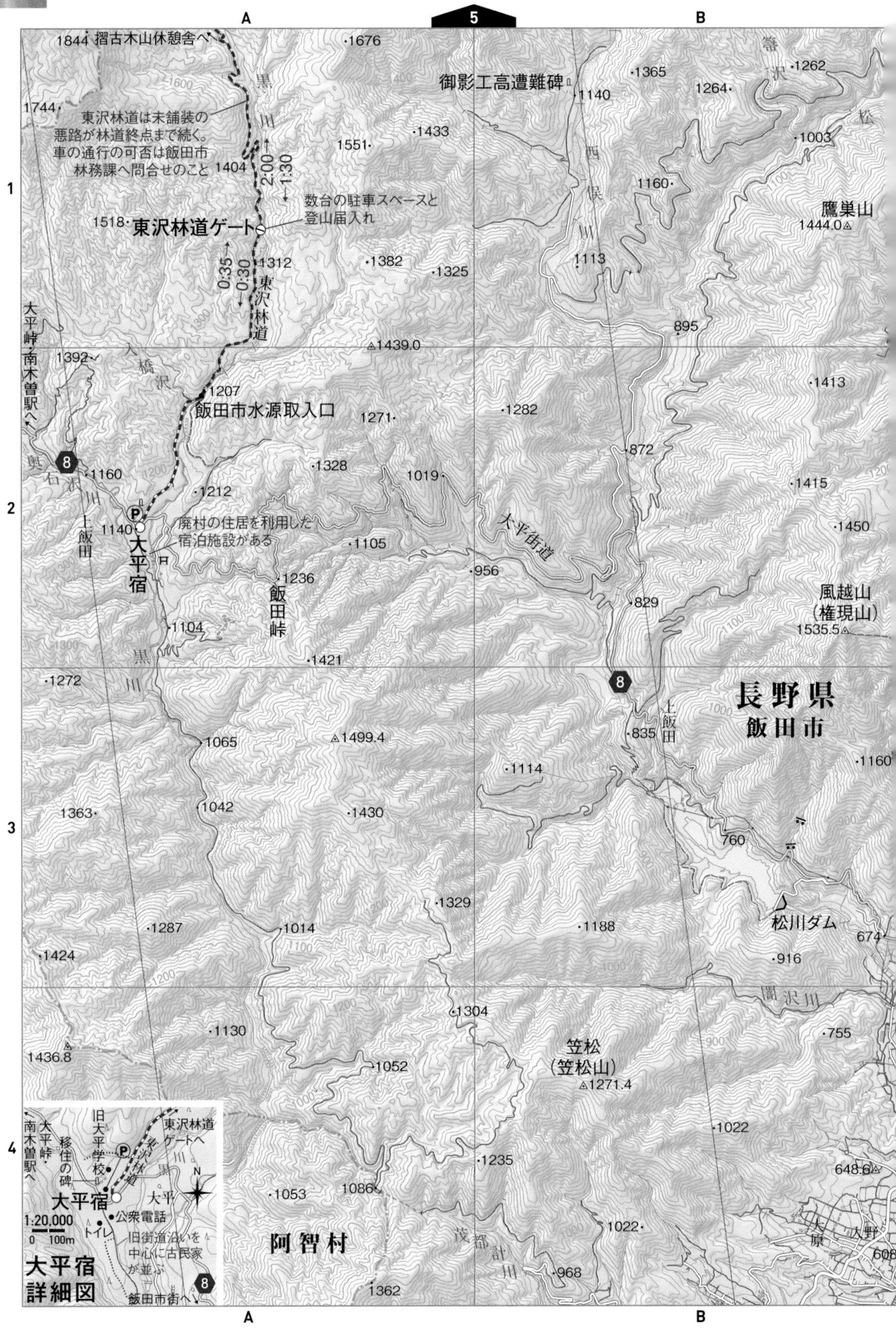
A
5
B
1
2
3
4
1844 摺古木山休憩舎へ
1744
東沢林道は未舗装の
悪路が林道終点まで続く。
車の通行の可否は飯田市
林務課へ問合せのこと
1404
黒川
2:00
1:30
1676
1551
1433
御影工高遭難碑
1140
1365
1264
1262
箒沢
松
1003
西俣川
1160
鷹巣山
1444.0
数台の駐車スペースと
登山届入れ
1518
東沢林道ゲート
0:35
0:30
1312
東沢林道
1382
1325
1113
895
大平峠・南木曽駅へ
1392
大橋沢
1439.0
1207
飯田市水源取入口
1271
1282
1413
872
8
1160
奥
石沢川
1328
1019
1415
1212
P
1140
上飯田
大平宿
廃村の住居を利用した
宿泊施設がある
1105
大平街道
1450
1236
飯田峠
956
829
風越山
(権現山)
1535.5
1104
黒川
1421
1272
長野県
飯田市
上飯田
835
1065
1499.4
1114
1160
1363
1042
1430
760
松川ダム
1329
1287
1014
1188
674
1424
916
黒沢川
1304
1130
755
1436.8
笠松
(笠松山)
1271.4
1052
1022
1235
648.6
1053
1086
1022
大原
大野
608
阿智村
茂都計川
968
1362
南木曽駅へ
大平峠
旧大平学校
移住の碑
東沢林道ゲートへ
黒川
東沢林道
大平
大平宿
1:20,000
0 100m
公衆電話
トイレ
旧街道沿いを
中心に古民家
が並ぶ
大平宿
詳細図
飯田市街へ
8

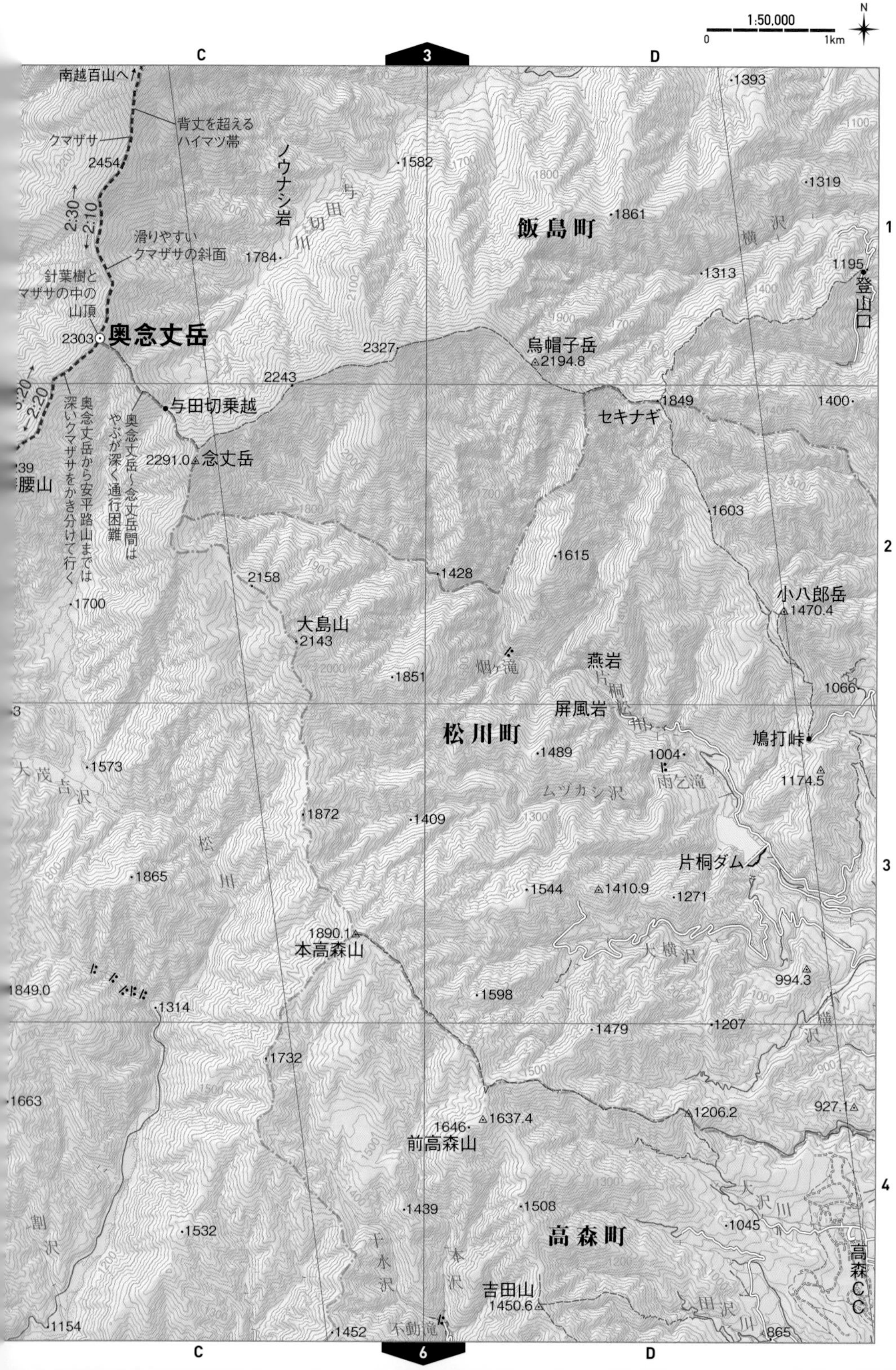
1:50,000
0
1km
N
C
D
3
6
1
2
3
4
南越百山へ
背丈を超える
ハイマツ帯
クマザサ
2454
2:30
2:10
滑りやすい
クマザサの斜面
針葉樹と
クマザサの中の
山頂
2303
奥念丈岳
3:20
2:20
奥念丈岳から安平路山までは深いクマザサをかき分けて行く
奥念丈岳〜念丈岳間はやぶが深く通行困難
与田切乗越
2291.0
念丈岳
2243
2327
ノウナシ岩
1582
与田切川
1784
1861
飯島町
1393
1319
横沢
1313
1195
登山口
烏帽子岳
2194.8
1849
セキナギ
1400
1603
1615
1428
2158
大島山
2143
1700
小八郎岳
1470.4
1851
烏ケ滝
燕岩
片桐松川
屏風岩
1066
鳩打峠
松川町
1489
1004
雨乞滝
1174.5
ムツカシ沢
大茂吉沢
1573
1872
1409
片桐ダム
松川
1865
1544
1410.9
1271
1890.1
本高森山
大横沢
994.3
1849.0
1314
1598
1479
1207
横沢
1732
1663
927.1
1637.4
1646
前高森山
1206.2
大沢川
1439
1508
1532
1045
高森町
割沢
千本沢
本沢
高森CC
吉田山
1450.6
田沢川
1154
1452
不動滝
865

5 摺古木山・安平路山・奥念丈岳

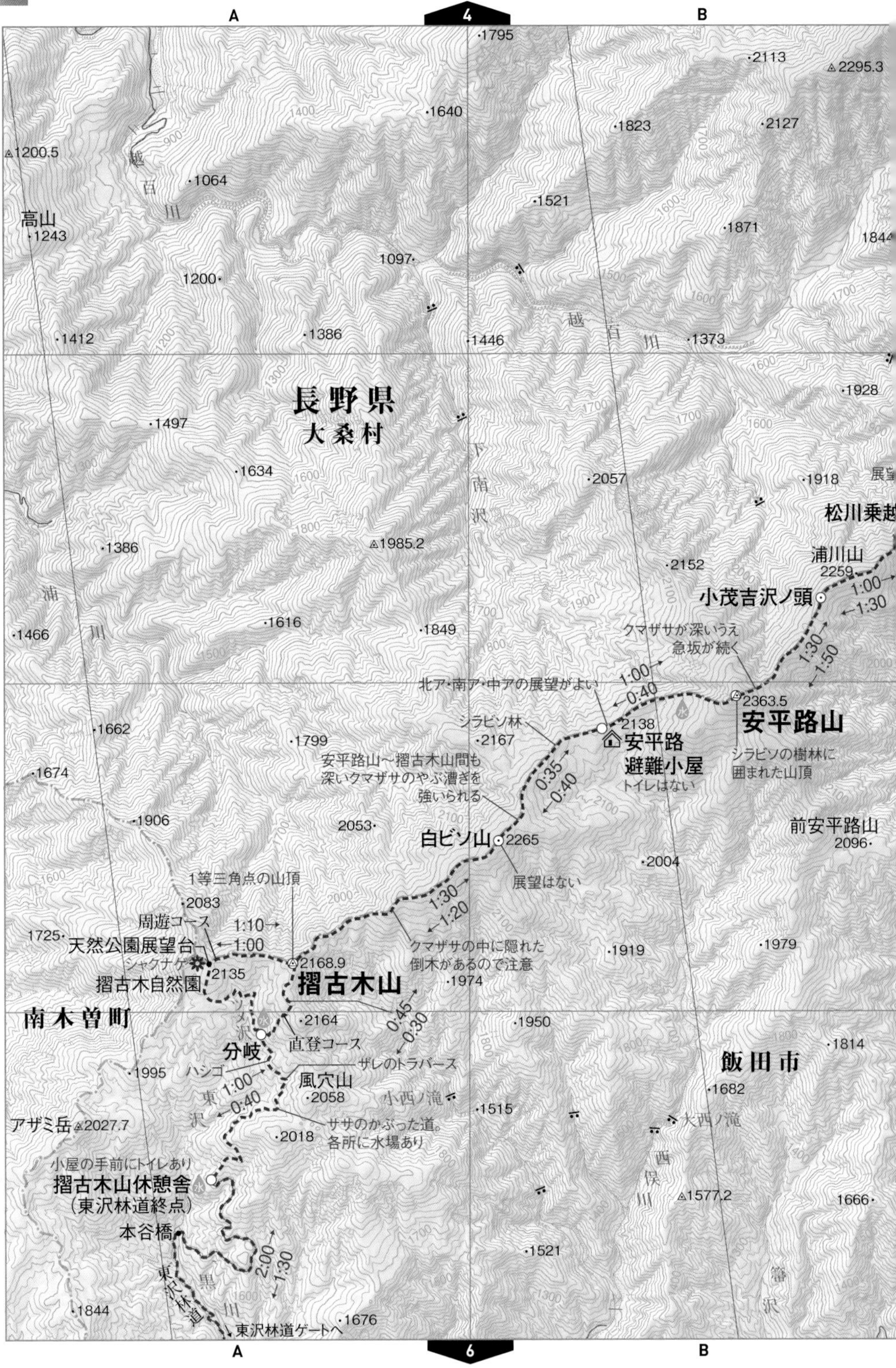

伊奈川ダム上登山口

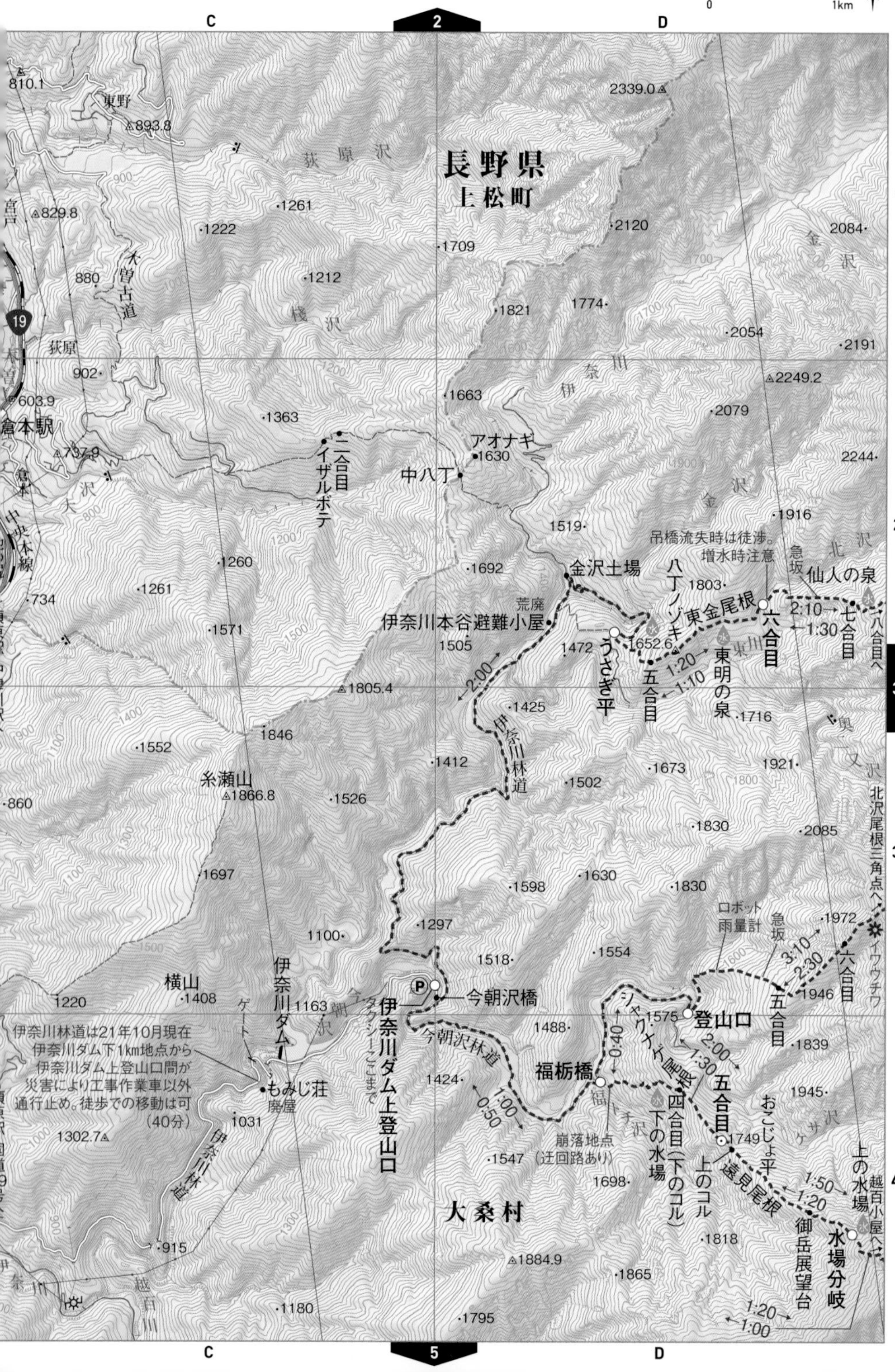

1:50,000
0
1km
N
C
D
2
5
1
2
3
4
長野県
上松町
大桑村
荻原沢
桟沢
伊奈川
金沢
北沢
東川
大沢
今朝沢
福栃沢
ケサ沢
越百川
奥ノ又沢
810.1
東野
893.8
宮ノ戸
829.8
1261
1222
木曽古道
880
1212
19
荻原
902
603.9
倉本駅
737.9
倉本
中央本線
734
1363
1709
1821
1774
2120
2339.0
2084
2054
2191
2249.2
2079
2244
1663
アオナギ
1630
中八丁
二合目
イザルボテ
1519
1916
1692
1260
1261
1571
1505
金沢土場
荒廃
伊奈川本谷避難小屋
吊橋流失時は徒渉。
増水時注意
急坂
仙人の泉
八丁ノゾキ
1803
東金尾根
六合目
2:10
七合目
1:30
八合目へ
1472
うさぎ平
1652.6
1:20
1:10
東明の泉
五合目
2:00
1805.4
1425
伊奈川林道
1716
1846
1552
1412
1673
1502
1921
糸瀬山
1866.8
1526
860
1830
2085
北沢尾根三角点へ
1697
1598
1630
1830
ロボット雨量計
急坂
1972
1100
1297
3:10
2:30
六合目
イワウチワ
1518
1554
1946
五合目
1500
伊奈川ダム
横山
1408
1220
1163
今朝沢橋
タクシーここまで
伊奈川ダム上登山口
1575
登山口
シャクナゲ尾根
1488
0:40
2:00
1:30
1839
ゲート
伊奈川林道は21年10月現在伊奈川ダム下1km地点から伊奈川ダム上登山口間が災害により工事作業車以外通行止め。徒歩での移動は可（40分）
今朝沢林道
福栃橋
1424
もみじ荘
廃屋
1:00
0:50
五合目
おこじょ平
1945
1031
1302.7
四合目(下のコル)
下の水場
1749
須原駅・国道19号へ
伊奈川林道
崩落地点(迂回路あり)
1547
上のコル
1698
遠見尾根
1:50
1:20
上の水場
越百小屋へ
水場分岐
御岳展望台
1818
915
1884.9
1865
伊奈川
越百川
1180
1795
1:20
1:00

4 千畳敷・木曽駒ヶ岳詳細図

1:25,000 0 500m

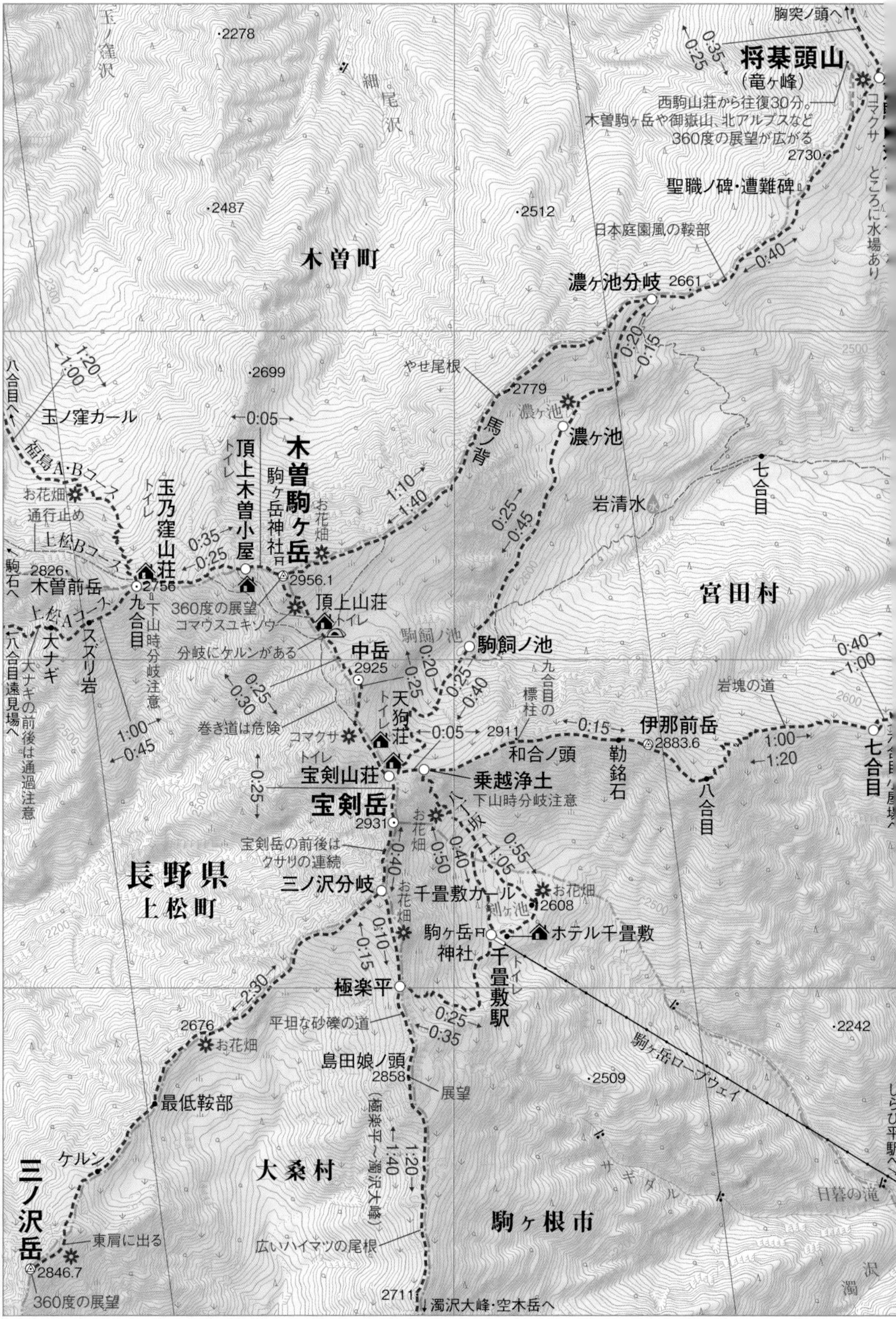

1:50,000
0
1km
N
C
D
1
2
3
4
宮田村
長野県
駒ヶ根市
黒川平～しらび平駅間は
通年マイカー規制あり
黒川平臨時
黒川平
池山林道終点
三本木地蔵
タカウチ場
トイレ
タクシーここまで
池山林道
林道古城線
0:50→
←1:00
1:00
1:20
マイカーはここで
路線バスに乗り換え
菅の台バスセンター
早太郎温泉
こまくさの湯
駒ヶ根高原
スキー場
駒ヶ池
リトリートすずらん
空木岳登山口
駒ヶ根YH
光前寺
駒ヶ根高原
家族旅行村
露天こぶしの湯
簫ノ笛山
傘山
大田切橋
新大田切橋
大田切駅
駒ヶ根IC
駒ヶ根インター
中央高速バス
女体入口
路線バス
昭和伊南
総合病院
駒ヶ根駅
中央高速バス
しらび平駅行バス発着
駒ヶ根市役所
小町屋駅
中央自動車道
駒ヶ岳SA
駒ヶ岳SIC
中田切橋
中田切ふれあい橋
伊那福岡駅
飯田線
駒ヶ根大橋
田切駅
中央アルプス大橋
飯島駅
飯島町役場
伊那IC へ
伊那市駅・辰野駅へ
松川IC・飯田IC へ
飯田駅へ
75
153
新田
北割一区
北割二区
中割
南割
福岡
春日平
高尾
美沢
岩間
上の原
赤坂
追引
北河原
石曽根
鳥居原
北町
中町
南町
山久
豊岡
七久保
1365
1050.8
785.8
698.0
678.9
767
735
802
665
675
741.0
715
698
735
672
817
725
750.1
707
785
741
713
678.5
665
682
714
1071
932
1233
1240
938
814
1435
1056
924.1
1760.9
707
1156
1428
723
665.1
649
1116
1446
958
705
662
1004
716
695
665
811
847.4
685.7
673
634.7
1438
1140
912
1056
1161
750
710
1550
1542.1
944
855.7
726.7
638
1269
670.4
712
809
1172
995
619
1064
769
1305
616
1202
1063
655
984
687
788.3
712
845
701.4
647.1
652.1
620.0
613
1284
1173
1215
774.0
1733
486
391

3 檜尾岳・空木岳・南駒ヶ岳・越百山

1:50,000
0
1km
N
C
D
1
2
3
4
3
茶臼山
1916.1
白川林道
塩尻市
2021年10月現在路肩損壊により小黒川渓谷キャンプ場〜桂小場間は車両通行止め。徒歩での移動となる（30分）
鳩吹山
1320.4
横山へ
信州そば発祥の地碑
荒井
伊那IC・伊那市街へ
202
1927
桂小場コース
馬返し
野田場
ちりめん坂
ブドウの泉
白川分岐
1966
1612
桂小場
あずまや・仮設トイレ
小黒発電所
小黒川渓谷キャンプ場
小黒川
2094
大樽小屋
携帯トイレブース
信大演習林道
1971
1564
小黒山
つばくろ沢
茶臼山
2652.8
六合目
弘法石
津島神社
胸突八丁の急登が続く
1733
行者岩
2658
南ア・八ヶ岳の展望
胸突ノ頭
伊那市
1804
権現山へ
分水嶺
2646
天命水
将棊乃頭
勇次郎峠ノ頭
八丁立
2188
1851
将棊頭山
（竜ヶ峰）
西駒山荘
2532
2193
権現づるね
五合目
2467.8
権現山コース
2096
2730
聖職ノ碑・遭難碑
本庭園風の鞍部
濃ヶ池分岐
2661
2600
2499
伊勢滝
1638
馬ノ背
濃ヶ池
七合目
岩清水
1939
六合目小屋場
荒れた道
1900
1505
黒川山
2244
2086
1880
駒飼ノ池
伊那前岳
2883.6
丁ヶ池
うどんや峠
五合目
清水平
2167
1732
オツ越
1519
乗越浄土
2911
七合目
八合目
剣岳
1888
烏帽子山
2122.9
2247
2098
宮田駅へ
1686
ホテル千畳敷
千畳敷駅
2122
長野県
宮田村
2242
蛇腹沢
蛇腹沢登山口
北御所林道
1662
駒ヶ岳神社
宮田娘ノ頭
日暮ノ滝
宮田高原キャンプ場
黒川
しらび平駅
トイレ
1946
1903
駒ヶ岳ロープウェイ
北御所登山口
大平山
1711
不動滝
広いハイマツの尾根
1552
1511
北御所谷
濁沢
1588
1734
濁沢大峰
2724
展望
75
かもしかの滝
（濁沢大峰〜檜尾岳）
1400
黒川平〜しらび平駅間は通年マイカー規制あり
2203
中御所谷
駒ヶ根市
展望台地
檜尾岳・空木岳へ
菅の台・駒ヶ根駅へ

2 木曽駒ヶ岳・宝剣岳・将棊頭山・三ノ沢岳

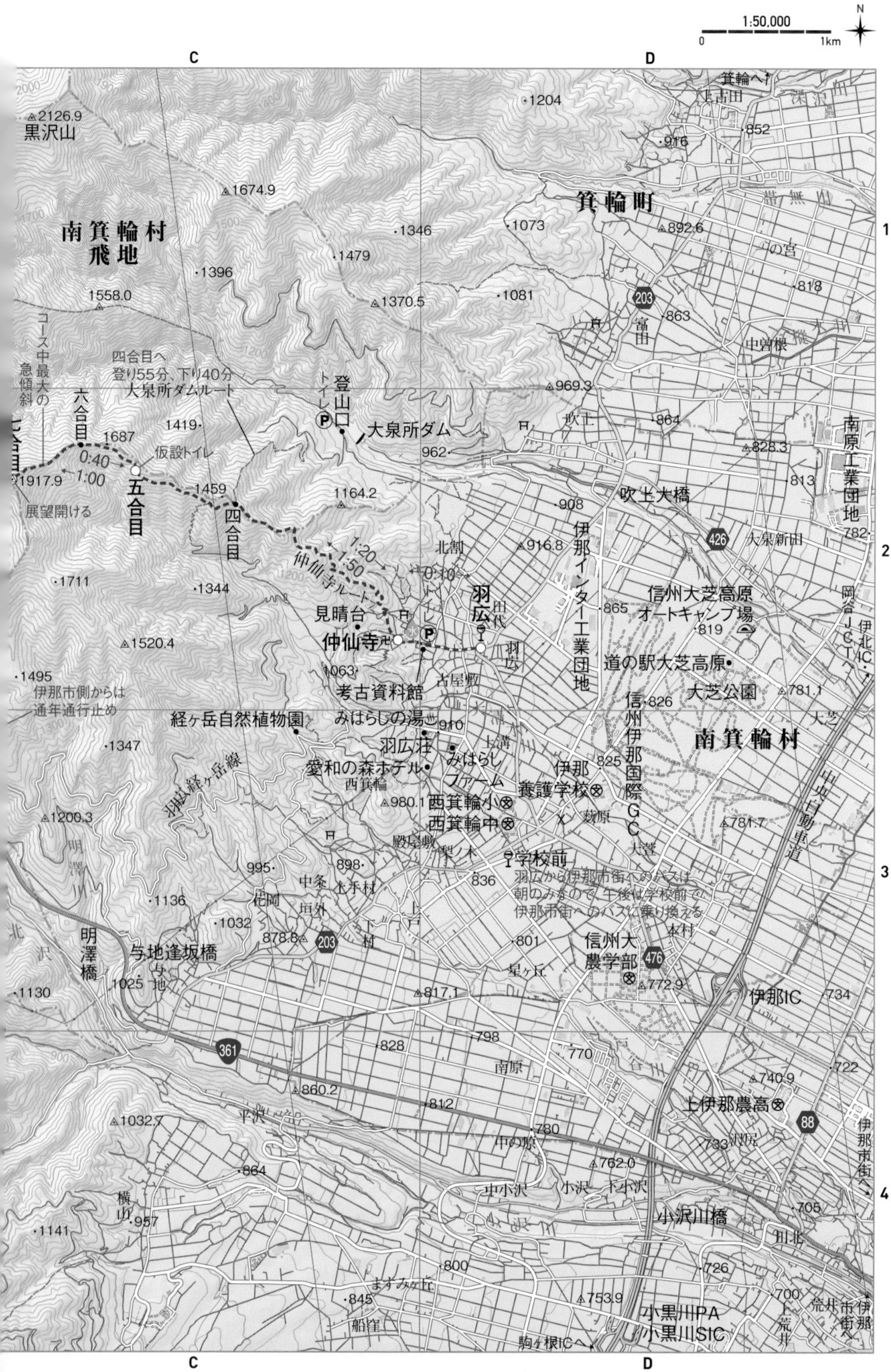
1:50,000
0
1km
N
C
D
1
2
3
4
黒沢山
2126.9
南箕輪村
飛地
1674.9
1558.0
1396
1346
1479
1370.5
1073
1081
1204
916
852
箕輪へ
上古田
箕輪町
892.6
一の宮
818
203
富田
863
中曽根
969.3
吹上
864
828.3
813
南原工業団地
コース中最大の急傾斜
四合目へ
登り55分、下り40分
大泉所ダムルート
登山口
トイレ
大泉所ダム
962
六合目
1687
1419
仮設トイレ
0:40
1:00
1917.9
展望開ける
五合目
1459
四合目
1164.2
908
吹上大橋
426
大泉新田
782
916.8
伊那インター工業団地
1711
1344
1:20
1:50
仲仙寺ルート
北割
0:10
トイレ
羽広
田代
865
信州大芝高原
オートキャンプ場
819
岡谷JCT
伊北IC
見晴台
仲仙寺
1520.4
1063
考古資料館
古屋敷
道の駅大芝高原
大芝公園
781.1
1495
伊那市側からは
通年通行止め
経ヶ岳自然植物園
みはらしの湯
910
826
信州伊那国際GC
南箕輪村
大芝
1347
羽広荘
上溝
愛和の森ホテル
みはらしファーム
825
伊那養護学校
西箕輪
980.1
西箕輪小
西箕輪中
中央自動車道
羽広経ヶ岳線
1200.3
殿屋敷
梨ノ木
学校前
大萱
781.7
995
898
836
羽広から伊那市街へのバスは
朝のみなので、午後は学校前で
伊那市街へのバスに乗り換える
中条
大手村
1136
1032
花岡
垣外
上戸
明澤橋
与地逢坂橋
878.8
203
下村
801
信州大農学部
476
本村
1025
与地
星ヶ丘
772.9
1130
817.1
伊那IC
734
361
828
798
770
南原
740.9
722
860.2
812
上伊那農高
1032.7
平沢
780
88
中の原
733
沢尻
伊那市街へ
762.0
864
中小沢
小沢
下小沢
横山
957
小沢川橋
1141
705
川北
800
726
ますみヶ丘
845
753.9
700
上荒井
荒井
伊那市街へ
小黒川PA
小黒川SIC
船窪
駒ヶ根ICへ
C
D

A
B
1
2
3
4
塩尻市
奈良井へ
493
姥神トンネル
国道19号・木曽福島へ
羽渕
姥神峠
番所トンネル
戸沢
辰野町
大滝沢
急坂続く
経ヶ岳
2296.3
0:20
九合目
2252
1:00
0:40
「日本分水嶺」の看板
石仏や石碑が立ち並ぶ
ササの多い道
2043mピーク
2043.3
岩場を通る道と迂回路が分岐する
（すぐ先で合流する）
八合目
コース一の展望
0:30
0:20
2038
ササユリ、ヤナギラン、ウメバチソウなど
コイノコ
木曽駒ヶ岳や御嶽山などを望む
伊那方面から権兵衛峠へは「木曽」の看板を目印に左折する（木曽方面からは右折する）
0:40
0:30
アヤメ山
北沢山
1969.0
ササユリやノアザミ、ヤマオダマキなど
木曽駒ヶ岳や御嶽山などを望む
権兵衛峠ルート
権兵衛街道
1571.5
奈良井
番所
権兵衛峠トンネル
岳見岩
0:35
0:50
アンテナピーク
1806.6
ぬるで
木々の間から将棊頭山や経ヶ岳などが見える
砂ヶ瀬川
木曽町
奈良井川
権兵衛街道
萱ヶ平
0:35
0:50
1656
栃洞沢
登山口
P トイレ
権兵衛峠
1523
権兵衛峠遊歩道
アクセスは木曽側からのみ可
塩尻市
1490.5
神名沢
長野県
伊那市
南沢
黒川
仲仙寺拡大図
1:30,000
0
300m
経ヶ岳
仲仙寺本坊客殿
30台
トイレ
公民館
西箕輪
羽広バス停
伊那IC・伊那市街へ
仲仙寺
0:10
山門
案内
「経ヶ岳」
10台
考古資料館
みはらしの湯へ
203

主な地図記号

※そのほかの地図記号は、国土地理院発行
2万5000分ノ１地形図に準拠しています

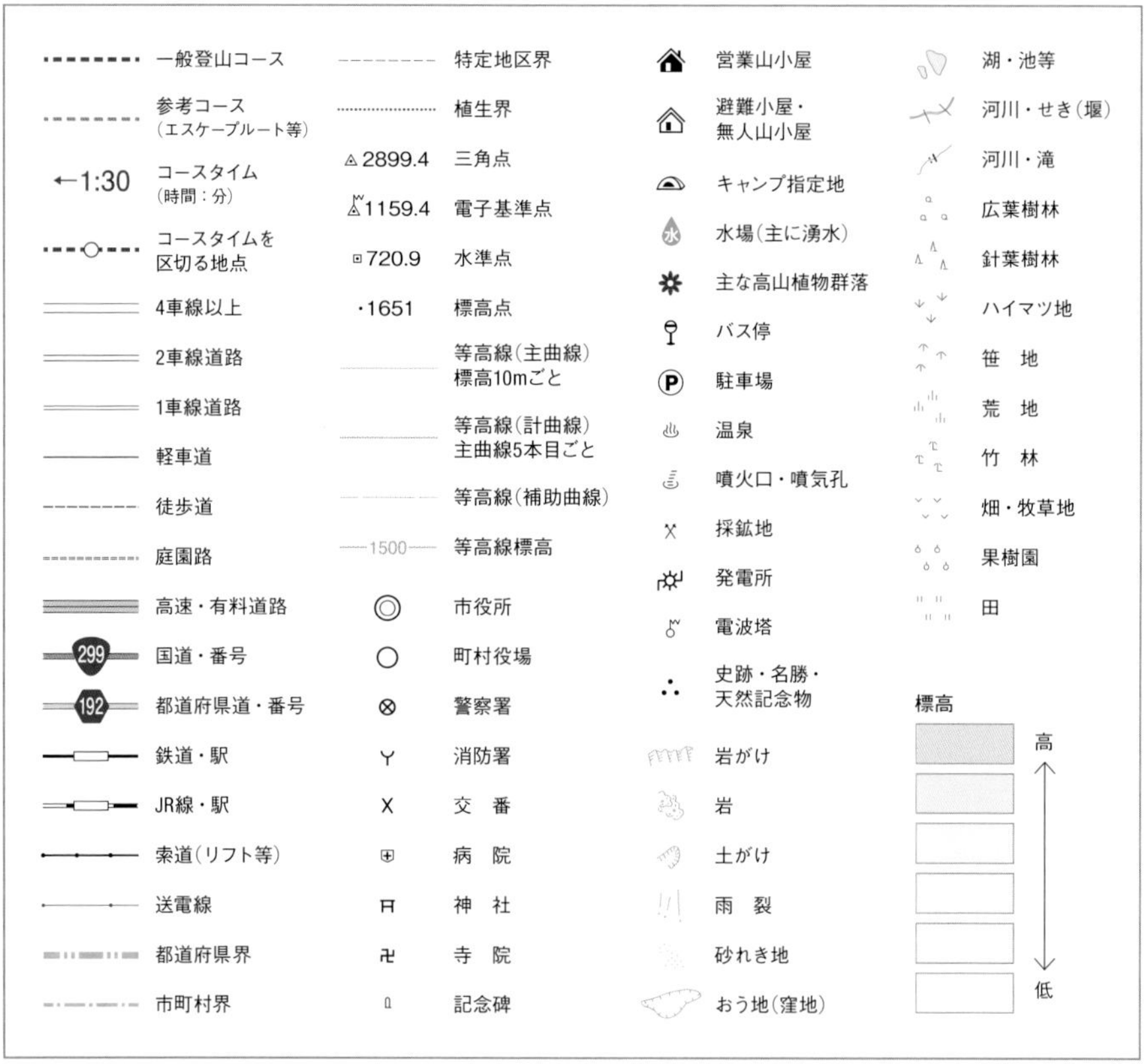

一般登山コース
参考コース
（エスケープルート等）
←1:30
コースタイム
（時間：分）
コースタイムを
区切る地点
4車線以上
2車線道路
1車線道路
軽車道
徒歩道
庭園路
高速・有料道路
299
国道・番号
192
都道府県道・番号
鉄道・駅
JR線・駅
索道（リフト等）
送電線
都道府県界
市町村界
特定地区界
植生界
2899.4
三角点
1159.4
電子基準点
720.9
水準点
・1651
標高点
等高線（主曲線）
標高10mごと
等高線（計曲線）
主曲線5本目ごと
等高線（補助曲線）
1500
等高線標高
市役所
町村役場
警察署
消防署
交　番
病　院
神　社
寺　院
記念碑
営業山小屋
避難小屋・
無人山小屋
キャンプ指定地
水
水場（主に湧水）
主な高山植物群落
バス停
P
駐車場
温泉
噴火口・噴気孔
採鉱地
発電所
電波塔
史跡・名勝・
天然記念物
岩がけ
岩
土がけ
雨　裂
砂れき地
おう地（窪地）
湖・池等
河川・せき（堰）
河川・滝
広葉樹林
針葉樹林
ハイマツ地
笹　地
荒　地
竹　林
畑・牧草地
果樹園
田
標高
高
低

コースマップ

国土地理院発行の2万5000分ノ1地形図に相当する数値地図（国土基本情報）をもとに調製したコースマップです。

赤破線で示したコースのうち、地形図に記載のない部分、あるいは変動が生じている部分については、GPSで測位した情報を利用しています。ただし10〜20m程度の誤差が生じている場合があります。

また、登山コースは自然災害などで今後も変動する可能性があり、登山の際は本書のコースマップと最新の地形図（電子国土Web・地理院地図、電子地形図25000など）の併用を推奨します。

コースマップには、コンパス（方位磁石）を活用する際に手助けとなる磁北線を記入しています。本書のコースマップは、上を北（真北）にして製作していますが、コンパスの指す北（磁北）は、真北に対して西へ7度30分〜8度（中央アルプス・御嶽山・白山）のズレが生じています。真北と磁北のズレのことを磁針偏差（西偏）といい、登山でコンパスを活用する際は、磁針偏差に留意する必要があります。

磁針偏差は、国土地理院・地磁気測量の2015.0年値（2015年1月1日0時[UT]における磁場の値）を参照しています。

中央アルプス・御嶽山・白山登山にあたっては、コースマップとともにコンパスを携行し、方角や進路の確認に役立ててください。

Contents

コースマップ目次

コースさくいん

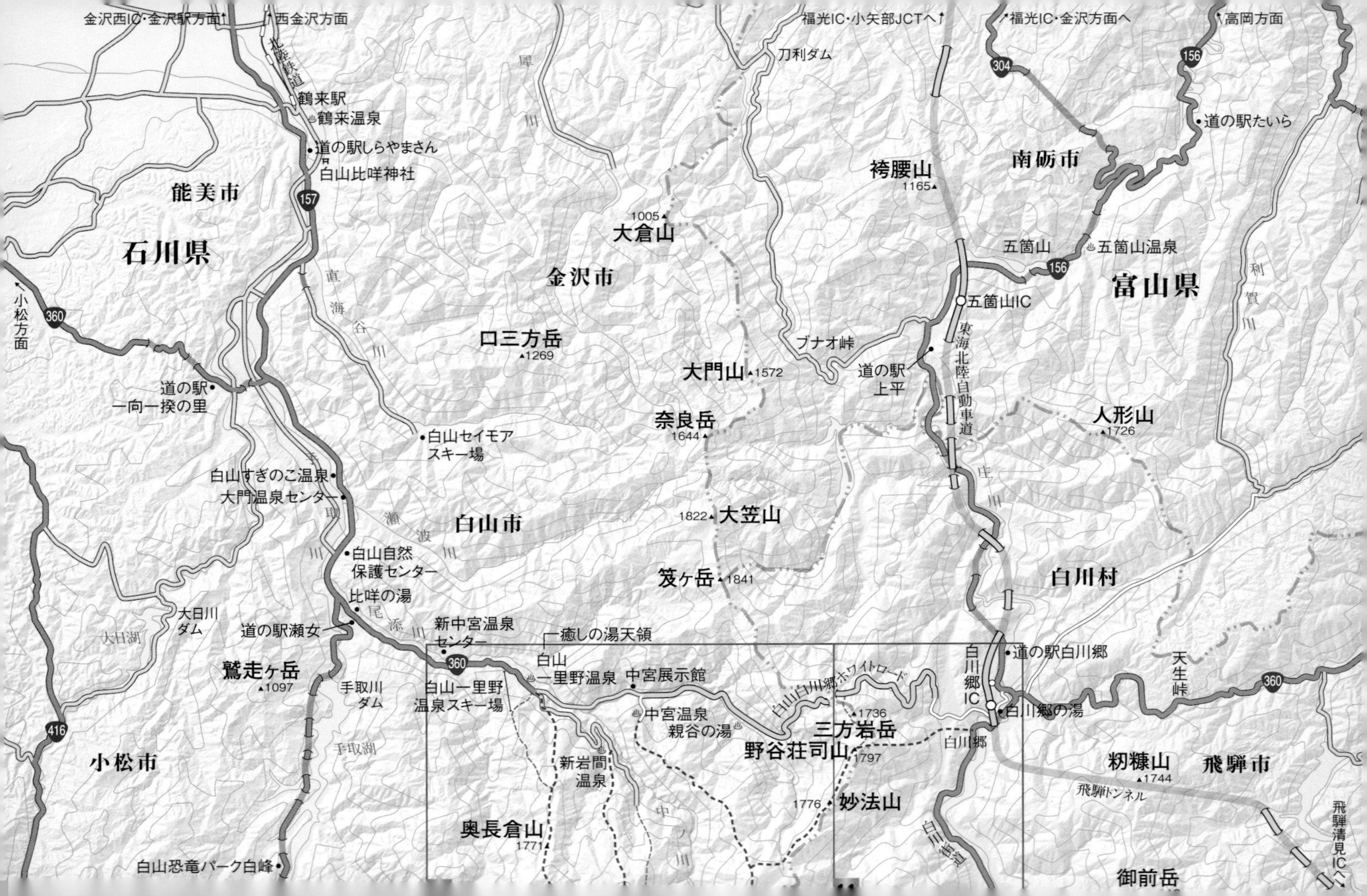

金沢西IC・金沢駅方面
西金沢方面
福光IC・小矢部JCTへ
福光IC・金沢方面へ
高岡方面
北陸鉄道
鶴来駅
鶴来温泉
道の駅しらやまさん
白山比咩神社
能美市
石川県
小松方面
道の駅
一向一揆の里
白山すぎのこ温泉
大門温泉センター
白山自然
保護センター
比咩の湯
道の駅瀬女
大日川
ダム
大日湖
鷲走ヶ岳
1097
手取川
ダム
手取湖
小松市
白山恐竜パーク白峰
刀利ダム
大倉山
1005
金沢市
口三方岳
1269
白山セイモア
スキー場
白山市
大門山
1572
奈良岳
1644
大笠山
1822
笈ヶ岳
1841
ブナオ峠
道の駅
上平
袴腰山
1165
南砺市
道の駅たいら
五箇山
五箇山温泉
五箇山IC
富山県
東海北陸自動車道
人形山
1726
白川村
新中宮温泉
センター
癒しの湯天領
白山
一里野温泉
中宮展示館
白山一里野
温泉スキー場
中宮温泉
親谷の湯
新岩間
温泉
奥長倉山
1771
白山白川郷ホワイトロード
三方岩岳
1736
野谷荘司山
1797
妙法山
1776
白川郷
IC
道の駅白川郷
白川郷の湯
天生
峠
白川街道
籾糠山
1744
飛騨市
飛騨トンネル
飛騨清見IC へ
御前岳

白山全図

白峰温泉総湯
白山国立公園センター
157
白山釈迦岳
2053
白山
御前峰
2702
2557
室堂
11
大白川温泉しらみずの湯
大白川温泉露天風呂
大白川ダム
白水湖
御母衣ダム
市ノ瀬
別当出合
白山温泉
12
13
2399
別山
勝山IC へ
滝波川
勝山市
大長山
1671
三ノ峰
2128
岐阜県
156
御母衣湖
荘川桜
高山市
高山駅方面
1629
赤兎山
法恩寺山有料道路
1357
法恩寺山
刈込池
銚子ヶ峰
1810
尾上郷川
1691
願教寺山
経ヶ岳
1625
平泉寺白山神社
鳩ヶ湯
いとしろの大杉
158
道の駅桜の郷荘川
飛騨清見IC へ
越前大野・福井方面
六呂師高原
打波川
野伏ヶ岳
1674
飛騨街道
荘川IC
257
大野市
大日ヶ岳
1709
石徹白川
白山中居神社
ひるがの高原
ひるがの高原SIC
(ひるがの高原SA)
東海北陸自動車道
越美北線
勝原駅
福井県
満天の湯
桧峠
郡上市
道の駅大日岳
越前大野駅・大野IC方面
道の駅越前おおの荒島の郷
荒島岳
1523
九頭竜川
九頭竜湖駅
道の駅九頭竜
道の駅白山文化の里長滝
北濃駅
長良川
長良川鉄道
高鷲IC
鷲ヶ岳
1671
美濃太田方面
美濃白鳥
N
0 1 5km
1:225,000
白鳥IC方面
美濃白鳥駅・白鳥IC方面
白鳥IC・美濃関JCTへ

御嶽山全図

乗鞍高原
剣ヶ峰
3026
乗鞍岳
松本市
朝日村
鉢盛山
2447
烏帽子岳
1952
1947
奈川温泉
小鉢盛山
2374
野麦峠
飛騨川
1858
鎌ヶ峰
2121
2096
境峠
木祖村
2033
塩尻・新宿方面
奥木曽湖
辰ヶ峰
1817
大笹沢山
2040
高遠山
1463
長峰峠
西野温泉
開田温泉
味噌川ダム
木曽平沢駅
1490
2002
19
奈良井駅
8
奥峰
1711
鳥居峠
坊主岳
1961
道の駅
木曽川源流の里
きそむら
奈良井ダム
木曽馬の里
薮原駅
塩尻市
開田高原
御嶽明神温泉
やまゆり荘
地蔵峠
361
1434
1437
中山道
361
権兵衛トンネル
権兵衛街道
木曽温泉
鹿の瀬温泉
御鹿ノ瀬岳
きそふくしま温泉
二本木の湯
宮ノ越駅
中央本線
せせらぎの四季
代山温泉
長野県
伊那ICへ
ぐたけ2240
御岳霊場
小坂温泉
けやきの湯
原野駅
19
1275
水沢山
2004
御岳高原
城山
1281
大棚入山
2375
こもれびの湯
1558
御嶽神社
黒沢口里宮
木曽駒高原
御岳霊場
木曽町
木曽福島駅
駒の湯
御嶽山岳歴史
文化会館
牧尾ダム
御嶽神社
滝口里宮
道の駅
木曽福島
1453
茶臼山
2653
赤林山
2178
釜沼温泉
将棊頭山
2730
木曽の桟
桟温泉
御岳湖
1282
道の駅三岳
木曽町御嶽山ビジターセンター
（建設中）
台ヶ峰
1503
木曽駒ヶ岳
2956
宮田村
上松駅
宝剣岳
2931
しらび平駅
千畳敷駅
N
寝覚の床
風越山
1699
三ノ沢岳
2847
駒ヶ根市
19
0 1 5km
1:200,000
西股山
1717
上松町
大桑村
檜尾岳
2728
1478
中津川・名古屋方面

高山方面
高山方面
源氏岳
1143
1027
木曽街道
美女峠
1316
六方山
1403
千町ヶ原
九蔵本谷
宮川
青屋川
飛騨一ノ宮駅
日ノ観ヶ岳
1106
道の駅
ひだ朝日村
道の駅
モンデウス
飛騨位山
弥陀ヶ洞山
994
朝日貯水池
朝日ダム
子ノ原高原
1747
刈安峠
黒手山
1316
秋神ダム
1415
塩蔵川
高屹山
1303
久々野駅
秋神貯水池
道の駅
飛騨たかね工房
高山市
位山
1529
桧ヶ尾山
1084
塩沢
七峰館
大沢山
1112
大坊本谷
栃尾山
1351
鳥屋峠
木曽街道
361
高根第一ダム
船山
1479
六郎洞山
1479
高根第二ダム
位山峠
大坊山
1347
高根乗鞍
道の駅
飛騨街道なぎさ
渚駅
くるみ温泉
1597
鈴蘭高原
秋神温泉
1575
益田街道
高山本線
秋神川
千町牧場
鈴蘭峠
岳見峠
柳蘭峠
岐阜県
41
大平山
1591
大平展望台
追分
法仙峰
1746
飛騨小坂駅
1288
巌立峡
ひめしゃがの湯
濁河峠
チャオ御岳スノーリゾート
飛騨川温泉
しみずの湯
濁河川
兵衛谷
三間山
1800
濁滝
小坂川
根尾滝
飛騨宮田駅
道の駅
南飛騨小坂
下島温泉
仙人滝
濁河温泉
市営露天風呂
9
継子岳
2859
槌谷
上呂駅
湯屋温泉
御嶽山
摩利支天山
2959
飛騨頂上
二ノ池
下呂市
槌谷山
1885
継母岳
2867
剣ヶ峰
3067
飛騨川
若栃山
1593
三浦山
2394
2936
王滝頂上
御前山
1647
鹿山筋谷
三笠山
2256
飛騨萩原駅
257
小三笠山
2029
（建設中）
観音滝
1546
王滝村
禅昌寺駅
41
瀬戸ダム
1748
寺田小屋山
1505
三浦ダム
三浦貯水池
濁川
高森山
1592
湯ヶ峰
1067
鞍掛峠
王滝川
下呂駅
白草山
1641
1611
八尾山
1101
三国山
小秀山
1982
拝殿山
1402
41
前山
1815
白巣峠
郡上八幡ICへ
輪川
野滝山
882
東白川村
鯎川
257
唐塩山
1609
岐阜・名古屋方面
舞台峠
中津川方面
真弓峠

中央アルプス全図

1:240,000
0
2
10km
N
高山方面
長峰峠
塩尻IC方面
塩尻方面
岡谷・新宿方面
岡谷JCTへ
贄川駅
信濃川島駅
中央本線
辰野駅
道の駅木曽ならかわ
奈良井駅
道の駅奈良井木曽の大橋
奥峰
1711
道の駅木曽川源流の里きそむら
木祖村
藪原駅
坊主岳
1961
塩尻市
桑沢山
1538
小式部城山
1120
伊北IC
ながたの湯
辰野町
黒沢山
2127
経ヶ岳
2296
箕輪町
伊那松島駅
二級の滝
もみじ湖
開田高原
鹿の瀬温泉
木曽温泉
西野川
きそふくしま温泉
二本木の湯
代山温泉
せせらぎの四季
宮ノ越駅
原野駅
道の駅日義木曽駒高原
道の駅大芝高原
羽広温泉
みはらしの湯
権兵衛トンネル
権兵衛峠
北殿駅
南箕輪村
三笠山
2256
小坂温泉
けやきの湯
御岳高原
木曽町
水沢山
2004
南沢山
1898
伊那IC
小黒川PA
(小黒川SIC)
伊那北駅
伊那市駅
2375
大棚入山
御嶽神社
黒沢口里宮
木曽福島駅
駒の湯
木曽駒高原
道の駅三岳
道の駅
木曽福島
桟温泉
御嶽神社
王滝口里宮
釜沼温泉
茶臼山
2653
赤林山
2178
権現山
1749
伊那市
将棊頭山
2730
王滝村
御岳湖
王滝川
台ヶ峰
1503
上松町
麦草岳
2721
木曽駒ヶ岳
2956
2911
上松駅
宝剣岳
2931
伊那前岳
黒川
天竜川
宮田村
宮田駅
1331
高鳥谷山
寝覚の床
風越山
1699
小野ノ滝
三ノ沢岳
2847
駒ヶ岳ロープウェイ
こまくさの湯
早太郎温泉
駒ヶ根高原
菅の台
駒ヶ根IC
檜尾岳
2728
西股山
1717
卒塔婆山
1541
熊沢岳
2778
空木岳
木曽殿越
赤沢自然休養林
大鈴山
1386
倉本駅
駒ヶ根駅
駒ヶ根市
長野県
三峰川
361
19
153
1
2
3
4 左
4 右

三界山
▲1600
▲1811
野尻駅
大桑駅
大桑村
フォレスパ木曽
あてら荘
•のぞきど
森林公園
柿其温泉
十二兼駅
田立ノ滝
伊勢山
▲1373
南木曽町
道の駅
•五木のやかた・かわうえ
桃介橋
南木曽駅
田立駅
南木曽岳
▲1677
坂下駅
道の駅賤母
妻籠宿
滝見温泉
道の駅
きりら坂下
南木曽温泉郷
大江戸温泉物語
ホテル木曽路
高峰山
▲945
19
馬籠峠
清内路
トンネル
馬籠宿
神坂SIC
（2021年度開通予定）
落合川駅
名古屋方面
中津川駅
南沢山
1564
横川山
1620
クアリゾート湯舟沢
中津川温泉
恵那山トンネル
富士見台
1739
7
中津川市
前山 ▲1351
神坂峠
←中津川IC・小牧JCTへ
363
恵那神社
2191
恵那山
中津川
月川温泉
園原IC
1133
網掛山
三階峰
1465
256
阿智村
夜烏山
▲1320
越百山
2614
5
奥念丈岳
2303
▲2291
念丈岳
安平路山
2363
2265
摺古木山
2169
白ビソ山
床並高原
夏焼山
1503
大平峠
▲1637
兀岳
6
大平宿
飯田峠
風越山
▲1535
飯田市
松川
梨子野山
1315
湯ったり～な
昼神
飯田山本IC
昼神温泉
153
飯田IC
道の駅花の里いいじま
烏帽子岳
2195
本高森山
▲1890
片桐松川
吉田山
▲1451
高森町
座光寺PA
（座光寺SIC）
元善光寺
元善光寺駅
飯田駅
切石駅
伊那八幡駅
•ほっ湯アップル
久堅温泉
151
時又駅
256
飯田上久堅・喬木富田IC
天竜峡駅
天竜峡温泉
三遠南信自動車道
▲799
水晶山
阿智川
日ノ入山
▲1072
道の駅
信濃路下條
天龍峡IC
下條村
153
↓豊田方面
↓豊橋方面
不動温泉
飯島町
飯島駅
陣馬形山
▲1445
折草峠
中央自動車道
飯田線
四徳温泉
中川村
大嶺山
▲1021
高森山
1541▲
上片桐駅
松川IC
1479▲
大萱山
伊那大島駅
山吹駅
松川町
152
鹿塩温泉
1268▲
白沢山
小渋川
障子山▲1136
大鹿村
市田駅
豊丘村
大西山
▲1742
リニア中央新幹線（建設中）
喬木村
鬼面山
▲1890
毛無山
▲1130
地蔵峠
氏乗山
▲1819
尾高山
▲2213
卯月山
▲1102
矢筈トンネル
474
▲1601
曽山
しらびそ高原
金森山
▲1703
御池山
1906▲
152
飯田市

取り外せる！ 持ち歩ける！

アルペンガイド

登山地図帳

中央アルプス・御嶽山・白山

Alpine Guide